U0785309

中国语言规划续论

李宇明 著

商务印书馆
创于1897 The Commercial Press
2010年·北京

图书在版编目(CIP)数据

中国语言规划续论/李宇明著. —北京:商务印书馆,2010
ISBN 978-7-100-06790-4

Ⅰ.中… Ⅱ.李… Ⅲ.汉语—语言规划—研究 Ⅳ.H102

中国版本图书馆CIP数据核字(2009)第176963号

所有权利保留。
未经许可,不得以任何方式使用。

ZHŌNGGUÓ YǓYÁN GUĪHUÀ XÙLÙN
中国语言规划续论
李宇明 著

商务印书馆出版
(北京王府井大街36号 邮政编码100710)
商务印书馆发行
北京市白帆印务有限公司印刷
ISBN 978-7-100-06790-4

2010年2月第1版　　开本880×1230 1/32
2010年2月北京第1次印刷　　印张10⅞
定价:23.00元

目 录

强国的语言与语言强国*

（代序）

理论上语言是一律平等的，现实中语言是有强有弱的。语言的强弱与语言所属社团的强弱盛衰呈正相关。古罗马帝国的强盛，造就了拉丁语在欧洲古代的“超级语言”的地位；法兰西的崛起，使法语在17世纪成为欧洲外交用语。现今不可一世的英语，1600年前后还只是一个不起眼的小语种，是老牌的大英帝国和新兴的美利坚合众国，给了英语在第一次世界大战结束时同法语一决雌雄的资格。二战之后，美国成为军事强国和技术盟主，英语超越法语成为世界外交、贸易、科技、教育的第一大语言，时至今日，几乎成了“世界通语”。

语言强弱不仅是国家强弱盛衰的象征，而且语言也会促进国家的发展强大。语言是文化的基础、民族的象征，是“软国力”的核心。语言是人类最重要的交际工具，80%的信息由语言文字来负载来传递，语言信息技术和语言产业成为当今经济快速增长的“新

* 本文曾收入李瑞山先生编撰的《语文素养高级读本》（普通高等教育“十一五”国家级规划教材，高等教育出版社，2006年）、丁帆等先生主编的《当代语言生活》（普通高中课程标准试验教科书语文选修教材，江苏教育出版社，2006年），也曾被多家文集转载。

宠”，语言构成“硬国力”的一个重要方面。故而许多大国都在有计划地实施各自语言的战略，并努力扩大语言的国际影响。美英等国通过贸易、媒体、教育、文化等途径向世界倾销英语，法国努力协调有34个国家和3个地区构成的法语区（Francophonie）的语言问题，西班牙利用“西班牙语世界”（Hispanidad）这一概念向世界进行语言传播（Language Spread），日本、韩国建立基金会不遗余力地推进日本语韩国语的国际传播。

一　汉语的强与弱

我国正在充满信心地全面建设小康社会，正在和平发展为经济强国。在国民总收入列世界六强[1]、人均国民收入超过1 000美元的历史机遇期，我国应当审时度势，制定科学而且充满雄心的语言战略，使语言在国家和平崛起的过程中发挥巨力，保证将来国家强大时也有与之相称的语言强势。

在世界语言之林中，汉语的优长之处主要有三：其一是人口优势。据估计，海内外以汉语为母语的人超过10亿，是世界上使用人口最多的语言之一。其二是文化优势。汉语负载着最为悠久的对世界充满魅力的中国优秀文化。其三是潜在的经济价值。中国综合国力和国际地位明显提高，使汉语具有重要的经济意义，美国等许多国家已把汉语作为主要外语纳入国民教育体系，世界上约有2 500万人在学习汉语。

毋庸讳言，汉语走向强势的不利因素也有不少，择要可举者

【1】作者今按：到2008年，中国已经发展为世界第三大经济体，并在全球金融危机中向世界传递着信心。

五：其一，汉语的一致性差，方言分歧严重，普通话没有普及，汉字有繁体字与简化字之别。其二，在升学、晋职、晋级、就业等领域，存在着轻汉语重外语（主要是英语）的政策规定或心理倾向，损伤了母语的声望。其三，汉语汉字的规范标准不健全。对现代汉语、现代汉字的研究不够深入，没有汉语的音节全表，没有规范汉字表，没有全面反映海内外华人词语的词典，没有与汉语地位相称的语法长编，罕见专门的普通话研究室和现代汉字研究室。其四，世界上许多信息技术的巨头公司，如微软、因特尔、IBM、富士通、摩托罗拉等，都争相把中文信息处理技术作为重要的研发任务，而我国在核心技术方面拥有自主知识产权的成果还不多。网络上对公众开放的汉语数据库还很少，导致网络的利用率低、实用价值低。其五，汉语在国际语言生活中还算是弱势语言。将汉语作为国家通用语言或工作语言的国家和地区不多；联合国虽然将汉语列为其工作语言，但是地区性或国际性的组织、会议真正使用汉语的不多；汉语在地区或国际的重要交际领域，如外交、贸易、科技、教育等，使用十分有限。

二　汉语走强的战略与举措

汉语的现状、国人的语言心理和一些涉及语言的政策，与我国所处的历史方位不相称，与国家的和平发展战略不适应。为使汉语走强，笔者以为如下三个方面相当重要：

第一，提高普通话和规范汉字的社会声望。普通话和规范汉字是法定的国家通用语言文字，努力提高国家通用语言文字的社会声望，乃固本之策。

要提升语言的国家意识，爱我中华，亦爱我语言。领导干部，特别是高级领导干部，要成为珍爱国家语言文字的表率。教育、广播电视、新闻出版、文化艺术等领域，应在语言文字运用上为社会树立榜样。科学处理外语与母语的关系，国家开放急需加强外语教育，但也决不允许外语吞噬母语。

要重视汉语汉字的规范化建设。成熟的优秀的有影响的语言，必须在语言结构、文字系统和语言文字的社会应用等方面，建立一系列科学、管用的规范和标准，以便于语言的教学与使用，便于语言文字的信息处理，并利于语言国际声望的提高。

要大力推广普通话，争取到2050年普通话在全国范围内得到普及。要充分发挥汉语拼音的作用。汉语拼音是汉字的得力助手，特别是在信息检索、中外交流和人与机器的交流中，作用非常重要。熟练使用汉语拼音是信息时代中国人的必有素养，小学教育中“淡化”汉语拼音教学的主张，短视而有害。

第二，加快中国语言文字信息处理的研究。语言文字的信息处理，是我国信息化的基础工作，是必决之役、必胜之战。现在并没有多少人意识到，离开语言文字的信息处理，真正的信息化是不可能实现的。

中国语言文字的信息处理正在由字词处理向语言处理发展，由文字处理向语音处理的方向攻坚。应集结语言学和信息技术等多学科人才联合攻关，联合培养综合性的语言信息处理人才，特别是要造就一批学科的领军人物。应集中力量建设各种具有自主知识产权的语言资源和软件资源，并及时将科研成果转化为产品占领市场，发挥社会效益和经济效益，并通过产品效益支撑科学研究。争取用五到十年的时间，使我国的语言信息处理跨上新的台阶。

基于网络的数据库建设应受到特别关注。网络是“路”，网页是“车”，数据库便是车载之“货”。“货物贫乏”是网络效益低的最大问题。没有足够的数据库，特别是没有足够的面向公众的数据库，电子政务、电子商务、电子教育和电子娱乐就无法顺利进行。数据库的语言基本上应使用汉语，既便于国人使用，增加更多的网民，也能迅速增加虚拟空间中汉语的比重。要注意开发以汉语为中心的多语种数据库，方便外国人访问我国网站。虚拟空间遵循“拥有者占有”的公理，建立一个领先的功能强大的数据库，就等于拥有了一个领域、一个学科。网络世界的分割刚刚开始，占领更多的网络世界的领地，依赖于各种各样的数据库。中国文化是人类的宝贵财富。建立数字化图书馆等中国文化的数据库，以使中国文化以数字化的媒体方式永世长存，且便于中外研究者运用数据库开掘中国文化的宝藏。建设中国文化的数据库是一项基础工程，是将负载中华文化的古今全汉字、古今民族文字和各种有用的符号进入国际标准化的空间，以保证将中国文化以其本来面貌保存、开发及在国际互联网上无障碍交流。

第三，努力推进汉语的国际传播。在新的时代背景下，在调查世界上汉语使用现状的基础上，配合国家的和平发展战略，进一步明确汉语国际传播思路。比如，从人群和地区来看可以划分三个战略区域：海外华人社区圈，传统的汉字文化圈（朝鲜、韩国、日本、越南等）和辐射圈（世界其他国家或地区）。不同的区域采取不同的传播方略。譬如，首先加强海内外华人社区的语言协调，并以文化为基底与汉字文化圈结成语言同盟，再尽力向辐射圈辐射。先争取汉语作为各种国际会议（特别是在中国召开的国际会议和以华人为主体的国际会议）的会议语言的地位，再逐步争取各种国际组织以汉语作为工作语言，争取汉语在汉字文化圈和辐射圈的主要外语的地位，力促汉语进入其国民教育体系。传播的主要途径，可以定位于文化、贸易、教育以及在中国举行的大型国际活动（如

2008年奥运会、2010年世博会）等。语言传播组织可考虑以民间为主，官方成立有权威的高效率的协调机构。在汉语国际传播战略的指导下，通过各种具体操作，促进汉语尽快走向世界。

信息化的飞跃发展在世界范围内形成了数字鸿沟，数字鸿沟带来了语言间更大的不公平，并威胁着许多语言的生存。我国的信息化正在快步追赶世界先进水平，这为汉语在信息化时代的生存与发展提供了良好基础。通过提高汉语威望、推广普通话、完善汉语汉字的规范标准、推行和完善汉语拼音方案等措施，使汉语固本强体。通过语言信息处理和网络数据库的快速建设，争夺虚拟空间的汉语地位。通过一系列汉语国际传播的措施，使汉语在国际语言生活中发挥更大的作用。我国不仅要成为经济强国，而且也应当成为语言强国。

［原载《光明日报》2004年7月28日］

语言规划理论

当今人类三大语言话题

语言功能规划刍议

构建和谐的语言生活

中国的话语权问题

谈谈语言文字规范

简化字的史源与时运

当今人类三大语言话题*

语言问题、语言资源和语言权利，是人类当今谈论的三大“语言话题”，有些是自古至今一直谈论的。了解这三大话题，对于科学制定语言规划、做好语言文字工作，意义重大。联合国宣布2008年为“国际语言年”，我们就更应该了解人类当今谈论最多的语言话题。

一　语言问题

过去语言规划的主要目的，是为了解决语言给社会带来的各种问题。语言问题主要包括三个方面：1．语言沟通；2．语言压力；3．语言濒危。为解决语言问题，中国近百年来，尤其是中华人民共和国成立以来，无数志士仁人前赴后继，为此做了大量的工作，取得了重大成就，为我国的建设与发展作出了不可磨灭的贡献。进入新世纪，语言问题仍然是语言规划需要重点解决的。

（一）语言沟通

语言有很多职能，其最重要、最基本的职能无疑是充当交际工

* 本文根据2008年2月28日在“2008年度全国语言文字工作会议”上的专题报告修改而成。

具。同时，语言还是思维的工具、文化的载体以及民族的象征。民族、国家统一市场的形成，必然要求实现民族和国家的语言统一。国际市场的发展，特别是当今“世界经济一体化”的发展趋势，也必然要求国际范围内信息的快捷沟通。但是，方言的分歧、语言的众多却严重妨碍人类的交际。中国人100多年来为了语言沟通，在汉语共同语推广和外语教育等方面做了大量工作。

1. 确定并推广汉民族共同语

确定并推广汉民族共同语，是百多年来为语言沟通做的最为主要的工作。确定、推广汉民族共同语，主要表现在三项语文工作上：

（1）大力推广普通话；

（2）对汉字进行简化、整理和规范；

（3）制定并推行汉语拼音方案。[1]

今天，计算机网络为人类建造了一个虚拟空间。受虚拟世界的影响，中国人特别是年轻人的生活方式和思维方式发生了重大变化。网络是西方人发明的，使用西方语言特别是英语最为便利，但也造成了对英语之外的语言在技术上和事实上的歧视，并使多数语言边缘化。新世纪语言文字的重大工作之一，就是加快语言文字信息化的步伐，抢占虚拟空间。

本世纪中国实行的第一部法律是《中华人民共和国国家通用语言文字法》，这部法律把普通话和规范汉字称为“国家通用语言文字”。随着中国经济的发展和世界地位的提高，汉语也成为

【1】周恩来总理1958年1月10日在政协全国委员会举行的报告会上，作了《当前文字改革的任务》的报告。报告指出：“当前文字改革的任务，就是：简化汉字，推广普通话，制定和推行汉语拼音方案。”就语言文字的工作实践来看，直到今天仍然在做这三个方面的工作。简化汉字及其以后的相关工作，其实包含着对汉字的整理与规范。

世界其他民族愿意积极学习的语言。特别是2005年召开了世界汉语大会，汉语国际传播的步伐比任何时候都加快了。我们必须最大限度地满足世界人民学习汉语的需求。有位新加坡学者说，向世界传播汉语不仅仅是中国的事情，它牵涉到的是全世界华人的共同利益，甚至还说这也牵涉到新加坡的核心利益，他们愿意与中国同行一起向世界传播汉语。这话很有道理，中国学者应当在学术上和行动上给以积极回应。

2. 加强外语教育

语言沟通的另一个渠道就是外语教育。中国外语教育的历史很长，也许可以追溯到秦汉时代，但现代意义上的外语教育是从清末陆续建立京师同文馆、上海广方言馆和广东同文馆开始的（参见高晓芳，2006）。中国是当今世界上外语教育的第一大国，外语教育不仅仅是语言问题、技术问题，也涉及文化主权。谁都不能否认，中国人没有外语不行，从任何意义上说中国人都应该学习外语，都应该学好外语。这是因为：

（1）中国人如果不懂外语，就会在国际舞台上失去很多机会。

（2）在中国召开的世界范围的会议越来越多，如北京奥运会、上海世博会等，提供外语服务是我们面临的一大课题。而且，由于中国经济腾飞，全世界也开始把目光聚焦中国，希望在中国寻求发展，在中国寻觅工作。中国还会出现外国人社区，如北京、上海、山东等地已经形成了韩国人社区。这些社区需要提供医疗卫生、教育、邮政通讯、安全警卫等多种服务，这些服务都牵涉到外语服务问题。外语的语言服务已经提到了社会管理日程上。

（3）中国人还要到世界各地去学习和工作，外语已经成为做“世界公民”的素质。当前，很多城市提倡从幼儿园和小学就开始学习外语，但是，中国没有学习外语的合适环境，也没有那么多称职的外语教师。很多学校在提倡用外语讲专业课，结果是外语没学好，专业课也没学好。[1]

“单一外语倾向”是个大问题。人们一提外语仿佛就是英语，一提与世界接轨仿佛就是用英语接轨。世界上有近200个国家和地区，很多国家（地区）的语言我们并不了解。过去学外语，主要是向西方学习先进的文化知识，而今天看来这样的外语学习目的太单一。当前必须从国家的高度和未来发展的角度对外语语种做出科学规划。外语也是国家的资源，向国内介绍一种新的语言，就是对国家的语言资源库的贡献。美国过去不重视外语教育，现在这种局面正在政府指导卜迅速改变。“单一外语倾向”也不符合我国未来发展的外语战略。虽然这种现象在逐渐改观，但是力度太小，规划不够得力。

（二）语言压力

语言压力，首先表现在语言翻译和语言推广需要巨大的成本，语言教育和语言学习也需要巨大的成本。双语学习或三语学习等“语言教育”，花去了社会和个人的大量资财，造成了社会和个人极重的时间、精神及经济负担。

同时，语言统一也可能引发一系列的社会矛盾，形成对社会的压力。当前我国主要应处理好语言的三大关系：

1. 母语与外语的关系。很多人不满意在升学、就业、晋级等方面对外语的优惠政策，对母语的命运深感担忧；同时整个社会对母语的重要性关注不够。

2. 普通话与方言的关系。前几年，在南方方言区的“两会”上，有代表关注方言问题，有些地方还提出“保护方言”的口号。

3. 民族语言之间的关系。我国幅员辽阔，有56个民族，语言众

【1】中国幼儿园和小学外语学习的情况及对相关问题的看法，参见李宇明（2003）。

多，最新的研究认为，我国的民族语言大约有120余种（其中有些语言的身份还需要鉴定）。[1]民族平等也表现在民族语言上的平等。

这些关系处理不好，社会语言生活就不可能和谐，甚至带来社会冲突和文化冲突。前苏联的解体及这一地区今天的矛盾、当年巴基斯坦的分裂、加拿大两大语言社区的矛盾、比利时多次出现的政治危机等等，无不掺杂着语言问题在内（参见周庆生主编，2001；何俊芳，2008）。

（三）语言濒危

目前世界上有5 000至6 000种语言（也有人认为，人类的口头语言约有7 000种），其中96%的语言，其使用者仅占世界人口的4%，专家估计这96%的语言在本世纪都有消亡的可能性。英国《关于成立濒危语言资金筹集委员会的建议》指出："世界正面临一个规模空前的语言灾难，我们正处在人类语言历史的紧急关头。"1995年，美国濒危语言基金会在成立宣言中指出："语言消亡贯穿历史，但是从来没有过我们当前所遇到的威胁世界的大规模灭绝……难道我们愿意承担旁观和无所作为的谴责吗？"语言濒危问题已经是世界关注的大问题（参见徐世璇，2001）。

据学者研究（斯蒂芬·武尔姆Stephen A. Wurm，1991），语言衰落、濒危的主要原因是：

1. 使用语言的群体的死亡；
2. 语言生态环境的变化，如满语、回族语言的衰亡；
3. 民族征服；
4. 因某种原因自动放弃。

【1】孙宏开、胡增益、黄行主编（2007），收录中国少数民族语言资料129种。

这些研究很有道理，但是今天还应看到，信息化已经成为语言消亡的重要因素了。数字化带来了语言的极度不公平，这种不公平加快了语言消亡的速度，扩大了语言消亡的数量。很多不能上网的语言和文字就有消亡的可能。当前，我国的语言资源也在流失。语言或方言衰微的重要原因，首先是人们的生存环境正在发生重大变化，其次是强势语言的作用。纵观世界，最强的语言是英语，它的不断强大扩张，占据了很多语言的空间，加速了很多语言消亡的速度。

很多人意识不到语言多样性的价值。我们关注人类生存世界的多样性比关注人类自身的多样性更早更多。现在，在保护濒危物种、保护文化遗产等方面，不少人觉悟了，但对于我们之所以能够成为“人”的语言方面，却没有多少人去关注。语言濒危与文化问题密切相关。语言消亡意味着：人类将失去不可复得的语言样品，将失去不可再生的文化基因，将失去一些历史记忆。

二　语言资源

语言既是影响社会交际、人类和睦的“问题”，又是人类重要的文化资源乃至经济资源。过去我们多把语言看成问题，主要工作也是解决语言问题。而现在必须更加关注语言作为资源的属性。如果把语言看做问题，看做影响交际和人类和睦的问题，便会致力于语言统一，而对许多语言的消亡并不关心；如果把语言看做资源，看做人类重要的文化资源乃至经济资源，人们便会着力保护和开发这种资源，维护语言的多样性，努力抢救濒危语言。[1]

【1】关于语言资源问题，可参见陈章太（2008）。

（一）语言是语言的资源

语言首先是语言的资源。其一，了解语言的特点。每种语言都是一种特殊的语言样品，具有其他语言无法代替的语言学上的认识价值。比如：汉语的平上去入的声调系统及其变调特点，世间少见；哈萨克语有关马的毛色的词语有350多个，形容骏马的词语100多个，有关马的其他特征的词语600多个，非马背上的民族，实难有这样的语言奇观。（姜崇仑主编，2004：215）

其二，了解语言的历史。语言的共时状态包含着语言的历史。如原始汉语分化出了粤方言、闽方言、客家方言、赣方言、吴方言、湘方言、官话方言等等。再如汉语的调类，北方少，南方多。北方民族是阿尔泰语系的民族，语言没有声调；南方民族语言多是有声调的，而且调类较多。汉族同这些民族接触融合，汉语同这些民族语言接触融合，就形成了汉语方言调类南多北少的现状。[1]

其三，语言（和方言）接触为语言发展注入新活力。例如，现代汉语的百年发展，就词汇和语法而言，受到了英语、日语、俄语等语言的较大影响。近20多年来，普通话词汇受到了粤方言、吴方言和北京方言的影响。再如礼貌表达，到“文化大革命”结束时几乎损失殆尽，此后汉语进行了而且至今还在进行着礼貌表达系统的重建。这一重建过程受到外语的很大影响。语言在不断的发展演变之中，语言成分的借用，历史元素的承撷，是语言发展不可忽视的因素。通过不同语言样品的比较分析，可以帮助再现语言的历史，探索语言接触的各种情况。

【1】爱新觉罗瀛生（2004）有许多阿尔泰语系语言与汉语相互影响的论述，值得一读。

（二）语言是文化的资源

民族的语言与文字表现着民族智慧，同时还常常成为民族的图腾般的象征。而且，80%的文化是通过口语和文字传留下来的。世界上没有文字的民族多于有文字的民族，他们的文化主要通过口语流传下来。如我国的鄂伦春族、羌族、东乡族、保安族、畲族等。2006年5月20日，国务院批准的第一批国家级非物质文化遗产名录，共计518项，要求按照《国务院关于加强文化遗产保护的通知》的精神和有关要求，切实做好非物质文化遗产的保护、管理和合理利用工作。名录中的传说、故事、号子、歌谣、戏曲等等，都无不牵涉到语言文字的问题。

需要强调的是，现在所谓的科学，并没有把各民族对世界的认识提炼出来，融合进去。比如中国的中医中药、藏医藏药、蒙医蒙药、苗医苗药等，都还没有进入世界的医学科学体系，有些国家甚至还把它们看做巫术！连我们自己也还争论它们是不是科学。语言包含着人类文化发展的基因，其多样性与生物多样性一样重要。如果一个语言消亡了，它里面包含的文化样式我们就永远找不到了。

（三）语言是经济资源

更不可忽视的是，当今时代，一些新的语言职业和语言产业逐渐形成，语言已经进入到经济和高新科技领域，成为经济发展的重要资源。比如英语教育产业、语言翻译产业[1]、文字速录师职

【1】据中国外文局的资料显示：2005年中国翻译市场规模为人民币210亿元，2006年中国翻译市场产值超过人民币300亿元。

业[1]、计算机字库提供商、语言文字信息处理软件产业[2]等。中国患语言疾病的人数也很多，如聋哑、口吃、兔唇、假喉、失语症、儿童语言发展迟缓等，应当设立“语言治疗师”这一新职业。随着信息时代的发展，语言作为经济资源的性质会体现得越来越明显，其经济意义越来越显著。

（四）中国语言普查

语言作为资源需要保护，需要开发。对于语言资源这一概念，社会认识总体上不到位，缺乏基本的政策保障，特别是电子语言资源的开发与知识产权的保护等方面，连学术研究也相当薄弱。国家语委近年来力倡开展中国语言普查活动，百岁老人、语言学家周有光先生也在不断呼吁。开展中国语言普查，就是要了解中国语言的国情，要记录和保存国家的语言资源，开发国家的语言资源，并起到抢救、保存中国口头文化的作用。国家语委去年开始论证，今年开始做语言普查试点工作。

在中华人民共和国的历史上，有过两次大的语言调查。第一次是根据国务院指示，1956年开展的汉语、少数民族语言调查。当时主要调查的是语言结构，主要目的是方言区、少数民族地区学习普通话，并且为民族创制文字。当时组成七个调查队，调查了1 849个县的汉语方言。我们今天对于中国民族语言的认识，对于中国方言的认识，基本上是这次调查奠定的基础。第二次是1999年，教育部等11部委联合开展了中国语言文字使用情况调查，当时主要关

【1】劳动和社会保障部办公厅《关于印发第七批速录师等14个国家职业标准的通知》（［2003］19号），正式将速录师作为国家的一种职业，并通过培训进行国家职业资格项目认证。证书分为速录员、速录师、高级速录师三个等级。

【2】北京大学软件与微电子学院在工程硕士培养中，开设了计算机辅助翻译专业和语言工程师专业。

心的是语言文字的使用情况。这次调查涉及全国1 063个县（市、区），调查对象47万人（中国语言文字使用情况调查领导小组办公室，2006）。除了这些调查外，我国很多学者和一些部门不断开展现实语言的调查和研究，对中国语言资源的研究和保护起了很大作用。

本次语言普查应兼取上两次之长，弄清中国语言及其方言的种类、分布区域、运用人群及其使用变化状况等，建立起可永久保存的中国语言多媒体语料库及相关数据库，绘制细致的可传至后代的多媒体语言地图。[1]

人类文化有三种载体形态：1. 由实物承载的，如建筑、雕塑、绘画、服饰、出土文物等等；2. 由文献记载的；3. 由口语涵载的。第一类文化需要语言来阐释，后两类文化都是由语言（包括文字）负载的。由此来看，离开语言来谈文化的多样性，几乎不可能。对文献文化的保存、整理与利用，中国有悠久的传统，历来受到重视。2007年4月，国务院发出《关于开展第三次全国文物普查的通知》，这是对实物文化进行收集、整理的新世纪的国家行动。[2]但是，由口语涵载的文化常被忽视。语言普查如果能够实施，并且重视文化因素的采集，比如用结构访谈和采风的方式采录各地有特色的文化语料，增加语料的文化含量等，其实也就是对中华口头文化的大规模收集，意义宏大而深远。

语言及其方言是国家不可再生的、弥足珍贵的非物质文化，是构成文化多样性的前提条件。通过语言普查建立中华语言的语料库，其实就是建立中华文化的知识库、“基因库”，是语言资源保

【1】关于本次语言普查的一些情况，可参见李宇明（2008b）。
【2】1956年和1981年，我国曾进行过两次全国文物普查。第三次全国文物普查从2007年4月开始，到2011年12月结束，分三个阶段进行。普查标准时点为2007年9月30日。

存与开发的重大而有效的举措。中国是世界上语言资源最丰富的国家之一，保护好中国的语言资源，也是中国对人类的贡献。

三　语言权利

语言权利是个古老而又新颖的话题，涉及很多内容，有定论的东西不多。不过母语权利是世界公认的语言权利，包括母语学习权、母语使用权和母语研究权（是否包括母语放弃权？）。联合国教科文组织1999年确定每年的2月21日为“世界母语日”，我国是联合国教科文组织的会员，从2006年起也开始举办母语日活动。现在有些国际组织，还提议把外语学习也作为一种语言权利。

语言权利，包括个人的语言权利和群体的语言权利，牵涉到公民的生存权和发展权，维护公民的语言权利十分重要。澳大利亚有严重的教训，它从1910年到1970年，对土著居民实行同化政策，全澳大利亚有10万名土著儿童，被政府从家人身边强行带走，接受白人教育，从而使这些“被偷走的一代”失去了本族的语言与文化。2008年2月12日，澳大利亚第42届议会开幕，新任总理陆克文代表澳大利亚政府和议会向土著人民毫无保留地做出道歉。其实仅仅道歉是不够的，土著还提出赔偿条件，这是世界上被剥夺了语言权利、文化权利的案件。

语言权利的维护，理论上和实践上都可以放在两个层面上进行：立法层面和司法层面。语言权利的界定当然应放在立法层面，而语言权利的维护应多放在司法层面，当前特别应加强司法层面的工作。在司法层面解决语言权利的维护问题有很多好处：能够使个人的语言权利得到实实在在的维护，而且也避免因个人维权带来群体矛盾，导致社会不安定。前苏联基本上是在立法层面解决语言问题的，最后前苏联解体是伴随着语言矛盾、语言战争进行的，到现在前苏联地区的语言战争还没有结束。[1]而美国基本上是在司法层面解决语言问题的。语言冲突较少，冲突的规模较小，冲突的层次也较低。

四　构建和谐语言生活

新世纪要有新气象。在当前的历史方位进行考察，国家语委的职责应当有三：

1. 从语言文字的角度保证国家信息畅通，支持国家信息产业的发展，保障国家在信息领域里的各种权益。这是信息化给语言文字工作提出的新要求。当然，信息畅通（包括政令畅通、军令畅通等）需要很多条件来保证，但是语言文字的保证是很重要的，因为人类信息80%是靠语言文字传递的。

2. 保证中国公民在中华人民共和国领土上使用国家通用语言文字和其他中华语言文字来获取信息、表达思想的权利。当前最重要的是保障中国公民的母语权利，比如在中国召开的有中国学者参加的学术会议，国家通用语言应成为会议语言或会议语言之一；在中国销售的产品，应当有国家通用文字的标志及说明书；电信查询应首先提供普通话服务；中国的各种便民设施用字，应优先使用国家通用文字。中国的民族自治地方，应依照国家的有关法规执行。

3. 帮助全世界愿意学习和使用中国语言文字的人，方便地学习和使用中国语言文字。国家语委除了在自己的国土上推广国家通用语言文字、帮助少数民族实现语言文字的规范化、信息化，还有帮助愿意学习中国语言文字的他国公民的义务，这里包括海外华

【1】参见《前苏联加盟共和国地区语言立法状况》，载“中国语言生活状况报告”课题组（2007）。

人，也包括非华人。而且中国语言文字不仅仅是汉语汉字，还有蒙古语文、藏语文、维吾尔语文、哈萨克语文、朝鲜语文、彝语文、壮语文、傣语文等等。中国语言走向世界，不仅仅是汉语汉字走向世界，也是中国一些少数民族语言走向世界。换句话说，中国也应掌握民族语言国际教育的话语权！

上面所说的职责不仅涉及语言“问题”，而且也涉及语言资源和语言权利，反映了信息化时代和中国走向世界的情势下语言文字工作的特点。这些职责当然要通过长期努力才能逐步实现，带有一定理想色彩。

当前，国家语委的基本工作目标是构建和谐的语言生活（赵沁平，2007）。语言生活和谐，关键是要树立科学的语言观，语言的主体性与多样性兼顾起来，语言的沟通和保护兼顾起来。过去我们做了许多富有成效的语言地位规划和语言本体规划，在此基础上，还应做好语言的功能规划。[1]

主要参考文献

爱新觉罗瀛生 2004 《满语杂识》，学苑出版社。

陈章太 2008 《我国的语言资源》，《郑州大学学报》第1期。

戴庆厦、何俊芳 2006 《语言和民族（二）》，中央民族大学出版社。

高晓芳 2006 《晚清洋务学堂的外语教育研究》，商务印书馆。

何俊芳 2008 《语言冲突研究》（打印本）。

姜崇仑主编 2004 《伊犁历史与文化》，新疆人民出版社。

李宇明 2003 《关于中小学“双语教学”的思考》，《语言文字应

【1】关于语言功能规划，详见李宇明（2008a）。

用》增刊。
李宇明 2008a《语言功能规划刍议》，《语言文字应用》第1期。
——— 2008b《语言资源观及中国语言普查》，《郑州大学学报》第1期。
斯蒂芬·武尔姆（Stephen A. Wurm）1991《语言的消亡与消失：原因与环境》，载周庆生主编（2001）。
孙宏开、胡增益、黄行主编 2007《中国的语言》，商务印书馆。
徐世璇 2001《濒危语言研究》，中央民族大学出版社。
赵沁平 2007《加强语言文字应用研究 构建和谐的语言生活》，《语言文字应用》第1期。
“中国语言生活状况报告”课题组 2007《中国语言生活状况报告（2006）》，商务印书馆。
中国语言文字使用情况调查领导小组办公室 2006《中国语言文字使用情况调查资料》，语文出版社。
周恩来 1958《当前文字改革的任务》，人民出版社。
周庆生主编 2001《国外语言政策与语言规划进程》，语文出版社。

［原载《云南师范大学学报》2008年第4期］

语言功能规划刍议

语言规划（Language Planning）是政府或学术权威部门为特定目的对社会语言生活（Language Situation）和语言本身所进行的干预、调整和管理。通常，人们将语言规划分为两种：1．语言地位规划（Language Status Planning），其任务是确定语言（包括文字）及其变体的社会地位，以及不同场合应该使用什么语言等；2．语言本体规划（Language Corpus Planning），其任务是对语言及其文字进行改革、规范、完善等，也包括为没有文字的语言创制文字，为文字设计注音方案等。

这两种语言规划，都涉及语言的功能，且包含着对语言功能的规划。但是，其关涉的语言功能方面的规划，表述上多为隐性而非显性，规划得也较为粗疏，不够系统，不够缜密。因此，对语言功能有专门规划之必要。语言功能规划（Language Function Planning）是语言地位规划和语言本体规划的结合与延伸，是语言规划的新角度、新进展。同时，通过语言功能规划也会进一步丰富、完善语言的地位规划和本体规划。

一　语言的功能层次

语言功能是指语言在社会生活中所发挥的功能。社会生活是分领域的，虽然划分社会生活领域并无一定之规，但是不同的国家和地区却有大致的习惯，这种习惯可以通过职业分类、行业管理部门的设置等体现出来。若干社会生活领域可以整合为更宽阔的领域，某社会生活领域也可再细分为若干小领域。既然社会生活可以分领域，不同领域可以进行平面整合，或是层次叠架，那么语言功能也应当是分领域的，而且语言功能领域也可以进行平面整合或是层次叠架。

根据中国语言生活状况和语言规划的经验，可以大致将语言功能划分为如下八个层次：

I. 国语

国语是指能够代表国家的语言。早在清末，我国就有了国语的概念，之后经过国语运动，逐渐确定了国语的标准。中华人民共和国没有规定国语，但有“普通话”的概念。2000年通过的《中华人民共和国国家通用语言文字法》[1]，规定国家通用的语言文字是普通话和规范汉字。因此，普通话实际上具有国语的地位，行使着国语的职能。相应地，规范汉字实际上具有“国字”的地位，行使着国字的职能。世界上许多国家也没有明确规定国语，如美国；而有些国家则规定双国语甚至多国语，如加拿大、瑞士、比利时等。

II. 官方工作语言

官方工作语言是指国家和地方工作机关工作时应当使用的语言（包括文字）。依照《中华人民共和国国家通用语言文字法》的规定，我国的官方工作语言是普通话（包括规范汉字），但是在现实生活中，汉语方言及介于普通话与方言之间的“地方普通话”，还

【1】《中华人民共和国国家通用语言文字法》，2000年10月31日第九届全国人民代表大会常务委员会第十八次会议通过，2001年1月1日起实施。

较为普遍地使用。我国实行民族平等政策，《中华人民共和国宪法》[1]第四条第四款规定“各民族都有使用和发展自己的语言文字的自由”，第一百二十一条规定“民族自治地方的自治机关在执行职务的时候，依照本民族自治地方自治条例的规定，使用当地通用的一种或者几种语言文字”。在民族自治地方，自治地方的通用民族语言也是官方工作语言。例如内蒙古自治区，自治区的官方工作语言是蒙古语和国家通用语言；在达斡尔、鄂温克、鄂伦春自治旗，官方工作语言除蒙古语和国家通用语言之外，还分别有达斡尔语、鄂温克语和鄂伦春语。

我国在召开全国人民代表大会、中国人民政治协商会议全体会议等重要会议时，工作语言还使用蒙古、藏、维吾尔、哈萨克、朝鲜、彝、壮等七种语言文字。这些语言文字也具有国家层面官方工作语言的性质。

官方工作语言与国语常常具有一致性，有很多国家，国语也就是官方工作语言。但是，国际上国语与官方工作语言不一致、甚至相互分离的情况也不罕见。例如：新加坡的国语是马来语，官方工作语言是英语；印度的国语是印地语，国家的官方工作语言是英语（印地语等在名义上和实际上是不是官方工作语言，尚不清楚），印度各邦还有其他的官方工作语言；加拿大的国语是英语和法语，在国家层面和英语区，这两种国语也是官方工作语言，但是在魁北克省法语区，官方工作语言只使用法语，英语在一般生活中也受到相当严格的限制。

【1】《中华人民共和国宪法》，1982年12月4日第五届全国人民代表大会第五次会议通过。此后有四个修正案：1988年4月12日第七届全国人民代表大会第一次会议通过的《中华人民共和国宪法修正案》，1993年3月29日第八届全国人民代表大会第一次会议通过的《中华人民共和国宪法修正案》，1999年3月15日第九届全国人民代表大会第二次会议通过的《中华人民共和国宪法修正案》，2004年第十届全国人民代表大会第二次会议通过的《中华人民共和国宪法修正案》。

III. **教育**

教育是非常重要的语言功能层次。特别是教材、教师讲课和考试等环节的教学语言，许多国家都有明确规定。我国的教学语言是国家通用语言文字，在少数民族地区提倡双语教学，目的是使受教育者“民汉兼通”。少数民族语言的发育状态和使用情况不同，双语教学也有各种不同的模式。外国语文只是学习的科目，不是法定的教学语言，但是现实中不少教育机构在用外国语文作为教学语言，这是现实提出的需要分析研究的问题。

IV. **大众传媒**

大众传媒主要有平面媒体、音像媒体[1]和网络媒体，是当今人们须臾不能离开的充满生机的语言生活。大众传媒在传播国家通用语言文字、创造新文体、新词语等方面，发挥着巨大作用。[2]这一领域的语言功能十分强大，也最为语言规划者所重视。大众传媒主要使用国家通用语言文字；民族地区和面向民族大众的，也使用民族语言文字。此外也有少量的汉语方言、繁体字、外国语文在大众传媒中使用。网络媒体是一种新兴媒体，其语言文字多数与平面媒体、音像媒体相同，但也有许多特点。

V. **公共服务**

政府、行业或服务业向社会提供服务，一般都需要语言文字作为服务中介。理论上讲，公共服务应该使用服务对象所习用的语言文字，服务对象的多元，决定了服务语言（文字）的多样。对于较为宽泛的服务对象，如机场广播、路名标牌、商品说明书、博物馆解说词等等，应使用国家通用语言文字，民族自治地方应同时使用民族语言文字。

【1】也称“有声媒体”。
【2】关于大众传媒对语言的作用，详见李宇明（2002）的有关论述。

VI. **公众交际**

在全国范围内的公众交际，一般多采用国家通用语言文字。民族地区和汉语方言区域内的公众交际，还应根据实际情况使用民族语言和汉语方言。

VII. **文化**

文化是民族的精神家园。继承传统文化、借鉴外国文化、发展现代文化，是当代文化繁荣的必由之路。继承、借鉴和发展文化，每种语言（文字）及其方言[1]都有其作用。

VIII. **日常交际（包括家庭交际）**

在日常生活中，公民使用他最自然的语言文字进行交际。当前的情况是，使用汉语方言和民族语言是日常交际最主要的语言现象，也有使用普通话和“地方普通话”的。特殊的家庭可能还使用外国语文。

二　语言现象

语言现象在本文中是指语言（文字）及其变体。中国是世界上语言现象最丰富的国度之一，当今应考虑的语言现象主要有五种：

甲. 普通话和规范汉字

《中华人民共和国宪法》和《中华人民共和国国家通用语言文字法》等中国的法律法规，规定了普通话和规范汉字是国家的通用语言文字。国家大力推广普通话和规范汉字，使其在国家公共事务、教育、大众传媒以及社会公共服务、公众交际等领域发挥最为

【1】也包括外国语文。

重要的功能。学习、使用国家通用语言文字，牵涉到公民的生存权和发展权，是中国公民的最为基本的语言权利。

乙．少数民族语言

少数民族是中华民族大家庭不可分离的成员，《中华人民共和国宪法》《中华人民共和国民族区域自治法》[1]等一系列法律法规规章，都体现了民族平等、语言平等的基本理念。据不完全统计，截止到2006年，国家和地方颁布的涉及少数民族语言文字的法律法规规章276件，其中国家级的法律法规规章83件，地方（包括省级、州级、县级）法规规章193件。[2]这些法律法规规章保障着中国少数民族方方面面的语言权利。

中国少数民族语言通常认为有80余种[3]，就现有的研究成果看，应该在百种以上。[4]民族语言之间差别较大，有的使用人口过千万，有的只剩下十几人；有的民族有共同语而无方言，有的则方言分歧严重，甚至没有形成民族共同语；有的有传统文字和大量文献，有的有现代文字但文献不多，有的没有文字，有的曾有文字但已失传；有的充满生机，有的则处于濒危状态。[5]不同的民族语言（文字）都是中华民族宝贵的文化资源，具有法理上的平等性，但在现实生活中的功能却大相径庭。蒙古语文、藏语文、维吾尔语文、哈萨克语文、朝鲜语文、彝语文和壮语文，在国家重大政治生活中都在发挥

【1】《中华人民共和国民族区域自治法》，1984年5月31日第六届全国人民代表大会第二次会议通过，2001年2月28日第九届全国人民代表大会常务委员会第二十次会议修正。

【2】参见国家民委文宣司《民族语文政策法规汇编》和教育部语言文字应用管理司《新时期语言文字法规政策文件汇编》。

【3】《中国大百科全书（语言文字卷）》（中国大百科全书出版社，1988年版）列出的少数民族语言只有63种。

【4】参见《中国语言名录》，“中国语言生活状况报告”课题组《中国语言生活状况报告（2005）》上编，431—434页。

【5】关于少数民族语言的一般情况，可参见中国社会科学院民族研究所的《世界语言报告（中国部分）》。

作用，在蒙古族、藏族、维吾尔族、哈萨克族、朝鲜族、彝族和壮族自治地方，发挥着主要语言文字的作用，而有些民族语言只在日常交际、甚至家庭中使用。对民族语言（文字）进行语言规划，必须分类研究，因实制宜，循序渐进，应特别重视可操作性。

丙．汉语方言

汉语方言之丰富世界闻名，大的方言近10种，小方言土语不计其数。国务院1956年2月6日发布的《关于推广普通话的指示》指出："汉语统一的基础已经存在了，这就是以北京语音为标准音、以北方话为基础方言、以典范的现代白话文著作为语法规范的普通话。"（教育部语言文字应用管理司，2006：85）这一指示规定了北京语音和北方话的语言地位，但是没有规定别的汉语方言的语言地位。汉语方言在社会语言生活中，究竟应该发挥什么样的功能，尚缺乏语言规划层面的规定。但是在现实生活中，汉语方言的语言功能还相当重要：公务员用方言行使公务的，教师用方言教学的，都不在少数；广播电视有一定比例的汉语方言节目；在公众服务、公众交际、文化传承、日常交际中，汉语方言发挥着不可缺少的功能；汉语方言为普通话的发展提供了大量营养，在其基础上形成的各种各样的"地方普通话"，在语言生活中发挥着不可忽视的作用；汉语方言在香港、澳门、台湾等地所发挥的语言功能更大。

丁．外国语文

中国现代意义上的外语教育，起于清朝末年（参见高晓芳，2006）。百余年来，随着外语教育的发展和国家的不断进步，外国语文已经成为语言生活中不可缺少的语言现象。国家重要的记者招待会常有外语翻译，国家的重要文件有不少译成了外文；外语是中国高考的必考课程，中国学习外语的人数为世界之首；广播电视有外语的频道和节目；外国语文在公共服务、公众交际、科学技术、文化传播等领域，也有不小功能。尽管如此，外国语文并没有进入法律法规层面的语言规划，只是在一些教学、考试、晋职、用人等方面有一些规章制度。

戊．繁体字

繁体字是中华民族的宝贵财富，在历史文化的传承、境外华人社区的交往、书法艺术的弘扬、文字学研究等方面，有重要作用。语言生活需要培养研究和使用繁体字的专门人才，同时也需要大众有一定的繁体字知识与素养。《中华人民共和国国家通用语言文字法》等法律法规，规定了繁体字可以使用的领域，但从当今语言生活的需求来看，应重视繁体字的语言规划。

三　语言功能规划

语言功能规划的主要任务，就是规划各功能层次的语言作用，换言之，就是规划各种语言现象在各功能层次的价值与作用。上面讨论了八个功能层次和五种语言现象，从操作层面来看，语言功能规划就是填写好下面这张表格：

语言功能规划表（示意）

	甲. 国家通用语言文字	乙. 少数民族语言	丙. 汉语方言	丁. 外国语文	戊. 繁体字
Ⅰ. 国语	+	?	—	—	—
Ⅱ. 官方工作语言	+	±	?	—	—
Ⅲ. 教育	+	±	?	±	±
Ⅳ. 大众传媒	+	±	±	±	±
Ⅴ. 公共服务	+	±	±	±	±
Ⅵ. 公众交际	+	±	±	—	±
Ⅶ. 文化	+	+	+	±	+
Ⅷ. 日常交际	+	+	+	—	±

语言功能规划表的填写，反映的应当是深入研究的结果。在“刍议”之时就把这个表填起来，只能是示意性质的，是一种学术构想，远不是结论。表中符号的含义是：

“+”表示某语言现象可以在这一功能层次上发挥作用。

“−”表示某语言现象不能在这一功能层次上发挥作用。

“？”表示尚无明确的判定，不清楚某语言现象能否或应不应该在这一功能层次上发挥作用。例如少数民族语言在国语层面是何地位，就值得进一步研究。如前所述，我国没有规定国语，事实上国家通用语言代行国语的职能。民族语言同汉语言具有平等的法律地位，理论上说也应能代行国语的职能，而事实上并没有代行国语的职能，比如在联合国工作语言中，中文只指汉语文。

“±”有两重含义：1. 在这一功能层次上，某些语言现象发挥作用，某些语言现象不发挥作用。例如在大众传媒领域，一些民族语言有出版物、电台和电视台，而一些民族语言因其没有文字而没有出版物，或因其使用人口太少而没有这种民族语言的电台、电视频道。2. 在这一功能层次上的某些领域发挥作用，某些领域不发挥作用。例如汉语方言，在大众传媒这一功能层次，一般不发挥作用，只在方言频道或方言节目中发挥作用。再如繁体字，它在一般的教育领域不发挥作用，但是在特殊的教育领域（如古代汉语、方言学、古代文学等）还发挥着重要作用。

上表虽然是示意性质的，但从中已经可以得到一些有趣的规律或倾向性的东西。例如：

1. 普通话和规范汉字是全功能型，在每一功能层次都能发挥作用。这正是国家通用语言文字应该承担的语言职能，也是国家大力推广普通话和规范汉字所取得的成就。

2. 少数民族语言在中国语言生活中发挥着仅次于国家通用语言的功能。细而察之，在功能层次上自Ⅰ至Ⅷ，功能依次增强。当然，不同的少数民族语言之间有较大差异，但是都有“自Ⅰ至Ⅷ，功能依次增强”之趋势。

3. 汉语方言是具有根基的语言，在中国语言生活中发挥着重要职能。不同的汉语方言，其语言功能有较大差异，但是也都遵循“自Ⅰ至Ⅷ，功能依次增强”这一趋势。

4. 外国语文的功能集中在中间功能层次上，主要在教育、大众传媒、公共服务和文化传播等层面有作用。当然，不同的外语语种，在中国语言生活中发挥的功能也不相同，当下的情况是：英语的功用最人；韩国语的使用发展较快，因为中韩民间交往相当频繁，特别是中国一些城市形成了韩国人社区；而世界绝大多数语种，其实在中国的语言生活中并没有作用，这是应当引起高度重视的。

5. 繁体字在大陆语言生活中，与简化字互补使用。

6. 就语言现象来看，自甲至戊，语言功能呈现依次减弱的趋势。

7. 就功能层次看，高端使用的语言现象少，自Ⅰ至Ⅷ渐次增多。高端层次讲究语言的统一与交际效率，使用语言现象少是合理的；较低的功能层次与大众日常生活密切相关，语言现象应该多样化。这体现了语言生活中主体性与多样性的统一，兼顾了语言效率与语言资源的保护。

四　结语

语言功能规划是在语言的地位规划和本体规划的基础上进行的，是从语言生活的角度所进行的更为缜密、操作性更强的语言规划。本文关于功能层次的划分和语言功能规划表的填写，虽然多为感性，尚需严密的科学论证和实践检验，但是笔者已经从中感受到了这种规划的必要性，从中发现了一些有趣的学术话题，也发现了一些国家语言政策层面的课题。比如：

政府管理的应当是社会语言生活，语言本身的工作主要应由学者承担，只有对语言生活产生较大影响的本体问题，政府才来干预。政府所要管理的语言生活，主要是较高功能层次的，较低功能层次的语言生活，政府可以给予帮助和指导，但不应过多干预。

语言规划不能仅仅考虑交际效率，不能仅仅是为了解决语言给社会带来的麻烦，还要充分考虑到“语言是资源”这种理念和民族地区、汉语方言地区的语言感情；不仅考虑精英文化的弘扬，还要考虑草根文化的传承；同时还要辩证处理理想化与现实性的关系等等。

通过合理的语言功能规划，可以使各种语言现象各安其位，各得其用，各展其长，构建起多种语言现象互补共生、和谐相处的“多言多语”生活。

主要参考文献

陈章太 2005《语言规划研究》，商务印书馆。

戴昭明 1998《规范语言学探索》，上海三联书店。

费锦昌主编 1997《中国语文现代化百年记事》，语文出版社。

高晓芳 2006《晚清洋务学堂的外语教育研究》，商务印书馆。

国家民委民族问题研究中心 2006《欧安组织民族问题资料汇编》，民族出版社。

国家民委文宣司 2006《民族语文政策法规汇编》，民族出版社。

教育部语言文字应用管理司 2005《新时期语言文字法规政策文件汇编》，语文出版社。

——— 2006《国务院发布〈关于公布《汉字简化方案》的决议〉和〈关于推广普通话的指示〉50周年纪念文集》。

李建国 2000《汉语规范史略》，语文出版社。
李宇明 2002《大众媒体与语言》，姚喜双、郭龙生主编《媒体与语言——来自专家与明星的声音》，经济科学出版社。
——— 2005《中国语言规划论》，东北师范大学出版社。
——— 2007《构建和谐的语言生活》，“中国语言生活状况报告”课题组《中国语言生活状况报告（2006）》上编，商务印书馆。
吕冀平主编 2000《当前我国语言文字的规范化问题》，上海教育出版社。
全国人大教科文卫委员会教育室、教育部语言文字应用管理司 2001《中华人民共和国国家通用语言文字法学习读本》，语文出版社。
全国文字改革会议秘书处 1955《全国文字改革会议文件汇编》。
全国语言文字工作会议秘书处 1987《新时期的语言文字工作——全国语言文字工作会议文件汇编》，语文出版社。
王　均主编 1995《当代中国的文字改革》，当代中国出版社。
文字改革出版社 1958《清末文字改革文集》，文字改革出版社。
吴元华 1999《务实的决策——人民行动党与政府的华文政策研究》，联邦出版社。
现代汉语规范问题学术会议秘书处 1956《现代汉语规范问题学术会议文件汇编》，科学出版社。
徐大明主编 2007《中国社会语言学新视角——第三届中国社会语言学国际学术研讨会论文集》，南京大学出版社。
姚亚平 2006《中国语言规划研究》，商务印书馆。
赵沁平 2007《加强语言文字应用研究 构建和谐的语言生活》，《语言文字应用》第1期。
中国社会科学院民族研究所 2000《世界语言报告（中国部分）》。

中国社会科学院民族研究所“少数民族语言政策比较研究”课题组、国家语言文字工作委员会政策法规室 2001 《国外语言政策与语言规划进程》，语文出版社。
—— 2003 《国家、民族与语言——语言政策国别研究》，语文出版社。
“中国语言生活状况报告”课题组 2006 《中国语言生活状况报告（2005）》上编，商务印书馆。
中国语言文字使用情况调查领导小组办公室 2006 《中国语言文字使用情况调查资料》，语文出版社。
周玉忠、王辉主编 2004 《语言规划与语言政策：理论与国别研究》，中国社会科学出版社。

［原载《语言文字应用》2008年第1期］

构建和谐的语言生活

2006年11月，国家语委“十一五”科研工作会议在北京召开，教育部副部长、国家语委主任赵沁平在会上做了题为《加强语言文字应用研究　构建和谐的语言生活》的讲话，提出“构建和谐的语言生活是语言文字工作的目标”。这体现了国家的科学发展观和构建和谐社会的理念，反映了近些年来语言文字工作者的深入思考，将成为国家语言文字工作在新世纪的新目标。

一　和谐语言生活的提出

回顾过去，1951年6月6日，《人民日报》发表题为《正确地使用祖国的语言，为语言的纯洁和健康而斗争！》的社论，并开始连载吕叔湘、朱德熙的《语法修辞讲话》。在当时的历史条件下，这对正确使用祖国语言、推动语言文字规范化的历史进程起到了十分重要的作用。它的基本精神，对新时期语言文字的工作仍有重要的指导意义。当然，由于语言的历史积淀，语言间的接触影响，语言要素创新时的冲动，语言使用者和语言使用场合的千差万别等因素的影响，语言实在不容易纯洁，但是语言生活应当健康，也有可能健康。何谓语言生活健康？这是20世纪90年代以来人们不断思考的问题。

1955年10月，我国连着召开了两次重要的语言文字工作会议：全国文字改革会议，现代汉语规范问题学术会议。在这两个会议的基础上，1956年国务院发出了《关于公布〈汉字简化方案〉的决议》和《关于推广普通话的指示》。2006年3月31日，在人民大会堂隆重召开了这两个文件发布50周年的纪念会和语言文字规范化工作学术研讨会，认真总结了50年来我国语言文字工作的经验教训，研究新世纪语言文字工作的新情况、新问题、新方略。

全国人大常委会副委员长许嘉璐在讲话中指出："《国家通用语言文字法》的一个重要特点就是'重在引导'，这与我们建立和谐社会的目标是一致的。"他还指出："一方面要坚持主体化的方向，积极推广普通话，推行包括简化字在内的规范汉字；另一方面，要正确认识语言生活的多样性和复杂性，妥善处理民族语言文字和地方方言以及繁体字的使用问题。"[1]

国务委员陈至立在讲话中指出："今天我们站在一个新的历史起点上推进新时期的语言文字工作，面临着新的形势和新的挑战。……社会语文生活更为纷繁复杂，需要妥善处理好有关问题，维护语言文字的健康发展。……要加强对新的语言现象的研究分析，不断探索新形势、新时代的工作途径，促进语言文字的健康发展。……此外，还要高度重视语言文字在传承、弘扬、创造民族文化及增强中华民族凝聚力方面的作用，支持濒危语言抢救和弱势方言保护工作。"[2]

国家语委主任赵沁平在语言文字规范化工作学术研讨会上做了题为《关注社会语言生活，做好语言文字规范化工作》的讲话。讲

【1】纪念国务院《汉字简化方案》发布50周年座谈会，中国网"网上直播"，http://webcast.china.com.cn/webcast/created/705/36_1_0101_asc.htm。

【2】同【1】。

话指出："语言生活是社会生活的重要组成部分，和谐社会需要和谐的语言生活。要处理好中国各民族语言之间的关系，处理好共同语与方言之间的关系，处理好母语同外语的关系，处理好普通话的国内推广和国际传播之间的关系。应充分认识到，健康和谐的语言生活，是和谐社会的表现，也是促使社会和谐的重要方面。"[1]

这次纪念活动，几位领导同志都直接或间接地讲到了语言生活要健康、要和谐的问题，《光明日报》在会后还发表了《构建和谐的社会语文生活》的评论员文章。这些既是对我国50多年来语言文字工作实践的总结，又是对新时期语言文字工作的要求。

2006年5月22日，"2005年中国语言生活状况报告"新闻发布会在北京召开。这是教育部、国家语委首次向社会发布年度语言生活状况报告，显示了用语料库等现代科技手段对社会语言生活进行监测的成效，体现了政府与社会分享数据的理念。赵沁平主任在新闻发布会上发表了题为《关注语言国情　建设和谐的语言生活》的书面讲话，从关注现实语言生活的角度论述了和谐语言生活问题。《中国语言生活状况报告（2005）》的序言，标题为《构建健康和谐的语言生活》，也反映了这一精神。

二　和谐语言生活的构想

2006年10月11日，中国共产党第十六届中央委员会第六次全体会议通过了《中共中央关于构建社会主义和谐社会若干重大问题的决定》。《决定》认为："社会和谐是中国特色社会主义的本质属性，是国家富强、民族振兴、人民幸福的重要保证。""社会和谐

【1】中国语言文字网，http://www.china-language.gov.cn/webinfopub/list.asp?id=2120&columnid=178&columnlayer=01380178。

是我们党不懈的奋斗目标。”[1]在学习《决定》精神的过程中，在纪念国务院发布《关于公布〈汉字简化方案〉的决议》和《关于推广普通话的指示》50周年的系列活动及此后的思考中，国家语委逐渐明确了新世纪语言文字工作目标就是要构建和谐语言生活。

在国家语委“十一五”科研工作会议上，国家语委主任赵沁平是这样看待构建和谐语言生活的：

语言文字是人类用于交际和思维的最为重要的符号体系，是文化的重要组成部分，同时又是最为重要的文化载体。语言文字的属性，决定了语言生活是社会生活的重要组成方面，语言生活的和谐是社会和谐的重要表现，也是促进社会和谐的重要因素。建构和谐社会，语言文字工作者负有重要的历史使命。

当前，我国的语言生活总体上看还是和谐的，但是也有许多问题需要科学看待、妥善处理。比如：

1. 普通话和方言的关系；
2. 中国各民族语言之间的关系；
3. 母语教育和外语学习的关系；
4. 濒危语言的保护问题；
5. 汉语的国际传播同国内语言文字工作的关系；
6. 海峡两岸语言生活的沟通问题；
7. 世界华人社区的语言交往问题；
8. 我国在虚拟空间中的语言文字问题等。

科学看待、妥善处理当前语言生活中的问题，必须了解语言国情。要通过设立国家语言资源监测与研究中心等措施，对语言生活状况进行监测与研究，特别是对语言生活的热点问题

【1】新华网，http://news.xinhuanet.com/politics/2006-10/18/content_5218639.htm。

进行监测，并做出科学分析。要提倡务实学风，支持对本土语言的田野调查，支持对社会各领域语言生活的调查研究。要注意总结我国语言文字工作的历史成果，合理借鉴国外的经验，并善于从当今工作实践中总结规律。要加强对国家语言政策和语言文字规范标准的宣传，重视语言科学成果的普及工作，主动向社会提供高质量的语言服务，帮助社会各领域和广大民众解决他们遇到的语言方面的问题，引导语言生活向着和谐的方向发展。[1]

三　新世纪和谐语言生活的目标和内容

如果新世纪中国语言文字工作的目标定位于构建和谐语言生活，那么，我国50多年来的语言文字工作就可以大致分为三个大的阶段：

第一阶段是1949年10月至1985年。这一阶段的语言文字工作，主要是根据新中国当年的实际回答历史提出的语言文字问题。主要的工作任务正如周恩来总理1958年在《当前文字改革的任务》中所指出的："简化汉字，推广普通话，制定和推行汉语拼音方案。"这一阶段还进行了现代汉语规范化的大量工作。

第二阶段是1986年至2005年。1986年前后，"中国文字改革委员会"更名为"国家语言工作委员会"，第二次汉字简化方案正式废止，并召开了第一次全国语言文字工作会议，制定了新时期语言文字工作的方针政策。这一阶段语言文字工作的主要任务，可以概括为语言文字的规范化、标准化和信息化，是在第一阶段工作任务

【1】赵沁平《加强语言文字应用研究　构建和谐的语言生活》，中国语言文字网，http://www.china-language.gov.cn/webinfopub/list.asp?id=2270&columnid=139。

基础上的新发展，其工作目标是服务于中国的工业化和现代化。

第三阶段从2006年开始。进入21世纪，《中华人民共和国国家通用语言文字法》正式实施。特别是2006年，我国语言文字生活出现了几件大事：召开了纪念国务院《关于公布〈汉字简化方案〉的决议》和《关于推广普通话的指示》发布50周年座谈会和学术研讨会；国务院批准国家语委换届；召开了国家语委"十一五"科研工作会议等。这些可写入语言文字工作史册的重要事件，使政府和学者认识到，语言文字工作的目标就是促进语言生活的和谐，这预示着语言文字工作进入新的发展阶段。

构建和谐的语言生活，意味着政府管理的不是语言，而是语言生活。在管理语言生活中，不仅要解决语言带来的各种社会问题，而且还要保护和开发国家的语言资源，保障宪法赋予公民的语言权利。我国许多法规政策都涉及公民语言权利问题，少数民族自由使用、发展本民族语言和学习、使用国家通用语言等语言权利，在国家重大政治生活中和民族自治区域内得到有效保障。汉语方言在各自的区域及某些领域继续发挥它的特有作用，一些方言的活力还有所增强，方言区居民使用方言和学习普通话的权利受到保护。为有自然语言缺陷的人群设计并推行盲文、手语等，大力开展聋哑儿童的自然语言康复工作。关注农民工、三峡移民的语言生活和弱势群体的话语权问题等。国家语言资源的保护和开发问题，近些年来受到多方关注，国家公布的首批非物质文化遗产保护名录中，有许多都牵涉到语言文字的保护；国家语言资源监测与研究中心的建立，更明显地表现出政府将语言作为国家资源的认识。但是，语言资源的保护与开发，仍是当今语言生活的一个严峻问题，有待进一步研究和加强。

构建和谐的语言生活，重要的是做好国家的语言规划。语言规划，一般分为语言的地位规划和语言的本体规划。几十年来，我国在语言地位规划方面做了大量工作。语言地位规划的主要依据是：

《中华人民共和国宪法》第四条："中华人民共和国各民族一律平等……各民族都有使用和发展自己的语言文字的自由……"

《中华人民共和国宪法》第十九条："国家推广全国通用的普通话。"

《国家通用语言文字法》第二条："本法所称的国家通用语言文字是普通话和规范汉字。"

《国务院关于推广普通话的指示》（1956年2月6日）："汉语统一的基础已经存在了，这就是以北京语音为标准音、以北方话为基础方言、以典范的现代白话文著作为语法规范的普通话。"

以上这些法律法规条文，可以概括为三点：

1. 各民族语言平等，少数民族有使用和发展自己的语言文字的自由。

2. 普通话和规范汉字是国家通用的语言文字；

3. 北京语音是普通话（国家通用语言）的标准音，汉语的北方方言是普通话（国家通用语言）的基础方言。

在实际语言生活中，汉语方言在地域文化传承方面的作用、在方言区内信息沟通和情感沟通方面的价值、对普通话发展所作出的重要贡献等，愈来愈受到关注，并有一些学理论述；外语在中国语言生活中具有重要作用，一些部门在学历、职务资质等方面已有不少关于外语水平的明确规定，新闻、出版、公共服务领域也在使用外语。应当研究现实语言生活的状况，用法律法规来规划汉语其他方言的地位，规划在中国使用的外国语的地位，以使我国语言的地位规划更加完善。

新中国成立以来，我国在语言本体规划方面做了大量工作。研制、发布了语言、文字等方面的规范，为一些民族语言制定文字方案，进行了众多学科的科技术语整理与规范，编纂出版了不少高质量的语文辞书，为语言生活的健康发展作出了重要贡献。语言本体规划应根据信息时代的特点，更多地依靠专家学者进行工作。

在完善语言地位规划、加强语言本体规划的同时，还应当进一步进行语言的功能规划，即具体规划在不同的语言交际层面，应当怎样发挥不同语言及其变体的作用；哪些语言现象可以在哪些交际层面发挥功能。比如哪些语言可以作为国家的行政工作语言，哪些语言（或方言）可以用于教育和大众传媒，哪些语言（或方言）可以用于社会公共服务；从另一方面说，就是规划普通话可以在哪些交际层面使用，民族语言可以在哪些交际层面使用，汉语方言可以在哪些交际层面使用，外语可以在哪些交际层面使用，等等。语言功能规划，是语言地位规划的延伸和具体化，其主要任务，是规划各功能层次的语言作用，或者说是规划各种语言（包括文字）及其变体在各功能层次的价值与作用。

《国家通用语言文字法》和各地发布的实施《国家通用语言文字法》的法规中，对方言、外语、繁体字等的使用，都有一些规定，在一些行业管理部门中也有一些具体使用要求，这些为新世纪语言功能规划奠定了很好的基础。下一步，应根据构建和谐语言生活的理念，对语言功能做出系统而科学的规划。通过语言的功能规划，使各种语言及其变体各安其位，各得其用，各展其长。

构建和谐的语言生活，必须关注各个社会领域的语言生活。语言生活不是抽象的，它存在各个社会领域里，存在各个工作行业中。一个领域的语言生活起码应包括这样几方面的内容：

1．本领域的语言生活状况；

2．本领域存在的语言文字问题；

3．本领域的语言资源及其保护开发利用情况；

4．本领域需要的语言服务；

5．本领域需要制定的语言文字法规及规范标准等。

过去，国家语委着重抓了四大重点领域，以学校为基础，以党政机关为龙头，以新闻媒体为榜样，以公共服务行业为窗口，积累了宝贵经验。在此工作基础上，一方面要全面做好这些重点领域的语言文字工作，另一方面要把工作触角伸展到其他社会领域。语言文字工作要适应各个社会领域的情况，必须有各领域的专家和工作人员参与探讨。学术上，需要逐步建立“领域语言学”的学科体系。

构建和谐语言生活，是2006年中国语言文字工作的强音，也是语言文字工作的新课题，值得深入研究，并逐渐把这一目标落实到语言文字的各项工作中。

［原载《中国语言生活状况报告（2006）》上编，商务印书馆，2007年］

中国的话语权问题*

感谢各位专家学者参加第四届全国语言文字应用学术研讨会，也感谢四川大学为会议所做的精心准备。我今天不是讲话，只是个学术发言，从学术的角度谈谈中国的国际话语权问题。

刚才宣读的几封贺信，都谈及中国走向世界的问题，具有学术远见。是的，今天讨论学术，必须考虑中国走向世界这个大背景。一个国家走向世界，一个国家发展强大，重要的是在国际各领域都要拥有自己的话语权。当前，中国在国际上有了一定的话语权，但是还不大，有话语权的领域还比较少。例如在科技领域，汉语不能作为世界一些主要会议的用语，中国学者必须用其他语言来阐发自己的学术观点。话语权的获取受制于经济、政治、文化、教育、科技、军事等诸多因素，但语言文字也会起很重要的作用。中国的语言文字工作者，应该考虑怎样通过语言规划、学术研究来促成中国在世界领域的话语权。

50年前，中国开了两个重要的语言规划会议：1955年10月15日至23日召开的全国文字改革会议，同月25日至31日召开的现代汉语

---

* 本文是在第四届全国语言文字应用学术研讨会（2005年12月15日－17日，四川大学）开幕式上的发言。陈双新、郑梦娟两位帮助转写录音，并进行了文稿整理，特此感谢。

规范问题学术会议。这两个会议的成果，最后都形成了国家语言规划的文件，即1956年1月国务院批准的《汉字简化方案》，2月国务院发出的《关于推广普通话的指示》。这两个会议、两个文件，奠定了现代汉语、现行汉字的规范的基础，在中国文化史上具有非常重要的意义。今年和明年，分别是这两个会议召开和两个文件发布50周年，教育部和国家语委准备开展一系列纪念活动，并借此对我国50年来的语言文字工作进行理论总结，对未来语言文字工作提出指导性意见。在总结50年和规划今后语言文字工作时，必须考虑中国在国际上的话语权问题，这也是我想讲这个话题的原因之一。

一　中国的外语战略

从语言规划方面考虑中国的话语权，首先要研究中国的外语战略。打开网页，翻开报纸，不断看到关于母语和外语关系的论辩，这些论辩形成了中国语言生活的一个热点。

（一）投入多产出少

百余年来，我国都非常重视外语教育。近些年来更加认识到外语的重要性，相继出台了许多政策以鼓励外语教育。我国的外语教育存在不少问题，其中之一是投入多产出少。现今中国的家庭投资，相当部分在教育上。再深究起来，这些投到教育上的资金主要用在哪些方面了呢？相当一部分是在外语上。学生花费大量的时间、精力学外语，购置大量外语学习的书籍与器材；各级各类学校都在争相推进外语学习，“外汉双语教学”似乎成了奋斗目标。但是外语学习的效果并不理想，投入与产出不成比例。

外语并非人人都能学好，“全民学外语”的观念不符合语言学习理论。学习心理学告诉我们，在语言学习上，有人是天才，有人则愚钝，用一个外语水平标准要求所有的人，不科学。当然，也不能指望所有的人都能通过外语来了解外国，必须重视翻译工作，起码得把世界上一流、二流的精神产品及时翻译过来。

语言学习不是为考试，而是为培养语言能力，培养学习者口语和书面语的交往能力。语言能力不是仅在课堂上就能教出来的，而是要在语言环境中“用”出来。我国有极大的外语学习需求，有庞大的外语教育活动，国家、家庭、学习者为外语学习投入了大量的人力物力，然而却没有与之相称的外语使用场合，没有形成合适的外语应用环境。学习是从书本到书本，学习的动力是应试，应对升学考试、晋职考试、出国考试等等。即使外语学得倍儿棒，多数人除了出国之外，并无大用场。创造适合现代中国的外语生活，是提高外语学习效率的重要途径，且可以使外语教育投入得到回报，利于扩大国家的世界影响。

（二）外语语种单调

外语教育的语种过于单调，绝大多数人学习的都是英语。很显然，世界不止一种或几种语言，中国走向世界也不只是跟一种或几种语言的国家打交道，单调的外语语种教育显然不适合开放的国家需求。

过去学习外语，目的主要是学习国外的先进文化和科学技术等，而今随着中国的迅速发展，外语学习、外语教育应有些新目标。比如：通过外语向世界传播中华文化；向旅居中国的外国侨民提供语言服务；为在中国召开的国际大会提供语言服务等等。这要求外语教育的语种要丰富多彩，切合实际。应提倡对英语之外的其他语种的学习。当然，世界语种数千，不可能也没必要种种都学，应遴选出鼓励学习的主要外语语种目录。制定主要外语语种目录，应从三个方面考虑：

1．国际语言生活中比较重要的语种；

2．近期内我国需要提供语言服务的语种；

3．与国家安全关系密切的语种。

（三）英语是什么

英语是英美等国家的语言，同时也是当今世界使用最为普遍的语言，是中国乃至世界外语学习人数最多的语言。此时此刻，应当思考：今天的英语仅仅还是属于某几个国家某种文化吗？英语在未来有无可能成为人类共同的交际工具？

人类寻求共通语的努力已进行了千百年。千百年来，人类设计了许多人工语言，最有名的当属柴门霍夫创制的世界语。最近，一批德国学者还在致力发展类似于世界语的the KOD communication system。历史表明，人工语言要发展为世界通用语，相当困难。有专家认为，英语通过进一步的“国际化改造”，或能成为世界通用语。此言果若应验，我们就要认真考虑：

1．在我国语言生活中给英语一个什么样的地位；

2．怎样积极参与英语的“国际化改造”；

3．除英国英语、美国英语之外，澳洲英语、印度英语已经是重要的英语变体，我们应该怎样看待这些英语变体；

4．有无可能把Chinese English（或称Chinglish）发展起来，并考虑怎样利用它往英语这一“国际语”中灌注本民族的成分，以使英语更便于表达中华文化。

总而言之，如果没有外语，没有很好的外语教育，中国就不可能走向世界，就不可能较快争取到较大的国际话语权。目前的问题不是要不要学外语，而是怎么学好外语、怎样看待外语、怎样制定外语战略的问题。

二 汉语的国际传播战略

汉语走向世界，是我国政府、学者和人民大众都在思考、都在谈论的话题。国际社会的确开始敞开胸怀接纳汉语。有人把这叫“汉语热”，有人说汉语在国外还没那么热。不管热度如何，汉语正在大踏步地走出国门、走向世界，这是不争之实。

（一）简化字与繁体字

走向世界的汉语包括口语和书面语，汉字是记录汉语的工具，是汉语书面语的载体。但因历史原因汉字出现了简繁之异，在海外华文教育中，在汉语的世界教学中，需要协调简繁关系，更需要协调用简化字教学者和用繁体字教学者之间的关系。

（二）大华语

在普通话大步走出国门之前，汉语方言已由华人带至世界各地，成为汉语走向世界的先遣队。世界各地的华人不仅使用方言，且在方言的基础上，在普通话的影响下，形成了超越方言的带有区域特色的华人共同语，如新加坡和马来西亚的华语。在汉语走向世界的征途中，需要协调普通话、台湾的“国语”、港澳的“社区语”和海外的各种“华语”之间的关系。陆俭明、郭熙等先生近年来提出“大华语”的概念，很值得重视。华语，是以普通话为核心的现代全世界华人的共同语。理解这一定义，并依此进行海内外各华语变体之间的沟通，对华文教育很有帮助。普通话在语音、词汇、语法、文字等方面有明确标准，这些标准是海外学习汉语者的学习目标，但在教育实践上应有弹性。比如，新加坡的华人语音不一定如北京人那么标准，香港同胞的普通话也不一定要达到内地播音员的水平。教学中怎样处理标准与弹性，怎样确定弹性的限度，都是一些新课题。

（三）汉语拼音

汉语拼音在汉语国际传播中的作用，应引起足够重视。实事求是讲，外国人掌握汉字有相当大困难。汉族人在国内交流，仅有汉字基本够用，但有时也需要汉语拼音的帮助。如果要汉语走向世界，如果要汉语帮助国家走向世界，只有汉字恐怕不够。外国人学汉语，常需借助汉语拼音。想成为汉学家的外国人，当然应熟练掌握汉字；但是对于不同目的的汉语学习者，掌握汉字的水平可以不同；也许还有一些人，可以不识汉字，只使用汉语拼音。这就需要汉语拼音读物。我们现在还有汉语拼音读物吗？

《汉语拼音方案》不是文字方案，但是方案的设计的确考虑到了文字的许多性能，如隔音符号、分词连写、大小写系统等，都超出了注音功能，带有文字的性质，这是前辈为汉语拼音留下的广阔应用空间。《国家通用语言文字法》第十八条规定："国家通用语言文字以《汉语拼音方案》作为拼写和注音工具。""《汉语拼音方案》是中国人名、地名和中文文献罗马字母拼写法的统一规范，并用于汉字不便或不能使用的领域。"法律规定汉语拼音具有"拼写"与"注音"双重功能，可以"用于汉字不便或不能使用的领域"，这是汉语拼音在必要时可以作为书面语载体的法律依据。

汉语拼音作为注音工具，基本合适。从利玛窦设计拉丁化汉字到上世纪50年代，出现过千百种拼音方案或拼音文字方案，《汉语拼音方案》是在这千百种方案的基础上优选出来的。但是，汉语拼音如果拼写汉语，还有许多需要完善之处，比如分词连写（包括成语连写）的问题等。

还要看到，汉语拼音有助于国际话语权的获取。中国的知识产权，比如我国科学家创造的术语，我国打造的各种品牌，用汉语拼音表达比用汉字表达更易进入拼音文字国家，世界上绝大多数国家是使用拼音文字的。历史上曾有过将汉字改为拼音文字的主张，自切音字运动以来的百余年的实践表明，在可以预见的时期内汉字不大会被拼音所代替。但是，在中国走向世界、在汉语走向世界的过程中，切不应忽视汉语拼音的作用。从渊源上看，汉语拼音的出现受到西方拼音文字的影响，但它已经是中华文化的有机组成部分，是现代汉语书面语的一种表达符号，是中国人自己的东西，就像阿拉伯数字一样。

三　汉语在虚拟世界的地位

世界已经不只是一个现实世界，还有一个更重要的世界展现在我们面前，那就是“虚拟世界”，由计算机网络构造而成的电子信息世界。现实世界的生活越来越依赖虚拟世界，虚拟世界也越来越深地介入现实世界。获取话语权，不仅是现实世界的话语权，也包括虚拟世界的话语权。

虚拟世界对汉语提出了新问题。目前，计算机处理汉语的能力还较为低下，比如网络检索，一点鼠标就可能给你成百上千条信息，且不说其中有多少垃圾信息，即使都是相关信息，也只能浏览前面的若干条，无法毕读，人被淹没在信息的海洋里。网络安全仍然是大问题，目前尚无有效手段进行满意的网络过滤，计算机还缺乏语言智慧，或者说计算机汉语处理还没有真正开始，还处在文字处理阶段，顶多是字词处理阶段。机器自动分词还是一个关口，未登录词的识别也是难题。

有人估计，到2005年底，用英语负载的信息大概占整个网络信息的50%弱一点，非英语负载的信息大概占50%强一点。不懂英语，将失去约50%的网络信息；只懂英语，仍然会失去约50%的网络信息。因此，英语国家，特别是美国，外语教育引起特别关注。汉语在互联网上发展非常快，已经成为仅次于英语的第二大网络用语。因此，如果不懂汉语，也将失去很大一部分网络信息，更何况汉语在网络上的作用会越来越大。

网络是由各种规范标准构成的，我们需要建立汉语网络的各种规范标准，需要建立网络中中华语言的各种标准，并努力争取这些规范标准的国际化。有人一听语言文字规范标准就摇头，会问语言文字还需要规范标准吗？若在计算机出现之前提此疑问，倒可理解，但在迈入信息时代的门槛时再提这样的问题就与时不合。没有规范标准，包括语言文字的规范标准，计算机网络怎么运行？比如，大陆的汉字编码用GB，台湾的汉字编码用Big5，相互发送电子邮件往往出现乱码。外国的许多计算机字库中没有汉字，无法显示中文，在国外，懂中文的人常得用英语或汉语拼音与大陆人士交流。这说明建立汉字国际标准的重要性。

促进汉语汉字的信息化，不能光靠计算机学家、信息学家，语言学家应负起历史使命。最近，人们不断议论语言学家在很多场合“缺席”或“失语”的问题，如近些年进行的中小学语文教材改革，有人就说中国语言学家“缺席”了，“失语”了。母语教育关乎民族未来，语言学家本来责无旁贷。如果在计算机语言处理领域语言学家再失去发言权，那就更遗憾了。当然可以找出多种推卸责任的理由，但是作为一个学科，作为一代人，绝不能放弃自己的社会责任。

语言研究手段必须与时俱进。今年（2005年）11月12日－13日，国家语委在北京大学召开了语言学研究手段现代化问题学术研讨会，与会专家都希望能够整合各种语言研究资源，为语言研究开发一系列软件，建立共建共享机制，促进语言研究手段的现代化。语言研究手段现代化了，又会推动语言文字的信息化，增强我们在虚拟世界的话语权。

四　余论

话语权是个大话题，牵涉到方方面面，上面所谈的三个方面只是个引子。比方说，教育发展了，中国的学位对外国人有吸引力了，但是拿中国的学位需要对他们有中国语言方面的要求吗？科技发展了，但是科技论文不用汉文表达，产品广销四海，可是产品包装或是说明书上都是洋文，没有一个汉字，这算是有话语权了吗？

话语权不是自然而来的，甚至不因国力强大、科技昌盛、教育发达就自然拥有。有许多国家，富得流油，可是在国际上并没有什么话语权。中华文化同西方文化很不一样，汉语汉字同西方的语言文字也很不一样，因此获取国际话语权的困难比西方许多国家都大。国际话语权的获取，需要有识之士的精心谋划，需要全民族的自觉意识。

当然，我们也要学会关注人类共同发展的问题。不能站在中国看中国，或者是站在中国看世界，应该站在世界看中国。比如，全世界有那么多语言那么多文字，我们要不要了解了解、研究研究？世界上有的学问，我想我们都应该了解，都应该研究，都应该拥有。世界上所有的事情，我们都应关心！这才是真正走向世界，才能获取国际的话语权。

［原载《河北大学学报》2006年第6期］

谈谈语言文字规范

语言文字能不能规范？语言文字需要不需要规范？规范是否有碍语言文字的发展？对语言文字规范的理解不同，对以上问题的回答也就不同，甚至是截然不同。本文试对语言文字规范做出阐释，并在此基础上对上面的问题做出简答。

正如相信客观世界存在着不依人的意志为转移的规律一样，语言系统和文字系统，也都不是杂乱无章的符号堆砌，语言文字的内部结构是有规则的，语言文字的发展演变是有规律的。这些规则和规律，是语言文字规范的基础与前提。

析而言之，“规范”有名词和动词两种用法。用作名词的“规范”意为标准；用作动词的“规范”为使动义，意为“使之规范”。语言文字规范绝非凭空而生，它来自对语言文字的内部结构规则的认识，来自对语言文字的发展演变规律的认识。换言之，语言文字规范是客观的语言文字规则、规律的主观化成果。

语言文字规范是个庞大的体系，首先可以分为不成文规范和成文规范两大范畴。不成文规范，指同一社团成员运用语言文字习惯的总和，它存在于语言文字及其应用的方方面面，存在于人类自古至今的语言生活中。不成文规范是通过语感来体现的，是通过语言活动、语言产品来体现的。没有文字的语言，也有不成文的语言规范。没有语言学知识的人，也“懂得”不成文的语言规范。

成文的语言文字规范，是对不成文规范的理性加工，是不成文规范的学术化。它的主要表现形式有两大类：1．语文教科书、语文辞书、字帖等；2．政府或权威机构发布的语言文字的规范标准，如文化部、文字改革委员会1965年1月发布的《印刷通用汉字字形表》，国家语委、国家教委、广播电视局1985年发布的《普通话异读词审音表》，教育部、国家语委2002年发布的《第一批异形词整理表》等。[1]成文规范出现于书面语产生之后，出现于语文学萌生之时，反映着社会对语言生活的有意识干预。同不成文规范比较，成文规范产生时间较晚，覆盖范围较窄。

对语言文字进行规范，对语言生活进行规范，今天常称为语言文字规范工作。这里的“规范”是动词性的。语言文字规范工作，是根据语言文字的结构规则和发展规律对语言生活进行的社会干预，目的是促使语言文字向着规范的方向发展，促进社会语言生活的健康和谐。语言文字规范工作，其前提是对语言文字的结构规则和发展规律的科学认识，其举措是制定语言文字规范并推行之。

语言文字发展演变的规律与动因，对语言学家是具有恒久魅力的课题。以往的语言学家，较为关注语言文字发展演变的内在动因，而常常忽视来自社会语言干预这种外部动因。语言文字发展的历史表明，语言文字发展的内在动因固然十分重要，但是，社会的语言文字规范工作也对语言文字的发展演变产生影响，有时甚至是决定性影响。

【1】关于成文规范，本集的《信息时代的语言文字标准化工作》将其细分为规范文件、辞书、语文教科书和现代白话文的典范作品四类，并进行了较为深入的阐述，可参看。

从文字的发展演变中，最易看到社会干预的作用。试举三例：

1．秦代之“书同文”

战国时期，秦、齐、楚、燕、韩、赵、魏七国争雄，文字礼制各有不同。秦国文字为大篆，其他六国文字也各有特点。秦始皇实行书同文，用小篆统一了六国文字。试想若让六国文字自然发展，这种统一在短时间内实难做到。社会的语言规划在战国文字的统一上起了决定作用。

2．汉代之熹平石经

熹平石经，开始镌刻于东汉熹平四年（公元175年），完成于光和六年（公元183年）。熹平石经首次将《周易》等七种经典刻于石上，立于洛阳太学，作为当时传写的正本，对全国的文字规范起了极大的作用，当然也对古代书面语的规范发挥了重要作用。

3．唐代之“字样之学”

唐太宗贞观七年，颜师古奉命刊正经籍，校订字体，辨别讹误，录为字样，时称《颜氏字样》。之后又有杜延业的《群书新定字样》、颜元孙的《干禄字书》等。这些字样之书形成了唐代的“字样之学”。“字样之学”把当时的汉字字形分为正、通、俗三种，建立了字样的标准。小篆解体以后，隶书、楷书出现，汉字字形发生了很大变化，也产生了许多讹变，亟须进行字形规范。“字样之学”推动了汉字的规范。

其实，语言的发展演变亦是如此。比如现代汉语，并不是在近代汉语的基础上自然而然发展出来的，它是切音字运动、国语运动、白话文运动等自清末以来百多年语言文字运动的成果，是20世纪多次审音的成果。特别是1955年，国家召开了全国文字改革会议和现代汉语规范问题学术会议，最终确定了“以北京语音为标准音，以北方话为基础方言，以典范的现代白话文著作为语法规范”的现代汉民族共同语的标准。如果没有社会有计划的长期干预，现在我们说的大概仍然是官话，而不会是普通话。

语言和文字都是自组织系统，具有自我调适功能。但是，语言文字规律发生作用也常常是有条件的，语言文字的调适能力也有不能及的时候与方面。例如，专有名词、成语等，经常对语音发展规律造成阻碍，形成特殊的读音。看几个专有名词的例子：

龟（qiū）兹　阏氏（zhī）　单（chán）于　单（shàn）县

可（kè）汗（hán）

这些词语中带括号的读音，是特殊读音。这些字的一般读音是：

龟guī　氏shì　单dān　可kě　汗hàn

事实上，这一类词语的读音，也还在按照语音演变规律在缓慢变化。例如："叶公好龙、叶县"中的"叶"，今读yè而不读shè，虽然有些人还读shè，虽然有些辞书还注明"旧读shè"。又如"游说、说服、说客"中的"说"，在"游说"中读shuì，但在"说服、说客"中已经读shuō，虽然香港、台湾有不少人仍读shuì，大陆也有一些人读shuì。这说明，"叶公好龙、叶县"中"叶"的读音，已经基本完成了由shè到yè的转移；"游说、说服、说客"中"说"的读音，还正处在由shuì向shuō转移的过程中。

由此看来，"龟兹、阏氏、单于、单县、可汗"中"龟、氏、单、可、汗"的特殊字音，并不是天经地义的，它们能保存至今，是辞书与教育的力量。如果辞书中不标明这些读音，教师不传授这些读音，人们就不一定会如此读。显然，是语言规范在维护着这些字的古读或旧读。这些旧读的存在并不一定合理，但这从一个方面说明了社会干预的力量。

我国进入新时期以来，很多领域都经历过一次或多次学术洗礼和思想洗礼，语言规划领域也需要经受这样的学术与思想的洗礼。近些年来，学界关于语言文字规范的讨论渐多，甚至争论不断。这些讨论或争论中，对规范看法显然不同。有把规范做处方，专治“语言毛病”的“处方式规范观”；有认为语言学家只有描写语言的权利，对语言的干预是徒劳的“自然规范观”；有的只看到成文规范的存在，甚至只把政府权威部门公布的语言文字规范当做规范；对规范的态度，有反对的，有主张弹性的，也有主张刚性的。正因规范观不同，这些讨论或争论其实并没有真正形成学术对话。

本文对规范及规范工作的基本看法是：语言文字规范就是人们认识到的语言文字规律；语言文字规范工作是语言文字发展的两大动因之一，是人类进入文明社会之后影响语言文字发展演变的必有因素。若以此来理解语言文字规范，那么对于篇首提出的三个问题的回答，自然就是：

1．语言文字能不能规范？能。

2．语言文字需要不需要规范？需要。

3．规范是否有碍语言文字的发展？关键看规范的科学性。

如此看来，问题的本质不是要不要规范，而是规范的科学性问题。规范的科学性，说到底是对语言文字规律的科学认识，这需要语言科学的发展来解决。

［原载《文史知识》2007年第10期］

简化字的史源与时运*

简化是汉字乃至世界文字历史发展的基本趋势。简化字运动自清末起历50余载，终在新中国结出硕果。但简化字成为正式文字以来，却聚讼纷纭，褒贬各呈。本文试图客观描述文字及简化字的历史，简要分析简化字的若干问题，以便读者对有关简化字的褒贬纷讼形成独自判断。

一　文字发展的简化方向

古人曾用绳结、图画等帮助记事与交际。文字脱胎于记事图画，当每幅图画固定表达特定的语言单位时，图画便质变为文字。古埃及之圣书文字、苏美尔之钉头文字和中国古文字，许多字都似其所指实物的示意图。图画再简也重“像”，文字再繁也重“形”。古文字虽然带有深深的记事图画的象形印记，但是进入文字符号系统之后，相互矛盾又相辅相成的形与像，其主导因素已经是形而不是像。重像者相对繁，重形者相对简。古文字的象形性在

---

* 发表时使用的是笔名眸子。

历史长河中不断磨损消减，当嬗变为拼音文字时，象形因素差不多已消损殆尽。

简化是世界文字发展的大趋势。且不说圣书文字、钉头文字在当年古黎巴嫩一带的闪米特人手里质变为拼音文字，闪米特文字是当今绝大多数拼音文字的祖先，是对古文字的彻底简化。就说汉字。甲骨文、金文和小篆的成字方式是刻画铸造，只有隶书之后才书写成字。汉字由小篆发展为隶书学界称为“隶变”。隶变及其以后的楷书、行书，彻底打破了汉字的“图画”性质，逐渐建立起今汉字的笔画系统和结构系统。圆“日”成方形，“月”牙合不拢，“水”仅剩三滴（氵），“火”焰作四点（灬），彻底符号化了。在隶变过程中，汉字发生了诸多讹变，或一个形体变为不同写法，或不同写法变为一个形体，偏旁部件大量混同。今天所讲象形、会意之理据，其实都是在汉字发生大量讹变和符号化基础上的再创造。即使现在的“繁体字”，也是古汉字简化讹变的结果，与古迥异。

历史上汉字对周边影响巨大，有直接采用汉字者，有仿汉字而造新字者。譬如东邻日本用汉字，简化不少，如他们称为“略字”的“価（價）、沢（澤）、庁（廳）、気（氣）、図（圖）”等；还改造汉字形成平假名和片假名，改造办法多是简化。据统计，日本《当用汉字表》有略字131个，与中国简化字同者53个，似者 9 个。

当然，简化是总体发展趋势，个别汉字在发展中也有繁化现象，如“采”繁化为“採”，“从”繁化为“從”，“个”繁化为“箇、個”，“禽”繁化为“擒”，“网”繁化为“網”等。这就是说，有些简化字比繁体字更古老。

二　汉字之存废

西学东渐，国人看到了西方的拼音文字。鸦片战争、甲午战争迫使国人寻求救亡保种之道。千年帝国衰败之因，先辈从不同方面探究，其中一批将之归结为教育不盛，又将教育不盛之因归结到汉字繁难。梁启超1896年《沈氏音书序》："国恶乎强？民智斯国强矣！民恶乎智？尽天下人而读书而识字，斯民智矣！"劳乃宣1908年《进呈〈简字谱录〉折》："是故今日欲救中国，非教育普及不可；欲教育普及，非有易识之字不可；欲为易识之字，非用拼音之法不可。"这批先哲的看法是，欲富国强民必有易识之字，制"切音字"以辅汉字或以废汉字，其主张其行动于清末之时蓬勃兴动，这就是史上有名的"切音字运动"。

切音字基本是依据汉语音韵设计的拼音文字，字形有的像日文之假名，有的用简单汉字如同后来之注音符号，有的是速记甚或数码性质的。切音字没有能够代替汉字，但是切音字运动的影响着实不小：民国初年产生了注音符号；1926年公布了《国语罗马字拼音法式》；瞿秋白等北方拉丁化方案在延安解放区曾作正式文字使用。这些又对1958年通过的《汉语拼音方案》产生了重大影响。

《汉语拼音方案》在推广普通话、帮助学习汉字、编排与检索信息、帮助创制与改进少数民族文字、帮助盲文和手语等的设计、编制各种代码、帮助外国人学习汉语等方面发挥着重要作用，并被国际标准化组织确定为用罗马字母拼写中文的国际标准。特别是在信息技术飞速发展的今天，汉语拼音在计算机语言输入、语料库建设、网络信息交换等方面，作用巨大。汉语拼音不是文字方案，但是极大地帮助汉字发挥作用，特别是在汉字不便或不能使用的领域大显身手，是当下语文生活须臾不可离开的语文工具。

汉字拼音化的声音，经百年呼号已较微弱，汉字存废之争亦远不如上世纪激烈。汉字能否万寿无疆，不便肓断，但是近期不会衰亡却是不争之实。应顺便指出，现在有不少人忽视汉语拼音的作用，甚至把汉语拼音同"汉字拼音化"等而同视，实非明智之举。

三　简化字运动

切音字运动不仅影响了拼音文字或拼音方案的设计，而且也启轫了汉字简化。简化字早年曾称俗体字、简体字、手头字、简易字、简字等，简化汉字的目的，是希望通过减少字数、简化笔画以便教育。下面是简化字运动的大事表：

1909年，陆费逵在《教育杂志》创刊号首论《普通教育应当采用俗体字》。

1920年，钱玄同在《新青年》发文力倡简体字。

1922年，钱玄同、黎锦熙、杨树达、陆基等在国语统一筹备会提出《简省现行汉字的笔画案》。

1928年，胡怀琛出版《简易字说》，收简易字300多个。

1930年，中央研究院历史语言研究所出版刘复、李家瑞合编的《宋元以来俗字谱》，该谱是千年来简体字发展之集结。

1932年，国民政府教育部公布出版《国音常用字汇》，其中有不少简体字。

1934年，国语统一筹备会通过钱玄同《搜采固有而较适用的“简体字”案》。中国图书馆服务社出版杜定友《简字标准字表》，收简字353个。徐则敏在《论语半月刊》发表《550俗字表》。

1935年2月，上海组织手头字推行会，选定第一批推行的手头字300个。上海文化界200人及《太白》《世界知识》《译文》等15家杂志社共同发表《推行手头字缘起》。该《缘起》说：“我们日常有许多便当的字，手头上大家都这么写，可是书本上并不那么印。识一个字须得认两种以上的形体，何等不便。现在我们主张把手头字用到印刷上去，省掉读书人记忆几种字体的麻烦，使得文字比较容易识，容易写，更能普及到大众。”

1935年6月，钱玄同主编了《简体字谱》，收字2 400个。

1935年8月，经蒋介石阅批，当时的国民政府教育部公布了《第一批简体字表》，收字324个，是从钱玄同《简体字谱》中圈选的。

1936年2月，国民政府下令“不必推行”。《第一批简体字表》不到半年被废，据说是戴季陶在某会议上当众下跪，为汉字请命，称简体字毁灭中华文化（1949年之后，台湾不断有简化汉字之议，但无果而终）。

1936年10月，容庚《简体字典》出版，收字4 445个，多本自草书。同年11月，陈光尧《常用简字表》出版，收字3 150个，约一半来自草书，一半来自俗体。

1937年，北平研究所字体研究会发表《简体字表》第一表，收字1 700个。

1951年，遵循“述而不作”的精神从社会选定简体字，编成《第一批简体字表》，收字555个。

1952年拟出《常用汉字简化表草案》第一稿，收字700个。

1953年11月，拟出《常用汉字简化表草案》第二稿，收字338个。

1954年2月，拟订《常用汉字简化表草案》第三稿，收字1 634个。

1955年10月，全国文字改革会议召开，讨论了《汉字简化方案修正草案》和《第一批异体字整理表草案》。此前，拟定的《汉字简化方案》草案经文字学家、语文教师、部队文教工作者约20万人讨论。

1956年1月28日，国务院通过《关于公布〈汉字简化方案〉的决议》。该汉字简化方案分三部分：第一部分收不能作简化偏旁用的简化字230个；第二部分收可作简化偏旁用的简化字285个；第三部分收用于简化的偏旁54个。先公布使用，然后正式分批推行。

1964年3月，《简化字总表》发布，共收简化字2 235个。

1977年12月，发布《第二次汉字简化方案（草案）》（简称“二简”）。其中第一表248字在报刊和中小学教材中试用。

1978年5月，中小学教材停止试用“二简”字。7月到8月，全国报刊也先后停止试用。但“二简”的修订工作一直未停。

1986年6月24日，国务院批转国家语委《关于废除〈第二次汉字简化方案（草案）〉和纠正社会用字混乱现象的请示》，指出“今后，对汉字的简化应持谨慎态度，使汉字形体在一个时期内保持相对稳定”。“二简”的修订工作也正式停止。

1986年10月10日，对1964年《简化字总表》略做调整，重新发布，使用至今。

此外，简化字也是新加坡、马来西亚等海外华人社区中的规范用字。联合国组织的中文文本使用简化字，国际汉语教学近些年来也多用简化字。香港、澳门、台湾不少人手头上写简化字，并学习简化字，阅读简化字书籍。

显然，简化字也是中华文化的瑰宝，许多简化字有悠久的历史，将简化字作为正字的讨论与实践也历经百年。应该说简化字是我们民族的历史选择，是国际社会的选择，也是当今世界上许多汉语学习者的选择。

四　简繁之争讼

海内外有关简化字的文墨官司，林林总总，无外三端：一曰简化字割断文化；二曰许多简化字简得无理据或不美观；三曰简化字转换成繁体字常出错误。故而提出废简归繁，或是对简化字进行“修缮”。

说简化字割断文化，这顶“高帽子”戴得实在高了点。传统文献用的是历史字体，不识繁体字的确影响到古书阅读，但认识繁体字并非能顺利阅读。古书用字较为混乱，异体错讹不少，阅读起来需要许多古文字知识，更需要专家的校勘整理。古代汉语和近代汉语，在词汇、语法、篇章等方面都有不同于现代汉语的特点，有多种特定的表达习惯，有今人不熟悉的人文掌故、风物制度等等，这更不是字层面的问题。此外，文化传承还牵涉到文化认同等更深层次的问题。只识简化字当然读不懂古书，有碍文化的传承，但并不见得就不热爱中国传统文化；认识繁体字并不见得就能读懂古书，并不见得就喜欢中国传统文化。20世纪初批判传统文化者，21世纪初要“去中国化”者，都是使用繁体字者，可为例证。

“亲（親）人不相见，爱（愛）人没有心”，几乎成了贬责简化字的“口头禅”。若依此理，“泪、尘、从”就应颂扬，眼水为“泪”，小土为“尘”，二人相随为“从”，比“淚、塵、從”字简义明。若依此理，许多字都有问题。比如，今人皆知主管思维与情感者是大脑而非心脏，那么，从“心（忄）”的字都得变，“有心也不能爱”；现代造“桥”，多用水泥、钢铁，木桥、石桥（礄？）已经较少，要不要将“桥”之“木”旁换成“钅”旁什么的？

从书法美学的角度看，有些简化字写起来不那么好看，如“广（廣）、厂（廠）、气（氣）、声（聲）”。汉字讲求书写之美，有些简化字的确在书写上不易布局，有失衡之憾。但是这种字并不多见，且不只是在简化字中才存在，例如：“广、厂”都是古字，读ān，同“庵”，多用于人名；“卜、孑、孓、彳、亍”等字古已有之；“氕、乒、乓”等字在简化字之前就造了出来。

简繁转换出错，主要导因于“一简对多繁”现象。简化字为精简字数，曾将多字合用为一，如：

發、髮→发

干、乾、幹→干

后、後→后

面、麵→面

松、鬆→松

这些字多呈互补分布，合用一字在现代汉语系统中绝大多数不会歧解，少数可能会产生歧义，但是这种歧义多因词语问题造成，比如“白面（麵）”和“白面书生”、“生发（發）（义为‘滋生发展’）”和“生发（髮）油”。简繁转换出错，多数是因为人们缺乏基本的繁体字常识；机器自动转换闹笑话，是机器还不够“聪明”，不会结合上下文选取合适的字。研究表明引入上卜文概念之后，自动转换的差错率会大大降低。换个视角看，现在港台地区的繁体字也有“一对多”的现象，比如“著”表示“着”和“著”，港台地区不做区分，简化字将其一分为二，无论是在读音还是在相关词语分辨上都有所便。

文字的本质是记录语言的符号，评价文字系统的优劣主要看其能否适应它所记录的语言。汉字至今不废，说明汉字可以胜任记录汉语的任务，可以适应当今语言技术环境。1950年之前的汉字使用，相当不规范。而简化汉字工作不仅进行了汉字简化，更重要的是进行了汉字的整理，带来了汉字系统的规范。其作用不只是在历史上为全民的文化教育作出了贡献，更保证了汉字能够适应信息时代的应用。当然，简化字并不完美，可商榷处一定会有。关键在于这些问题并不仅仅是简化字的“毛病”，而是汉字隶变之后的“通病”。台湾地区现今使用的繁体字也是经过整理的，不完全是1950年之前的用字面貌。

上面是学理层面的讨论，就技术层面看，“废简归繁”不具有可行性：其一，十几亿使用简化字的人民都要经过一段文化断裂，改变书写习惯和阅读习惯，甚至牵涉到语言使用习惯。其二，50年来，用简化字出版的印刷物汗牛充栋，大量的影视字幕，机关单位、道路街市的标志用字、商品标牌用字、姓名用字等等都须更改。而这些都已经是中国新文化的重要组成部分，支撑着中国的文化发展和经济建设。其三，计算机网络时代，要求汉字标准化，标准化的前提是保持相对稳定。如果废简归繁，或是再“修缮”简化字，已制定的汉字标准要重定、计算机字库及各种信息设备要更换，各种输入方法要重新设计和学习。特别是资源库建设是信息时代重要的工程，若文字字形改变，50余年的文字资源都须进行字形转换，这需要较长的时间和大量的资财。其四，汉字不仅是中国的，也是世界的。海外使用简化字的社区和简化字学习者，都会遇到上述困难，都须解决上述问题。

诚然，一个民族使用着有简繁差异的文字，必非好事。但是，当前在理论上和实践中，“废简归繁”或是“以简统繁”都不现实。简繁汉字都是民族之瑰宝，应当珍爱。简繁汉字属于同一文种，其间的差异或许有人为放大的成分。简化字社区的人能读繁体读物者不少，包括年轻人；繁体字社区的人笔头上也常写简化字（或称“简体字”），特别是年长者认识简体字者更多，因为简体字就来自手头，当年他们曾受到简字运动的较大影响。当前可行之策是注重简繁沟通。应认真研究简化字社区的人认识繁体字、掌握应有的繁体字知识、培养繁体字专才的问题。繁体字社区的人也应鼓励认识简化字。信息技术界应开发高质量的软件，提高简繁文本的转换质量。在文字态度上，两个社区要相互尊重，多点宽容。在各自进行文字整理时不要人为地扩大差异，要尽量往接近的方向走，以便为子孙后代留下文字统一的空间。

［原载《文史知识》2008年第9期］

语言文字工作

信息时代的语言文字标准化工作

努力促进“十一五”语言文字应用研究

关于《中国语言生活绿皮书》

论普通话培训测试手段的现代化

科学决策　辉煌成就

关于辞书现代化的思考

发布年度新词语的思考

加强现代汉字学的学科建设

书法教育　文化之擘

中国语言文字博物馆的建设问题

信息时代的语言文字标准化工作*

近些年来，教育部、国家语言文字工作委员会多次召开有关语言文字标准化工作的会议，研究语言文字标准化形势，探讨语言文字标准化的工作机制，部署语言文字标准化工作。2002年9月23日－25日，在武汉召开了全国信息时代语言文字规范标准建设工作会议；2004年7月26日－28日，在青岛召开了全国语言文字标准化工作会议；2005年5月11日，在北京召开了语言文字标准化技术委员会工作会议；2005年7月26日－27日，在乌鲁木齐召开了全国民族语言文字规范化标准化及信息化工作会议；2007年12月1日－2日，在昆明召开了全国少数民族语言文字标准化工作培训交流会；2008年11月10日－11日，在北京召开了全国语言文字标准化工作会议。

为了满足语言文字标准化工作的需要，着力组建语言文字标准工作队伍，2003年11月到2004年11月的一年时间里，筹划成立了六个语言文字标准化技术委员会分会：汉语语音与拼音分会、汉语语汇分会、汉语语法与语篇分会、汉字分会、少数民族语言文字分

---

* 2008年11月10日，笔者在全国语言文字标准化工作会议上作了《做好语言文字标准化工作，为信息时代的中国贡献力量》的主题报告。2008年11月23日，笔者在中文信息学会成立27年周年纪念会上作了《信息化背景下中国语言文字标准建设》的特邀报告。本文根据这两个报告整理而成。

会、外语应用分会，基本覆盖了语言文字的标准领域。[1] 2003年7月，在国家减少行政审批项目的背景下，为了加强语言文字标准化工作，批准成立了国家语委语言文字规范标准测查认证中心。[2] 为了加强少数民族语言文字标准化、信息化工作，2004年，全国术语标准化技术委员会少数民族特别分技术委员会正式成立，并陆续在分技术委员会下面设立了藏、维哈克、蒙古、朝鲜四个语种工作组，近来正筹备成立彝语语种工作组。

在语言文字标准化信息化工作的理论思考和具体实践中，国家语委逐渐形成了“以信息化为主线，以语言文字标准制定为核心，以评测认证为抓手，以语言工程建设和科学研究为基础”的语言文字标准化信息化的工作思路。[3]

在上述工作的基础上，在当今语言文字工作面临的新的形势下，需要从国家发展的角度全面审视、认真思考未来的语言文字标

【1】2003年11月23日，汉语语汇分会成立。主任：周荐；副主任：刘青、于欣丽、陆尊梧；秘书长：杨琳。挂靠单位：南开大学。2004年1月3日，外语应用分会成立。主任：刘润清；副主任：陈有明、翟民刚、朱英璜；秘书长：戴曼纯。挂靠单位：北京外国语大学。2004年2月12日，汉字分会成立。顾问：裘锡圭、李学勤、余秉楠、傅永和；主任：王宁；副主任：张普、李国英、臧克和；秘书长：陈双新。挂靠单位：教育部语言文字应用研究所。2004年3月5日，汉语语音与拼音分会成立。主任：董琨；副主任：陈京生、金惠淑、吕士楠、石锋、王福佳；秘书长：李志江。挂靠单位：中国社会科学院语言研究所。2004年5月22日，汉语语法与语篇分会成立。顾问：陆俭明、邢福义、沈家煊；主任：沈阳；副主任：张伯江、刘群、沈玉兰；秘书长：詹卫东。挂靠单位：北京大学。2004年11月17日—18日，少数民族语言文字分会成立。主任：戴庆厦；副主任：黄行；秘书长：成燕燕、斯琴。挂靠单位：中央民族大学。后来还曾经筹备中文信息特别分会、汉语作为第二语言教学分会。

【2】2003年2月27日国务院下发《关于取消第二批行政审批项目和改变一批行政审批项目管理方式的决定》（国发［2003］5号），“语言文字规范标准的测查认证”被列为“改变管理方式的行政审批项目”。2003年7月24日，教育部人事司批准成立国家语委语言文字规范标准测查认证中心。

【3】笔者在《关于〈中国语言生活绿皮书〉》（《语言文字应用》2007年第1期）中提到过这一思路，中间几经变化。在2008年11月的全国语言文字标准化工作会议上，国家语言文字信息管理的思路最终形成为本文这样的表述：“以信息化为主线，以语言文字标准制定为核心，以评测认证为抓手，以语言工程建设和科学研究为基础。”

准化工作。本文主要讨论三个方面的问题：一、信息时代呼唤系统的语言文字标准；二、语言文字规范的宏观体系；三、树立新世纪的语言文字规范观。

一　信息时代呼唤系统的语言文字标准

我们正处在一个充满创意的激情时代，新思想、新观念、新事物的层出不穷，已经成为社会常态。当年语言文字工作依存的思想观念和社会基础、所能使用的技术手段和面对的国际国内形势，都发生了重要而深刻的变化。这些新变化对语言文字工作提出了新要求，其中当然包含着对语言文字标准化工作的新要求。全面讨论语言文字工作所面临的时代新变化，全面讨论这些新变化对语言文字工作提出的新要求，是非常必要的，但这远远超出了本文的任务，甚至也超出了笔者能力。这里仅从两个方面阐述时代对语言文字标准的迫切需求。

（一）教育大普及、媒体大普及和信息技术产品大普及

中国30年来教育最显著的成就是：普及九年义务教育，高等教育由精英教育跨入大众化教育。普及九年义务教育基本扫除了青壮年文盲，高等教育的大众化带来了科学、文化的大众化。这两者构成的教育大普及，实现了国人教育强国的百年梦想，将一个“人口大国”提升为“人力资源大国”，并为“人力资源强国”的实现奠定了基础。实施教育的基本途径是语言文字，教育普及需要对教学语言给出必要标准，比如：母语、外语等在教学中的地位；教师的普通话水平；义务教育各阶段学生必须掌握的汉字数量；教科书中科学术语的规范；信息化教育中的语言文字标准等。随着中国国际地位的提升，汉语国际传播的步伐空前加快，汉语国际教育也需要

语言文字一系列的标准，其中包括教学考试中的语言文字标准和教师的语言能力及语言教学能力的标准等。

最近半个世纪也是大众传媒大发展的时期，印刷告别了铅与火的时代，平面媒体得到了前所未有的繁荣。广播、电视村村通，覆盖面广，频道众多，节目丰富。网络媒体一产生就显示出自己的特点和优势，迅速与平面媒体、有声媒体鼎足而三。当前网络媒体逐渐发育成综合媒体，悄然有一家独大之心。手机从简单的通话功能也快速演变为新的媒体，短信息和手机报的发展前景不可限量。大众传媒信息的基本载体是语言文字，大众传媒的良性发展，需要语言文字标准来保证；大众传媒的语言是社会的榜样，其自身也需要遵循语言文字的各种规范。在大众传媒数量少、品类少的时期，有一些基本的语言文字规范加上一个语言专家咨询委员会，便基本可以满足需要；而在媒体大普及、大繁荣的时代，显然需要大量的语言文字标准。比如：异形词整理规范，轻声、儿化读音规范，异读词整理规范，外来词语翻译、转写规范，新词语整理规范，手机屏幕字体显示标准等等。

信息技术产品广泛应用于社会，在中国只有十几年的历史，然而却对人们的生活方式、生产方式和学习方式发生了深刻影响。特别是计算机及其网络的发展，人类在现实世界的基础上又延伸出一个虚拟世界，从而又有了虚拟世界的语言生活。信息技术是在一系列语言文字标准的支持下发展起来的，同时它也使语言文字标准成为工业标准，如汉字和少数民族文字的国际编码、计算机字库、汉字及少数民族文字在各种键盘上的输入、面向信息处理的各种辞典、语料库标注规范等等。信息技术能够把语言及语言学知识转化为生产力，使语言文字标准具有生产力的性质。

教育的主要渠道、媒体信息的主要载体和信息技术的主要处理对象都是语言文字，教育、媒体和信息技术产品的普及性大发展，自身也需要大量的语言文字标准做保证，同时这“三大普及”也促成语言文字标准向着工业化和国际化的方向发展，使语言具有了明显的经济资源的性质。这种新形势也要求对传统的语言观和“述而不作”的语言规范观进行反思，使语言学在国家走向信息化的征程中发挥其应当发挥的作用。

（二）国家的“标准战略”

在世界经济一体化的大趋势下，在中国加入世界贸易组织之后的今天，标准已经具有了国家“第三海关”的作用。第一海关是物理形态的现实海关。在闭关锁国的年代，第一海关基本上可以担当起保护国家贸易利益和国家其他相关利益的作用。但是改革开放，加入世贸组织，第一海关虽然还在发挥着不可缺失的作用，但是其作用显然在减弱。第二海关是质量检查。通过对入关货物的质量检查来保护国家和公民的正当权益。但是质量检查需要有标准，特别需要有自己的标准。如果没有自己的标准，只能按照富国俱乐部指定的标准进行检查，也就等于海关敞开着大门。所以必须建立合乎“国际游戏规则”又能保护本国权益的各种标准，标准具有第三海关的意义。

语言文字标准与很多工业产品、服务产品有关系。产品说明书、产品文字标志等，与产品功能的发挥和消费者权益密切相关；信息技术产品多数是处理语言文字的产品，因此多数都牵涉到是否符合中国的语言文字政策、符合汉语汉字和少数民族语言文字规范、符合中国人使用语言文字的习惯等问题。国家的标准战略要求，应尽可能将中国语言政策、中国语言文字规范和中国人使用语言文字的习惯等，依照国际惯例制定出适合各类产品的语言文字标准，以此来保护我们的市场、产品和国家利益，也以此来推进与语言文字相关的民族产业、民族产品的发展。

语言文字标准的适用对象，过去主要面向人，而今又需要面向机器。面向人的语言文字标准，数量上应当少一些，执行上应当宽松一些，涉及的内容主要是语音和文字，标准定下来就不要经常变，具有较强的稳定性。而面向机器的标准则要求尽量细，涉及的内容应尽量广，执行上不能有太多的柔性，并要根据技术发展不断地维护更新。两者的差异显然是由人与机器的差异决定的。

当信息技术的社会应用还不普遍的时候，面向人的社会标准和面向机器的工业标准可以分别制定，但是，随着信息技术的逐渐普及，运用信息技术的人越来越多，为机器制定的标准必然会影响到产品的使用者，影响到大众。这就要求为机器制定的标准应尽量考虑到人，在机器与人之间寻求最大的共同点，比如小学信息技术教学的软件对于汉字的拆分编码，就必须最大限度地与小学识字教学相一致。这就大大提高了语言文字标准制定的难度，时代向语言学界和信息学界提出了必须解决的新课题。

二　语言文字规范的宏观体系

语言文字标准化工作必须统筹协调。统筹协调做好语言文字标准化工作的基础之一，是应当从宏观上认识语言文字的规范体系。认识这一宏观体系，既有利于看清标准在这一宏观体系中的地位，也便于探讨怎样配合标准建设全面地做好语言文字规范工作。

（一）不成文规范和成文规范

理论上说，语言文字规范是语言文字规律的体现。制定语言文字规范，就是用文字表述已经发现的语言文字规律。语言文字规范化工作，就是推动语言文字规律充分发挥作用的社会工作。语言文字规律可以细分为三个方面：

1．语言文字本身的结构规律，如语音、语汇、语法等语言子系统的构造规律，文字的结构规律等；

2．语言文字的使用规律，比如数字在书面语中的写法，地名中专名、通名的外语翻译问题，都涉及语言文字的使用规律；

3．语言文字的发展演变规律。

这些规律被感知了，被认识了，就成了语言文字规范。规范有成文和不成文之分。多数语言文字规范都是不成文的，是在语言文字使用过程中自然"习得"的。比如"阅读"－"读"和"报纸"－"报"可能有四种组合：

a）阅读报纸

b）读报纸

c）读报

d）*阅读报

在这四种组合中，d"阅读报"不能说，而a、b、c三种组合成立。[1]这不是语义问题，而是节律问题：汉语不大喜欢双音节动词带单音节宾语。这种规律没人告诉过我们，书本上不写，老师没教，是从小在父母的臂弯里念儿歌学到的，是"小老鼠，爬灯台，偷油吃，下不来"等等儿歌格律对我们的影响。这样的规范是不成文的，是在学习和使用语言的过程中自然而然获得的。

成文的规范不会自然产生，它的出现是社会语言规划的结果。表现了社会对语言生活的干预和为健康语言生活所进行的努力。成文规范是对不成文规范的认识成果，是对不成文规范的理性加工。成文规范一般都要通过学习的途径才能掌握。

很显然，远古时期基本上都是不成文规范。随着历史的进展，

【1】这是鲁川先生告诉我的例子。

成文规范才逐渐出现。早期的成文规范主要是辞书和教科书等，与教育和语言文化活动关系密切，如秦李斯的《仓颉篇》、赵高的《爰历篇》和胡毋敬的《博学篇》等学童识字课本，汉许慎的《说文解字》及后世的各种韵书、字书等。成文规范的大量涌现是20世纪80年代以来的事情。近二十几年来，计算机在各个领域大量应用，信息技术和信息产品需要及时建立各种语言文字规范，所以就某种意义讲，成文规范大量涌现跟语言文字进入工业产品有密切关系。而且这一时期，把制定的很多语言文字规范称为标准，语言文字标准化工作逐渐提上日程。1986年1月，全国语言文字工作大会召开，大会明确提出要实现文字的标准化，即“四定”：定量、定形、定音、定序。自此之后，语言文字标准及语言文字标准化的理念，逐渐得到社会认同，并不断深化。

进一步观察还会发现成文规范和不成文规范分布的其他特点，如：语言文字本身的成文规范较多，语言文字应用的成文规范较少。在语言文字的各个子系统里，文字和语音较容易做成文规范，词汇次之，其他的子系统成文规范少。真正能够做“硬规范”的，基本上是语音和文字。再如：在教育、大众传媒、印刷出版、信息通讯等领域，语言文字的成文规范比较多，其他领域的成文规范较少。比如在教育领域有《现代汉语常用字表》、有语文教科书和字帖等；在出版领域有《印刷通用汉字字形表》《现代汉语通用字表》和《出版物汉字使用管理规定》等。特别是在信息通讯领域，需要有很多君子协定，需要建立较多的语言文字标准。当前，在150多项语言文字标准中，大部分集中在信息通讯领域。

（二）成文规范体系

成文规范应当包括哪些内容，呈现什么样的宏观体系，还是值得研究的课题。在研究初期可以采取较为宽泛的态度，把具有明显的语言文字规范作用的书面材料都划入成文规范之属。依此态度可以认为成文规范包括四类：

1. 规范文件。规范文件是当今成文规范的核心部分，主要包括：

（1）国家语言文字政策和政府各种有关的管理规定。如《中华人民共和国国家通用语言文字法》《西藏自治区学习、使用和发展藏语文的规定》《广告语言文字管理暂行规定》等。

（2）国家、地方、行业制定的语言文字规范标准。如《第一批异形词整理表》《汉字部首表》《维吾尔人名汉字音译转写规则》等。

（3）政府发布的语言文字方面的引导性规范（也称“软规范”），政府认可的对（1）（2）两项的有关解说、辅助材料等。如《中国语言生活绿皮书》A卷的《现代汉语常用词表（草案）》《〈中华人民共和国国家通用语言文字法〉学习读本》等。

严格意义上的语言文字标准主要是第二类文件。第一类文件为标准提供指导、依据和基本框架，第三类文件为标准提供阐释。

规范文件都有规范效力的问题。规范效力主要包括三方面：规范范围；规范时效；规范力度。有一些规范是广适的，适合全社会，比如标点符号用法、汉语拼音正词法等。有一些是受限的，比如2001年2月发布的《汉语拼音方案的通用键盘表示规范》。规范效力还可以从它是什么样的标准来看。标准有强制性的，必须执行；有推荐性的，自愿采纳。语言文字标准多是推荐性的。规范效力有时会因一定权威机构的文件而改变。比如某推荐性的语言文字标准被某行业主管部门作为产品检验标准，那么该标准在某类产品生产中就具有了强制性。所以规范效力除了文件本身规定之外，还可以通过权威机构的规定而改变。

2. 辞书。古代辞书是最重要的语言文字的成文规范，许多重要辞书都是由朝廷颁布或是带有明显的官府背景。如：南北朝时期顾野王奉梁太宗之命而作的《玉篇》；贞观年间，颜师古奉唐太宗之命而作的《颜氏字样》；颜元孙据《颜氏字样》编纂的《干禄字书》，是为方便做官人使用正体字书写公文；宋初陈彭年、邱雍等奉诏修订《切韵》系韵书而成的《广韵》；之后丁度、李淑等奉宋仁宗之令在《广韵》基础上重编官韵而成的《集韵》；宋初还有专为科举考试而设的《礼部韵略》；明初乐韶凤、宋濂、王僎等人奉敕编撰的《洪武正韵》；清代张玉书、陈廷敬奉圣祖之命而作的《康熙字典》等。

到了现代，辞书类型繁多，辞书编辑出版多元化。尽管如此，作为"无冕教师"的辞书，特别是语文辞书，在社会语言文字规范中的作用还是相当大的。规范文件有规定的，辞书将其辞典化，用辞书特有的方式将规范文件送到读者手中；规范文件没有规定的，辞书可以其学术威望引导语言文字的应用，在规范文件不能发挥或不便发挥作用的地方发挥规范作用。当然，有些辞书是描写性、记录性的，比如新词语词典、古代汉语词典、方言词典等等。这类辞书一般不发挥规范的作用。

3．语文教科书。语文教科书包括母语（汉语和少数民族语言）教科书和外语教科书，它系统传授语文知识和语文规范。中小学语文教科书关乎社会语言规范化的基本水平，关乎语言生活的质量；大学语文教科书关系到语言专才的培养和对语言规范的理性探究。古代的童蒙课本就是成文规范的构成部分，今日更有理由把语文教科书纳入成文规范中。

4．现代白话文的典范作品。普通话以典范的现代白话文著作为语法规范，其实典范的作品历来都是语言学习的样板。古代的经书是学子语言运用的榜样，汉代的熹平石经，将校勘后的《诗》《书》《礼》《易》《春秋》《公羊》《论语》等经书镌刻于碑，立于洛阳太学讲堂前，一正天下。毛泽东、鲁迅、老舍等人的著作是当年现代汉语的典范，为现代汉语规范化起到了不可取代的作用。莎士比亚的作品之于英语，但丁的《神曲》之于意大利语，普希金的作品之于俄语，也都典型地体现了典范作品的语言规范作用。

以上描述的是语言文字规范的宏观体系。在现实的语言文字工作中，这一体系中的有些成员，或是没有纳入语言文字工作的视野，或是有意无意被忽略掉了，因此使语言文字的工作面显得单一，工作显不出层次和深度。有了宏观规范体系的概念，语言文字工作才能够统筹兼顾。当然，宏观规范体系中的各成员，规范作用和发挥作用的方式是不相同的，就四种成文规范而言，其作用及发挥作用的方式也有很大差别。规范文件直接规定语言文字的规范政策、原则以及具体的标准，规范内容和规范效力较为明确，是标准化工作的主体。辞书和教科书用自己的方式阐释规范文件，传播规范知识，用学术威望引导语言生活；在不适于制定规范文件的领域，它们还起着补充规范的作用。典范白话文作品，蕴含着成文的和不成文的规范，为语言应用起着潜移默化的榜样作用。每一类规范内部还可以再分小类，这些小类也具有各自的特点和规范功能，值得更为深入的探讨。

三　树立新世纪的语言文字规范观

语言文字标准化工作的核心是促进语言文字及其应用的规范，当前的关键问题是树立新世纪的语言文字规范观。现代意义上的语言文字工作，已经有100多年的传统，就是从1949年算起，也有近60年的基础。我们必须尊重历史经验，因为今天是从历史走来；但是更需要面向未来认真梳理语言文字工作的经验和教训。我国的很多领域都经受过改革开放的洗礼，但是语言文字工作接受改革开放的洗礼并不充分，它应当在新世纪认认真真接受一次科学发展观的洗礼，应当把构建和谐语言生活作为工作目标。现在虽然还说不清楚新世纪的语言文字规范观具体什么样，但是有几个大的方面是应该考虑的。

（一）处理好四种语言文字关系

新世纪的语言文字规范观，应能够指导人们科学处理语言文字的关系。当前中国最为重要的语言文字关系有四种：

1. 母语和外语的关系；

2. 民族语言之间的关系，包括民族语言与国家通用语言的关系；

3. 普通话与方言的关系；

4. 简化字与繁体字的关系。

处理好这四种语言文字关系，显然不能采取“单极化”的立场，要一方而弃一方。它们都是国家的语言资源，在保证国家通用语言文字和民族语言文字的地位和功能较好发挥的前提下，还要重视方言、繁体字、外语等现象，使各种语言文字现象能够和谐共处。

（二）面向信息化

新世纪的语言文字规范观，必须面对信息化带来的各种问题。现在的语言文字工作，如果不考虑信息化的问题，一定不会有先进的工作态势。面向信息化的语言文字工作，主要包括两个方面的内容：

其一，为国家信息化构筑坚实的语言文字平台。信息化除了硬件设施之外，是由三个层次构建起来的工程：底层是由语言文字规范标准、字库和词语库等、语言文字的处理软件构成的语言文字平台；中层是对文档、音像等进行操作的软件系统；上层是各种内容的集合。在这三层构造中，语言文字平台是基础，它的水平直接影响到信息化的水平。但是当前信息化的语言文字平台还不坚实，我国拥有的自主知识产权还相当有限，这严重影响着高新科技给国家带来的经济效益，影响着我国的信息化进程和国家信息安全。我们必须用中国的语言文字标准和语言文字处理技术，为国家信息化构筑起坚实的语言文字平台。

其二，处理好虚拟世界的语言生活。信息化为人类建构起了虚拟世界，虚拟世界有虚拟世界的语言生活。我们对现实语言生活的管理有较多的经验和办法，但对虚拟世界语言生活的规律还了解甚少，对网络世界的火星文、新词语、新表达等现象，还不清楚怎么去看待它。虚拟世界的语言生活又影响着现实世界的语言生活，而且这种影响越来越强烈，以至于网络语言成了丰富现代汉语的重要渠道。过去讲现代汉语词汇的丰富途径，或是新造，或是向古代汉语、方言、外语借取，而今似乎还应将网络语言作为现代汉语词汇的重要来源之一。当然，一些网络新词语，乍看不怎么顺眼，事实上不管是从哪里产生的新词语，都会给人以这样的感觉。虚拟世界的语言生活是时代提出的新课题，对待虚拟世界的语言现象，要有宽阔的胸怀、宽容的心态，不能完全用管理现实语言生活的办法去简单化对待它。

此外，信息时代的语言文字工作，还要考虑利用信息技术成果提高工作质量与效率的问题，也就是电子政务问题。

（三）利于文化的传承与创造

新世纪的语言文字规范观，要有利于文化的传承与创造。语言是文化的有机组成部分，而且还是文化的重要载体，语言文字工作是国家文化建设的重要内容。特别是“软实力”[1]的概念广为流传之后，文化从未像今天这样提到如此高的层次来看待。曾几何时，我们曾把传统文化看做压在民族身上的沉重封建包袱，急于甩掉而安心。而今，文化被看成综合国力的一部分，传承文化、借鉴文化、创造文化、维护文化的多样性，成了时代的热门话题。语言文字工作同文化结合，工作起来就有神韵，就受社会欢迎。

近些年来，社会上有不少人在议论繁体字问题，在讨论方言问题。这些讨论中的各种观点，人们可以有自己的学术态度和不同的学术反应，但是要看到这些问题的提出有深刻的文化背景。国家语委近年大声呼吁“珍爱中华语言资源”，并谋划建设中国语言资源有声数据库。中国语言资源有声数据库建设工作，在制定了系统的规范之后，于2008年10月10日在江苏省开始试点，受到各方面的关注与支持。“语言资源”已经成为新时代语言规划学的重要概念，对于构建和谐语言生活具有重大意义。

（四）促进中华语言走向世界

新世纪的语言文字规范观，必须考虑中华语言走向世界的大形势。中国走向世界，必然带动中华语言走向世界。中华语言走向世界，必须考虑三个方面的问题：

其一，大陆的普通话同港澳话、台湾“国语”、海外华语之间的关系。过去海内外都有这样的看法：普通话是标准的，海外华语

【1】“软实力”最早见于美国哈佛大学教授约瑟夫·奈1990年在《外交政策》发表的《软实力》一文。按照奈的看法，综合国力既包括由经济、科技、军事实力等表现出来的“硬实力”，也包括以文化和意识形态吸引力体现出来的“软实力”，即通过吸引力，而不是强迫的方式，让别人按照自己意志行事的能力。软实力可归纳为文化影响力、意识形态影响力、制度安排上的影响力和外交事务中的影响力。见《环球时报》2009年2月2日第5版。

不标准。这种看法影响到海外华人的语言自信心，影响到华族子弟的母语传承。现在有学者提出“大华语”的概念，把“大华语”定义为“以普通话为核心的全世界华人的共同语”。这一概念赋予港澳话、台湾“国语”、海外华语一定的语言地位，为相互之间的借鉴吸收提供了理论基础。在相互沟通的基础上，普通话从它们那里吸收了不少有用成分，它们也从普通话这里吸收语言营养。海外华语是汉语走向世界的早期尝试，从它身上可以发现语言传播的许多规律，值得认真研究，充分借鉴。同时，海外华语也是当今汉语国际传播的一支重要的语言力量，不可忽视。

其二，汉语国际教育。由“对外汉语教学”到“汉语国际教育”，并不是概念的简单变换，而是体现着这一事业的快速发展。当前，国外需要学习汉语的人越来越多，到中国来学习汉语的人也越来越多。据统计，2002年到2007年来华留学生人数以20%的速度在增长。就2007年来说，来华留学生约20万，分布在15个专业，其中学习汉语的约12万，占当年来华留学生的61%。另有其他专业留学生也需要学习汉语的，约占当年留学生的14%，两者加起来留学生需要学习语言的约为75%。在这样的背景下，应当高度重视通过语言文字标准、语言教学标准等保证汉语教学（包括来华留学生的汉语教学）的质量，提高汉语学习效率，促进汉语国际教育，尽到目标语言国家的责任。

其三，少数民族语言的国际教育。中华语言走向世界，不仅是汉语走向世界，一些少数民族语言也在走向世界，如藏语、维吾尔语、蒙古语、满语等，都有一定的国际教育需求。应当认识到少数民族语言国际教育的意义，有计划地培养人才，培训教师，编写教材，开设班级，开展国际合作，在民族语言的国际教育中发挥目标语言国家应当发挥的主导作用。

四　结束语

国家语委正在制定2020年语言文字工作的中长期规划，其中也包括制定语言文字标准化工作的中长期规划。制定规划不仅要考虑现状和能力，更要考虑国家发展的需要。在这方面需要探讨标准建设的新体制、新机制，例如，语言文字标准的制定应逐渐由政府制定变为政府主导，语言文字的工业标准鼓励以企业为主。要加强学科建设，特别是人才培养，希望语言文字标准化内容能够进课堂，在现代汉语、语言学概论、应用语言学等课程里有所反映。

标准是语言文字工作的基础，地方语委必须重视语言文字标准化工作。各地要注意在地方语言文字法规等文件中反映科学的语言文字规范观，正确引用语言文字标准。要善于通过语言文字标准来开展工作，善于用语言文字标准调节社会语言生活。当前，一些省（市、自治区）制定了或正在制定一些地方标准，比如中餐菜谱的英文翻译、路名标牌的外语使用、公共场所的外文使用等标准。理论上说，地方标准不宜多，而且在制定地方标准时就要有国家标准意识，将来能够成长为国家标准，不至于弄成阎锡山的“窄轨铁路”。我国少数民族语言文字标准的制定与实施，主要由民族地方承担，各地民语委在语言文字标准化工作中负有更为重要的职责。

语言文字工作从来关注的就是国家振兴、发展中所遇到的语言文字问题。不同时代的国运不同，语言文字的工作内容也会有所变化。21世纪，人类进入经济一体化、信息网络化、文化多元化的时代；中国已经发展为世界第三大经济体，教育大普及、媒体大普及和信息技术产品大普及刷新了语言文字工作的社会背景，语言文字标准已经具有工业标准的性质。语言文字工作者必须站在历史潮头，认真研究影响语言文字工作的新形势，仔细梳理国家发展进程中所应解决的语言文字问题，解放思想，唯陈务去，在实践中逐渐形成符合时代要求的新世纪的语言观、语言文字规范观和语言文字工作观，为和谐语言生活的构建作出贡献，为信息化的中国发展作出贡献！

主要参考文献

白殿一 2006 《标准化基础知识问答》，中国标准出版社。

陈章太 2005 《语言规划研究》，商务印书馆。

教育部语言文字应用管理司 2005 《新时期语言文字法规政策文件汇编》，语文出版社。

国家技术监督局政法宣教司 1997 《中华人民共和国技术监督法规全书（1981年－1996年）》，中国标准出版社。

国家民委文化宣传司 2006 《民族语文政策法规汇编》，民族出版社。

国家认证认可监督管理委员会政策与法律事务部 2002 《中华人民共和国认证认可法规汇编（一）》，中国标准出版社。

国家质量技术监督局标准化司 2000 《标准化工作文件汇编（1988年－2000年）》，中国计量出版社。

李红杰、玛丽雅主编 2008 《少数民族语言使用与文化发展政策和法律的国际比较》，中央民族大学出版社。

李宇明 2005 《中国语言规划论》，东北师范大学出版社。

——— 2008a 《语言功能规划刍议》，《语言文字应用》第1期。

——— 2008b 《当今人类三大语言话题》，《云南师范大学学报》第4期。

钱曾怡、刘聿鑫 1991 《中国语言学要籍解题》，齐鲁书社。

吴元华 2008 《务实的决策——新加坡政府华语文政策研究》，当代世界出版社。
姚亚平 2006 《中国语言规划研究》，商务印书馆。
雍和明等 2006 《中国词典史论》，中华书局。
赵沁平 2007 《加强语言文字应用研究 构建和谐的语言生活》，《语言文字应用》第1期。

[原载《语言文字应用》2009年第2期]

努力促进“十一五”语言文字应用研究*

国家语言生活正在面临着许多新情况，这些新情况有些是可以预见的，有些是没有思想准备的。处理这些新情况要更多地依靠科学研究。在“十五”科研工作的基础上，要根据语言生活的现状和发展趋势，根据语言文字工作的实际和国家语委“十一五”工作规划，来精心部署“十一五”的科学研究工作。

一　“十一五”的科研目标

从宏观上看，“十一五”的科研目标是：为新世纪高质量的语言文字工作服务，为和谐语言生活的构建服务，为国家的和平发展服务。具体来说，“十一五”的科研项目应主要集中在如下几个领域：

1．研究国家语言战略

语言战略是国家战略的有机组成部分。近些年来世界上一些大

* 2006年11月28日—29日，国家语委“十一五”科研工作会议在北京举行。本文是会议主报告的一部分。本文曾以《总结经验，开拓创新，努力促进“十一五”语言文字应用研究》为题发表在《语言文字应用》2007年第1期。收入本集时题目、内容都做了一些修改。

国都在制定自己的语言战略，利用语言维护国家的文化安全，对内消解社会矛盾，凝聚民心，向外传播自己国家的理念，赚取外汇。我国当前语言生活正快速发展变化，语言生活中各种矛盾凸显，虚拟空间迅猛拓展，汉语走向世界的脚步空前加快，争取国际话语权正成为民族的自觉意识。此种情况下，我国也必须及时研究自己的宏观语言战略，设计落实语言战略的行动计划，提出应对国内外重要语言问题的科学预案。

2. 关注社会语言生活

提倡务实学风，鼓励对本土语言和跨境语言的调查研究，鼓励对特殊语言群体的调查研究。努力加强各领域语言文字规范标准的建设，逐步在一些重要领域建立语言生活监测与研究基地，积极发展领域语言研究。促进语言学本体研究与应用研究的结合，组织力量对社会语言生活中的热点问题攻关研究。

3. 全面提升语委工作

系统研究国外的语言生活状况和世界上有关国家或地区的语言规划，总结国内外语言文字规划的经验与教训，研究我国语言文字工作中的重要问题，不断充实国家语委和各地语委的工作内涵，提高工作质量与工作效率。

4. 大力促进语言文字信息化

信息化是当代社会发展的制高点，语言文字的规范化和信息化，在社会信息化发展中占有举足轻重的地位。“十一五”的语言文字应用研究，必须以信息化为主线，努力促进汉语汉字和少数民族语言文字的规范化和信息化。传统的语言文字工作，也应当从信息化的高度去审视，并时时注意运用现代信息化的手段来开展语言文字工作。

“十一五”期间，有如下六个方面的大课题需要努力做好：

1. 《规范汉字表》的发布及“中华大字符集”的建设

《规范汉字表》是规范现代文字生活的重要标准，已经研制了四年有余，一些重大问题已经基本得到解决，具备了送审发布的条件，要抓紧《规范汉字表》的上报、发布工作。

围绕规范汉字表，制定、审定一批现代汉字的规范，包括简繁汉字的对应系统（简繁汉字的计算机自动转换系统），与计算机字库相关的汉字规范等，基本建立起现代汉字的规范体系。

在此基础上对传统汉字（包括古汉字）进行收集整理，对中国少数民族的现行文字和历史上的文字进行收集整理，构成“中华大字符集”的基本轮廓。

2．普通话审音工作

建立“普通话口语标本库”“普通话口语语料库”和“普通话审音用知识库”，开展新世纪的普通话审音工作，完善普通话语音的基本规范。制定普通话的声学参数标准。满足新时期普通话推广的需求，满足各种普通话电子产品的需求。

3．语言能力评测体系

进一步完善普通话水平测试，推进普通话水平测试及其管理的现代化。启动汉字应用水平测试的试点工作。在此基础上，建立符合时代需求的语言能力评测体系。以满足汉语母语教育和社会各行业的需求。

4．语料库、知识库等语言工程建设

研制语料库、知识库等的建库规范及其语言文字加工规范，研究相关的知识产权问题，推进语料库、知识库的社会应用与共享。通过语言工程的建设来促进语言文字的规范化和信息化工作，促进包括少数民族语言在内的多语种信息平台建设，促进国家语言资源监测与研究中心的建设，促进用动态流通语料库等手段监测、研究语言生活状况。

5．语言国情调查

语言国情是国家语言决策及其他相关决策的基础。要及时了解新世纪的语言国情，努力创造条件，力争启动新世纪语言普查工作，包括方言普查、民族语言普查和外语使用状况的调查，包括对农民工、移民、语言残障人士等特殊人群的语言状况调查。

坚持做好《中国语言生活绿皮书》的工作，通过《中国语言生活绿皮书》发布一些“软性”规范和语言生活的实态数据，为国家决策提供依据，为应用语言学的发展提供数据，及时引导社会语言生活向和谐的方向发展。

6．促进汉语走向世界

研究世界华人社区的语言状况，促进华人社区的语言传承和各社区之间的语言沟通。研究汉语作为第二语言教学的特点，在语言文字规范标准及语言文字教学等方面，满足汉语国际传播的需求。

二　做好科研规划，重视基础建设

实践表明，抓好长效机制建设是做好语言文字应用研究的重要保证。要保证“十一五”科研目标的实现，必须将已经建立起来的各种长效机制巩固下来，并根据新情况不断完善发展。

1．做好语言文字应用研究“十一五”规划

规划是在现实基础上为实现一定目标而对未来进行的科学预测。预测就不是现实，因此规划的价值，其实并不完全在于是否符合未来的实际，而在于通过制定规划，能够把握现实状况，预见发展走向，能够确定一个奋进的目标以及为实现这一目标而设计的各项举措，能够起到统一认识、凝聚精神、激发工作热情与干劲的作用。因此，做规划重在做规划的过程，重在大家参与，群策群力。

“十一五”的语言文字应用研究的科研规划工作，一定要加紧进行。先拟定语言文字应用研究规划的制定原则，尽量多地动员多领域的专家和语言文字工作系统的同志一起研究；实事求是地分析语言文字应用的科研现状和社会需求，多方面审视学术的发展走势，把握语言生活的发展方向；解放思想，定一个“跳一跳、够得到”的科研目标。这个科研规划，不仅适合语委系统的科研工作，对社会的语言文字应用研究也可起到参考作用。规划最终要经过国家语委科研规划领导小组批准，然后向社会公开发布。

2．加强科研队伍与科研基地的建设

科研规划要靠科研队伍来完成，要通过科研项目把语言文字应用研究者动员起来、组织起来，并在项目研制的过程中发展队伍、培育人才。要发挥语言文字标准化技术委员会及其各分会的作用，使每一个分会都成为其相关领域的规范标准研制的科研规划中心，成为语言文字学家、标准化专家和行业使用大户的学术交流中心。要加强国家语言资源监测与研究中心、中国文字整理与规范研究中心、中国文字字体设计与研究中心等机构的建设，用现代科研管理理念来建设中心，用项目公开招标的方式聚集全国的优秀人才，逐渐将这些机构建设成为应用语言学研究的基地。并根据条件适时启动民族语言资源监测与研究中心的建设，规划并逐步建立不同领域的应用语言学研究基地。

基地建设要同语言工程建设结合起来。重视语料库、语言文字知识库的建设，重视科研资源的维护与更新，重视语言工程的共建、共享与社会服务，进而推动语言研究手段的现代化。

3．加强应用语言学的学科建设

应用语言学是支撑国家语言文字工作的最为重要的学科，抓好应用语言学的学科建设，关系到应用语言学的人才培养，关系到语言文字应用研究的质量，关系到语言文字工作的学术推进力。

应用语言学是一个学科群，要优先发展当代社会急需的分支学科，如语言规划学、语言教学、计算语言学、法律语言学、播音语言学、病理语言学等等。应用语言学基本上都是交叉学科，涉及人文社会科学和自然科学，其中多个分支还涉及工程技术，因此要根据各分支学科的实际需求，组建复合型的科研队伍和教师队伍，通过新的教育理念和机制，培养知识复合型的人才。要注意运用现代化手段来建设应用语言学，力争建成若干个文理交叉的对国家发展和学科建设意义重大的应用语言学重点实验室。

国外很多大学都有语言学系或应用语言学系，而我国语言学系或应用语言学系很少，要通过专家论坛等多种方式认真研究这一问题，逐渐促成我国应用语言学的学科教育体系。社会上很多职业需要应用语言学人才，在发展应用语言学学科教育时，要注意社会急需人才的培养，有条件时还要促进社会上一些新的语言职业的形成，如文字速记师、语言工程师、语言治疗师等等。

三　地方语委在科研工作中大有作为

“十五”期间，许多地方语委主动开展科研工作，通过科研促进了对当地语言生活的了解，促进了当地的语言文字工作。应认真总结这方面的经验，负责任地、创造性地做好各地的语言文字科研工作。这里主要讲两点：

1. 以应用为主，因地制宜，做出特色

地方语委科研工作的重点应集中在两个方面：第一，当地语言生活的基本状况、热点问题及其对策研究。各地区的文化背景不同，社会、经济、教育等方面发展也不平衡，因此各地的语言生活也会有不同的情况。例如，南方方言比较复杂，科学处理普通话推广和方言传承的关系，就比别的地方突出；民族地区需要研究怎样处理好各民族语言关系的问题；东部地区同西部地区的语言生活不同；具有跨境方言和跨境民族语言的地区，也有自己特殊的语言问题。特别是当前语言生活发展迅速，各个社会领域都程度不同地关注起语言文字问题，热点问题不断涌现。要保证语言生活的和谐，各地语委必须从各地的实际出发，研究当地的语言生活问题。

第二，当地语言文字工作中的问题。科研是做好语言文字工作的基础。从制定语言政策的过程来看，科研是建立民主、科学、透明的决策机制，使语言文字工作遵循科学规律前进的重要保证；从实施语言政策的过程来看，科研是提高管理水平、实现语言文字工作创新的动力和必要手段。当前，我国公共管理理念在不断进步，语言行政管理工作，从理念到实践，从模式到手段，也都会随之发生巨大变化，不断遇到新问题，充实新内涵，只靠行政命令和一腔激情已经难以做好工作。社会的语言规范观念在不断进步，语言价值观念趋向多元，主体性与多元化的辩证统一已经成为我国语言生活的基本格局，“纯洁语言”的口号已经不合时宜，在今天的形势下只顾推广普通话、推行规范汉字，不关注其他方面的语言问题，对建构和谐语言生活来说已经是片面的了。

同时还应看到，语言文字的管理工作也是科学，语言文字管理工作中的各种问题，以及管理工作中获取的各种数据与经验教训，都需要用科研的方式进行研究，总结规律，提供对策。因此，各地对于开展的重要语言文字工作，对于语言文字工作方面的重要问题，一定要立项研究。

2. 探讨地方语委的科研工作机制

科研对多数地方语委来说，是一种较新的工作，应从建立科研工作机制入手来开展工作。这些工作机制包括：

（1）制定地方语委的科研工作规章制度，就科研规划、项目管理、经费筹措、奖惩办法、科研工作责任人等做出规定。

（2）做好当地语言文字科学研究的规划（五年规划或中长期规划），设置课题指南，多渠道筹集科研经费，通过科研招标等公开公正的方式立项。

（3）组建科研队伍，主动争取本地语言文字专家及其他学者的支持，加强同相关学术团体的联系，形成“语委统筹、各方参与”开展语言文字科研工作的格局。

（4）重视科研成果的宣传与应用，利用网络、报纸、政府公报、工作简报等发布语言生活数据和科研成果，对当地语言生活积极引导。

此外，还要注意全国范围内的合作与语言文字资源的共享，形成科研合力，避免重复投资和资源浪费。使科学研究成为新世纪语委系统工作的一个新亮点。

语言文字工作正在进入一个新时期，我们要提高科研意识，重视科研工作，通过加强科学研究来制定科学的国家语言发展战略，提高语言文字工作的质量与效率。我们要以科学发展观为指导，处理好国家在快速发展中遇到的各种语言问题，全力保护、科学利用、积极开发中华语言资源，尽力为社会提供各种语言服务，努力促进语言生活的和谐，为建构和谐社会作出语言文字工作者的贡献。

［原载《语言文字应用》2007年第1期］

关于《中国语言生活绿皮书》*

《中国语言生活状况报告（2005）》的出版，标志着《中国语言生活绿皮书》（以下简称《绿皮书》）的问世。《绿皮书》是由国家语言文字工作委员会（以下简称“国家语委”）发布的系列丛书，按内容分为A类和B类。A类是语言文字的“软性”规范，B类是中国语言生活的状况与分析。各年都会根据情况，出版若干部《绿皮书》，并按内容分A、B类连续编号，形成系列。本文介绍《绿皮书》策划的缘起、《绿皮书》运作过程及其基本内容以及《中国语言生活状况报告（2005）》的有关情况，以便学界和社会对《绿皮书》有个较为全面的了解，并能很好地支持和利用这套丛书。

一　《中国语言生活绿皮书》缘起

1986年1月，国家语委召开了全国语言文字工作会议，会议提出要实现文字标准化，并明确将汉语信息处理作为新时期语言文字

---

* 感谢周庆生、余桂林、郑梦娟提供《中国语言生活状况报告（2005）》编辑出版过程中的宝贵资料。感谢我的同事王铁琨、陈敏等所做的工作，感谢各位专家和《中国语言生活状况报告（2005）》的各位作者。感谢王铁琨、郭熙、苏新春、汲传波提供修改意见。

工作的任务。[1]1995年初，国家语委设立中文信息司；1998年国家语委并入教育部，原中文信息司重组为教育部语言文字信息管理司（简称“语信司”）。国家语委在十余年的工作实践中，逐渐形成了语言文字信息管理工作的基本思路：“以语言文字规范标准制定为核心，以信息化为主线，以评测认证为抓手，以语言工程建设和科学研究为基础。”[2]编辑出版《绿皮书》就是落实这一基本思路的重要举措之一。

语言文字的结构是有规律的，语言文字的运用是有规律的，语言文字的发展变化也是有规律的。因此理论上说，语言文字是可以制定规范标准的。但是，语言文字规范标准的制定又非常困难。困难之一来自语言文字本身的复杂性。语言文字的结构规律，语言文字的运用规律，语言文字的发展变化规律，都十分复杂，当前的语言学对它们的认识还相当肤浅。困难之二来自社会规范观的多样化，对同一语言现象的处理，因规范观的不同而态度迥异。比如1956年公布《汉字简化方案》之后的汉字简化工作，至今仍有各种不同的看法，有些看法甚至是针锋相对的。

《第一批异形词整理表》（以下简称《异形词表》）的发布，

【1】《全国语言文字工作会议纪要》：“党中央和国务院适时地规定新时期语言文字工作的方针为：……促进语言文字规范化、标准化……。当前的主要任务是：……研究汉语汉字信息处理问题，参与鉴定有关成果……。”见全国语言文字工作会议秘书处编（1987：3）。

【2】这一思路是在2001年正式提出的，当时的表述是：“以语言文字的规范（标准）建设为核心，以语言文字信息化为主导，以科学研究为基础，以评测认证为抓手。”2003年在文字上微调为：“以语言文字规范标准建设为核心，以信息化为主线，以科学研究为基础，以评测认证为抓手。”2004年引入了“语言工程”的概念，调整了“以评测认证为抓手”的排列顺序，并作了个别字眼的润色，最后形成了“以语言文字规范标准制定为核心，以信息化为主线，以评测认证为抓手，以语言工程建设和科学研究为基础”这一表述。前后表述的变化，有些是字眼的变化，有些则是认识的深化。在这一思路及其文字表述形成的过程中，国家语委咨询委员会给予了很大的关心和很好的建议，副主任朱新均同志曾多次帮助推敲完善，在此深表谢意。

更使我们在新世纪亲身感受到语言文字规范制定的难度。普通话书面语中存在着一批“同音同义但是书写形式不同”的词语，这种词语称为“异形词”。例如：

侈靡／侈糜　恍惚／恍忽　影像／影象

早在1966年，高更生先生就在《中国语文》上撰文，提出异形词整理的问题。[1]此后，这方面的论文时有发表，语文工具书为解决这类问题煞费苦心，作出了不少贡献。在多年立项研究的基础上，《第一批异形词整理表》经国家语委规范（标准）审定委员会审定后，以教育部和国家语委的名义于2001年12月19日发布，2002年3月31日试行。

《异形词表》发布之后，全国的报纸、网络大都发表了消息或是相关评论，或是转载《异形词表》全文；许多出版单位将《异形词表》及时复印，分发给编辑学习。这些现象表明，社会还是非常需要语言文字规范的，非常关注语言文字规范的。规范发布后，语信司依照工作常规从不同途径收集意见，其中收集到的对《异形词表》的负面意见，主要有如下几点：

1．关于“异形词”术语。有人觉得“异形词”这一术语不科学，认为只有文字才有“形”的问题，词属于语言范畴，怎么会有“形”？所以不能称这类现象为“异形词”，顶多可以称为“异写词”。

2．有人认为，《异形词表》中的有些词语不是异形词，而是近义词，例如“定金／订金”。

3．《异形词表》提出整理异形词的主要原则有三：1）通用性原则；2）理据性原则；3）系统性原则。有人认为，通用性原

【1】当时高更生先生称之为“异体词”。见高更生（2000：331－337）。

则就是一般所谓的“从众从俗”，不应作为首要原则，甚至不应成为原则，“理据”才是第一位的。有人甚至提出应当从古而非今，例如“必恭必敬”这一成语，来自《诗经·小雅·小弁》，而“毕恭毕敬”后起，故不应定“毕恭毕敬”为正条。这一观点，其实涉及的不只是对异形词整理的问题，语言文字的所有规范都需要处理“俗实”与“学理”的关系。怎样处理这一关系，本质上取决于对语言文字发展规律的认识。

4．《异形词表》使用了语料库统计技术，利用当时可以利用的几个语料库，对异形词进行频率统计，将词频作为筛选异形词的重要参考。但是也有观点认为，不应当太看重从语料库中得出的词频：1）现在的语料库技术还不完善，样本抽取不一定能够代表语言生活的实际；2）报纸、书籍等都是经过编辑处理过的，而编辑处理稿件遵从的是已有的规范，因此报纸、书籍作为语料是有缺陷的；3）现代人的文化水平严重下降，词频高的并不见得就科学合理。

5．普通话中的异形词，在古代、在方言中并不一定都是异形词。据此有人认为，整理异形词可能影响古籍的印刷阅读，或是增加方言区人学习普通话的负担。

6．《异形词表》的处理，同社会常用的辞书不完全一致。有人担心，这在社会上会形成“两种标准”，增加社会语言使用的麻烦。

7．港澳台和海外华人社区也使用普通话（或称“国语”“华语”），有人担心，大陆单方面制定标准，会不会增大华语社区的语言分歧。

8．《异形词表》是推荐性标准而不是强制性标准。但是有人担心，中小学教师可能会在课堂上讲授标准，甚至还会作为命题内容，这会不会增加中小学生的负担。

看待上面这些意见，一定是仁者见仁，智者见智。笔者不打算对这些意见进行分析评论，引述的目的只想说明语言文字规范标准制定的难度。也许有人会说，既然制定语言文字的规范标准如此困难，就让语言系统自己去调节，或是让学者通过辞书、教科书去规范，政府就别忙活了。

在古代，语言交往的半径很小，读书人也很少，只要有一些字书、韵书或是文选读本，就能满足社会对规范的需求。而今，教育普及，传媒发达，除了发挥辞书、教科书的作用之外，还需要政府通过规范文件来颁布一些语言文字规范标准。特别是在信息技术迅猛发展的今天，语言文字规范标准不仅面向世人，而且还要面向机器。面向机器的语言文字标准，带有工业标准的性质，时效性强。在新的时代，语言文字规范标准的制定，已经成为国家语言文字工作的核心任务。2001年，时任国家语委主任的王湛同志，在全国语委办主任会暨普通话水平测试工作汇报会上讲话指出："语言文字工作的具体任务归结起来大体可以分为两大类，就是制定规范标准和推行规范标准。制定规范标准具有核心性、基础性的地位，只有根据社会语文生活的发展和需要，制定、完善科学的、切合实际的语言文字的规范和标准，推行标准和规范化建设才有基础。"

语言规范标准制定困难，而在语言交往频繁、信息技术高速发展的时代，又必须快速制定较多的语言文字规范标准，用《绿皮书》发布一些语言文字的"软性"规范，可能是解决时代提出的新课题的一种办法。因此可以说，《绿皮书》是新时期语言文字工作实践的产物。

二 《中国语言生活绿皮书》及其运作

《绿皮书》早期只是为发布语言文字的"软性"规范设计的。这种设计理念首先是认识到语言文字的规范标准柔性多于刚性。其一，语言文字的各子系统，语言文字的不同运用领域，具有不同的特点，这决定了语言文字的规范标准有刚柔之别。[1]比如，语音、文字、标点符号等规范标准刚性多一些，词汇次之，语法、语义、语用再次。其二，对语言文字不同方面的研究是不平衡的，对于研究相对成熟而且社会又需要的，可以制定较为刚性的规范标准，反之可以制定较为柔性的规范标准。其三，面向机器的可以刚一些，面向社会的就需要更多的柔性。那些刚性的且较为成熟的语言文字规范，通过国家标准（GB）和语委规范（GF）发布，其他的则可以放到《绿皮书》中公布。

《绿皮书》公布的语言文字规范标准，不具有标准法所赋予的法律效力，没有强制性，只是推荐给社会需要者参考使用，体现着“语言服务”的理念，并以此达到对社会语言生活进行引导的作用。其实，这也是给新制定的语言文字规范标准留下较长的试行试用空间。这些语言文字标准在试用中不断完善，有些将来可以升为正式规范标准，进入GF或GB的行列。

《绿皮书》具有开放性。进入《绿皮书》的不仅是国家语委立项研究的规范标准，其他基金组织的成果，乃至企业、个人的研究成果，只要合乎要求，都可以纳入《绿皮书》。《绿皮书》的出版不限于某家某社，所有具有出版资质的出版单位都可通过协商加入《绿皮书》的出版行列。《绿皮书》出版内容和出版单位的选定，通过一定的遴选程序进行。《绿皮书》的这种开放性，是为了充分发挥社会的积极性，是为了聚集全社会的语言文字智慧。

编辑《绿皮书》[2]系列丛书的设想是在2003年开始酝酿的。2004年1月3日，国家语委语言文字标准化技术委员会外语应用分技

【1】李宇明（2001）曾经讨论过语言文字规范标准的刚柔问题，可参看。
【2】一开始曾经把《中国语言生活绿皮书》称作《中国语言生活白皮书》。

术委员会成立，在成立大会上首次向社会宣布《绿皮书》的消息。在具体筹备运作的过程中，国家语委“十五”科研成果不断鉴定结项，国家语言资源监测与研究中心开始启动，大家逐渐意识到，发布语言生活的一些实态调查数据，发表一些与语言生活关系密切的科研成果，对语言生活也能起到积极的引导作用，与软性规范的发布异曲同工、相辅相成。在这一认识的基础上，正式将《中国语言生活绿皮书》依照内容设置为A、B两类。A类发布语言文字的软性规范，B类发布中国语言生活的状况与分析。通过发布语言生活各种实况与数据，为国家的有关决策提供参考，为语言文字研究者、语言文字产品研发者和社会其他人士提供服务。

经过大约半年的筹备，列出了首批拟出版的《绿皮书》书目：属于A类的有《信息处理用现代汉语分词词表》《普通话通用词表》[1] 等；属于B类的有《中国语言文字国情调查》《中国的语言》[2]《中国少数民族文字字符总集》等。以此向出版社招标，说明出版与招标意图，大致明确出版各方的责权利。商务印书馆、语文出版社和外语教学与研究出版社表示了出版意向。

2004年8月27日至9月11日，在半个月左右的时间里连续召开了三次由专家和出版社代表参加的《绿皮书》编辑、出版工作会议，《绿皮书》工作正式启动。当时，曾经计划组织《绿皮书》编委会，有顾问若干人，编委会主任、副主任若干人，委员若干人。后来觉得还是应少设机构，每部书根据实际情况聘请审读人员为宜，于是《绿皮书》编委会虽然已经拟出名单、甚至已经聚来开会而最终没有成立。

【1】此书正式出版时，更名为《现代汉语常用词表》。
【2】《中国的语言》经多位专家反复研究，最终没有进入《绿皮书》，但是关于中国语言的一些重要数据，已在《中国语言生活状况报告（2005）》上编附录中刊出。

又经两年努力，《中国语言生活状况报告（2005）》出版，这标志着《绿皮书》正式与读者见面。《绿皮书》的策划，体现了对新时期语言文字工作的认识：语言文字工作重在引导，重在服务；体现了语言文字工作部门的职能转换：由管理向着引导和服务的方向转换。全国人大常委会许嘉璐副委员长、国家语委赵沁平主任出任《绿皮书》顾问，教育部袁贵仁副部长、国家语委咨询委员会朱新均副主任多次过问这项工作，许嘉璐先生还为《绿皮书》题写书名，这些都体现了领导对《绿皮书》的关心与重视。

三 《中国语言生活状况报告》

《中国语言生活状况报告》是《绿皮书》B类中具有系列性的年度语言生活情况的报告，每年一部，每部由上、下两编构成。上编由“中国语言生活状况报告”课题组负责编写，主要反映社会语言生活方方面面的情况；下编由国家语言资源监测与研究中心负责编写，主要发布利用语料库统计分析得到的各种语言数据。

《中国语言生活状况报告》是《绿皮书》这套丛书中最早面世的著作，但有意思的是，它并不在早期的《绿皮书》设计之列。2004年9月3日，语信司召集专家商讨《绿皮书》编辑事宜，周庆生先生提出编辑年度语言状况（Language Situation）报告的建议，立刻引起了大家的兴趣。2004年9月11日，司里再次邀请有关人员开会，落实《绿皮书》编辑出版的具体工作。会后，王铁琨、周庆生、郭熙、周洪波、李宇明等商议，启动“中国语言国情报告”（即后来的《中国语言生活状况报告》）项目，并列为《绿皮书》B卷之一种。争取2005年开始出版，每年一部，有条件时再回顾此前100年或50年的语言生活历史。2004年10月16日－17日，第四届全国社会语言学学术研讨会在北京召开。会议闭幕当晚，李宇明、周庆生、郭熙及北京的一些博士生，一起研究启动“中国语言生活状况报告”的问题，“中国语言生活状况报告”的第一班底组建起来，开始工作。2005年1月，“中国语言生活状况报告”课题正式获国家语委立项。

在一年多的时间里，课题组研究国内外“皮书”的状况，创造体例，利用报刊和网络广泛搜集素材，拟定篇目与编写大纲，经过五次编写会议（包括网络会议），终于完成50余万字的初稿。2006年2月23日－24日，在八达岭庄园饭店举行第一次专家审稿会，正式将书名定为《中国语言生活状况报告（2005）》（以下简称《报告》）。国内外出版的“皮书”，其年号有两种：一种指皮书印刷出版的年份，称为“出版年号”；一种指皮书内容的年份，称为“内容年号”。《中国语言生活状况报告》决定采用内容年号，即《中国语言生活状况报告（2005）》报告的是2005年中国的语言生活。为尽快完成审稿任务，将郭熙、冯学锋“扣”在八达岭一个星期，根据审稿会意见将全书逐篇修改，形成第二稿。与此同时，商务印书馆将修改稿及时寄给全国20余位相关专家审改，形成第三稿。

2006年“五一”长假，陈章太、王铁琨、周洪波、陈敏、李宇明等集中起来，对《报告》第三稿进行“消极”审稿，主要是处理不大符合政府身份的表述和一些较为敏感的问题，并对全书的结构安排进行了较大调整，形成第四稿。另外议定三事：1）将《报告》的相关内容送相关的政府部门审定。2）邀请陈章太、戴庆厦、陆俭明、邢福义先生为审订[1]，以保证报告的学术质量。3）国家语言资源监测与研究中心统计的2005年的语言数据，如果比较

【1】当时议定的先生是五位。

成熟，也可以与《报告》合为一部，分上、下编出版。

之所以议到第三件事情，是因为国家语言资源监测与研究中心的数据统计工作也在紧锣密鼓地进行，并拟订了向社会发布数据的时间。国家语言资源监测与研究中心，由平面媒体语言分中心、有声媒体语言分中心、网络媒体语言分中心、教育教材语言分中心、海外华语研究中心构成，2004年6月至2005年9月，相继组建完成并开展工作。2005年10月9日－12日，国家语言资源监测与研究中心第一次工作会议在武汉召开，会上曾提出要对字频、词频、新词语等进行统计分析，有些内容要及时向社会发布，并可作为《绿皮书》B类的内容出版。2006年3月中旬和4月中旬，曾两次开会研究发布2005年语言数据的问题。

“五一”审稿会之后，《报告》第四稿分送有关部委和陈、戴、陆、邢四位审订。5月9日，即依“五一”审稿会精神，请国家语言资源监测与研究中心的专家研究统计数据进《报告》的问题。大家认为，汉字、标点与符号（包括标点、数字、字母、符号等）、词语、BBS的语言状况等，可以作为发布内容。[1]商务印书馆周洪波、余桂林一直参与其事，这次又请魏励、刘一玲两位参与处理汉字与标点符号等问题。并请苏新春、李晋霞参与处理词汇统计的有关问题，汪磊夜赴武汉同何婷婷一起进一步处理BBS语言的问题。

2006年5月10日，开会研究“2005年中国语言生活状况新闻发布会”事宜。为保证发布会能够见书，5月18日上午9时开始，侯敏、杨尔弘、汪磊、周洪波、陈敏、魏励、余桂林等根据各方反馈意见，审改上编内容，李宇明、王铁琨之后赶到，上编形成第五稿。

【1】当时还准备发布对外汉语教材的语言数据，后因要把对外汉语教材的语言数据作为2006年的一个要点，便在2005年的报告中“割爱”了。

并对下编的调查报告字斟句酌，连续工作到5月19日上午9时，度过了一个不眠之夜。同时，商务印书馆的编辑在排印现场日夜订改校对，直到5月21日，在三校样的基础上印出第一版征求意见本的毛书150册。5月22日，“2005年中国语言生活状况新闻发布会”在北京召开，教育部副部长、国家语委主任赵沁平发表题为《关注语言国情，建设和谐的语言生活》的书面讲话。发布会记者满堂，网络直播，引起了方方面面的反响。

2006年6月5日，语信司召集有关人士研究发布会后的各方反应，布置《报告》定稿出版工作，商务印书馆又聘请黄佑源、施关淦先生对毛书上编仔细审读。6月25日再次召开由审订、上下编的主编副主编、工作人员参加的第三次审稿会。6月26日，国家语言文字工作委员会换届会议在教育部召开，国家语委印发《报告》第二版毛书，向各位语委委员征求意见。之后形成《报告》第六稿。

2006年7月1日至4日，在渤海大学召开第四次审稿会暨语言国情与语言政策研讨会，审订和课题组的一些成员出席会议，对全书内容实行交叉校改，会后形成第七稿。8月28日，全国人大常委会副委员长许嘉璐先生为“中国语言生活绿皮书”题字。7月至9月，陈章太、周庆生、王铁琨、郭熙、李宇明等在第七稿的基础上又分别统稿，反复斟酌，最后形成《报告》第八稿（定稿）。2006年9月18日，《中国语言生活状况报告（2005）》正式出版。

《中国语言生活状况报告（2005）》，是第一次以政府名义发布的年度中国语言生活状况报告，据说，这样的报告在世界上都不多见。《报告》的经验及其不足都需要总结，2006年9月4日和9月30日，语信司请专家和《报告》作者两次召开总结会。2006年8月25日－27日，在厦门召开国家语言资源监测与研究中心年度工作会，10月9日，在北京召开“中国语言生活状况报告”课题组会议，分别部署《中国语言生活状况报告（2006）》上编和下编的编写工作。这四次会议，大家都对《报告》进行了多方面的总结。主要意见有下面一些：

1．《报告》是严肃之作。前后召开了十余次编写修改会、四次审稿会，有近百名作者、专家以及20余家政府部门参与，由一编增为两编、八易其稿、五出校样、两印毛书、历时两年完成。严肃之作不一定是精品，但精品一定是严肃之作。

2．得“人和”。《报告》的编写模式是以政府为主导、以专家为基柱、以青年学人为主体，可以表示为“1＋1＋1”模式。《报告》以政府名义发布，代表着政府的态度，而且政府也是语言生活的主要引领者，信息的主要握有者，理所当然应以政府为主导。在《报告》的编审过程中，国家民委、广电总局、新闻出版总署和教育部的语用司、高教司、国家汉办、民族教育司等单位，或是出人编写相关章节，或是提供有关数据，甚至还做了大量的审订增补工作，令人感动。专家学者不计名利，忘我工作，例如陈章太先生对上编审改前后不下五遍，甚至在病床上还在审读书稿。一批青年学人，热情高，顾虑少，心灵手快，现代信息技术运用娴熟，利用网络搜集素材，利用网络进行学术交流，最初的稿子被改得面目全非也毫无怨言。他们在工作中学术成长很快，会成为不同领域的专家。

3．充分利用了现代信息技术。下编是利用9亿多字符的海量真实文本语料库进行的统计，电子文本的下载转换，语料建库，语言单位切分统计软件等，都是语言信息处理发展到今天才可能实现的。而且在具体的数据获取过程中，也发现了一些新问题，解决了若干新问题，这些发现的新问题会成为语言信息处理的新课题，这些问题的解决也是对语言信息处理的推进。

4．《报告》上、下编所阐述的问题，所发布的数据，都是实态报告性质的。对于这些问题与数据，需要验证其正确性，需要给出合理的解释，需要探索其应用价值，更需要学界对其进行深度开发，从中生发出一系列的理论与应用成果。

5. 关注现实语言生活。《报告》的设计与编写者感受最深的，是我们对于现实语言生活并不怎么了解，教育、新闻出版、广播电视、立法等领域的语言生活，过去关注较多，但也多是感性的，缺乏调查数据；对于交通、工商、旅游、医疗卫生、人名地名等领域，对于农民工、大工程移民、盲人、聋哑人等一些人群的语言状况，的确知之甚少。必须采取措施，加强领域语言研究和一些特殊人群的语言状况研究。

四　结束语

《中国语言生活绿皮书》是当代中国语言规划的一项具体举措，是在新时期语言文字工作实践中解决时代新课题的一种探索。《绿皮书》的设计与编辑出版，体现着新世纪国家语言文字工作的一些新理念，体现着中国语言研究的一些新进展，是“官、学、商合作”的产物。特别是《中国语言生活状况报告（2005）》，从开始提议到正式出版，都洋溢着浪漫主义的激情，展现着拼搏精神和创新意识，显示着团结合作的力量，实践着扎实严谨的学风。

2006年11月，语文出版社出版了《中国语言文字使用情况调查资料》[1]，这是《绿皮书》的第二部。1997年1月6日，国务院第134次总理办公会议批准，进行首次中国语言文字使用情况调查。调查工作1998年筹备，1999年实施，2000年进入数据统计整理阶段，2004年12月正式向社会公布调查数据。《中国语言文字使用情

【1】亦即早期列入《绿皮书》出版计划的《中国语言文字国情调查》。

况调查资料》为《绿皮书》增光添彩，因为它反映的就是这项历时六年、数以万计人员参与的首次中国语言文字使用情况调查的主要成果。

此外，也有先生正在组织较大规模的民族语言田野调查，并表示了将成果纳入《绿皮书》的意向。有学者受《绿皮书》启发，希望编辑出版《中国语言问题蓝皮书》，完全用学者的眼光来审视中国语言生活问题，并提出各种建设性意见。2006年11月11日下午，一批学者聚集在商务印书馆，认真讨论了《蓝皮书》事情。据说，又有学者希望系统地研究国外的语言政策和语言生活状况，以为中国制定语言规划之参考，并打算命名为《语言黄皮书》。果能如愿，就形成了国内外语言生活的“皮书”阵列，中国人关于语言生活的视野就广阔多了。

主要参考文献

北京语言学院语言教学研究所 1986 《现代汉语频率词典》，北京语言学院出版社。

陈 原主编 1993 《现代汉语用字信息分析》，上海教育出版社。

陈章太 2005 《语言规划研究》，商务印书馆。

高更生 2000 《汉字研究》，山东教育出版社。

国家民委文化宣传司 2006 《民族语文政策法规汇编》，民族出版社。

国家语言文字工作委员会、国家标准局 1992 《现代汉语字频统计表》，语文出版社。

教育部语言文字应用管理司编 2005 《新时期语言文字法规政策文件汇编》，语文出版社。

李宇明 2001 《通用语言文字规范和标准的建设》，《语言文字应用》第2期。

李宇明 2005 《中国语言规划论》，东北师范大学出版社。
李宇明主编 2006 《中国语言生活状况报告（2005）》，商务印书馆。
全国语言文字工作会议秘书处编 1987 《新时期的语言文字工作——全国语言文字工作会议文件汇编》，语文出版社。
异形词研究课题组 2002 《第一批异形词整理表说明》，语文出版社。
语文出版社编 1993 《语言文字规范手册（增订本）》，语文出版社。
中国语言文字使用情况调查领导小组办公室编 2006 《中国语言文字使用情况调查资料》，语文出版社。
周庆生主编 2001 《国外语言政策与语言规划进程》，语文出版社。
——— 2003 《国家、民族与语言——语言政策国别研究》，语文出版社。

［**原载《语言文字应用》**2007**年第1期**］

论普通话培训测试手段的现代化*

普通话水平测试，专业性强，牵涉面广，社会意义重大，做好普通话水平测试工作，必须有坚实宏厚的学术支撑。基于这种认识，2002年5月，国家语委普通话培训测试中心在扬州召开了首届全国普通话水平测试学术研讨会，两年后的2004年12月，又在珠海召开第二届全国普通话水平测试学术研讨会。研讨会为全国普通话水平测试（PSC）的研究提供了学术交流平台，使全国普通话水平测试的研究力量得到了展示，得到了集结。

为推进PSC的学术研究，国家语委设立了语言文字应用研究“十五”科研规划重点项目“汉语普通话水平测试研究”，委托国家语委普通话培训测试中心组织协调全国20多个省级测试机构和高等院校、科研机构共同研究。课题由41个子课题组成。“《普通话水平测试大纲》及《普通话水平测试实施纲要》的研制”“普通话水平测试国家题库建设”“普通话水平测试信息管理系统研究与开发”等子课题，已经通过鉴定，投入使用。据统计，第二届全国普

---

* 2004年12月12日—13日，第二届全国普通话水平测试学术研讨会在珠海举行，本文根据在开幕式上的讲话改写而成。韩其洲、王晖先生对本文提出多处修改建议，特致谢意。

通话水平测试学术研讨会上交流的论文[1]，约有40%是“汉语普通话水平测试研究”这一“十五”科研规划重点项目的成果。

进入21世纪，普通话水平测试的社会需求愈来愈大，对普通话培训测试的学术要求越来越高，信息技术、特别是语言信息处理技术获得了快速发展。在新世纪为把普通话培训测试事业推向新阶段，在为其建立坚实的学术研究平台之时，还必须充分注意“手段现代化”问题。普通话培训测试手段的现代化，就是利用计算机、互联网及相关的现代技术设备，使普通话培训测试工作从管理、测试、培训到研究都实现现代化。下面分而述之。

一　管理工作手段的现代化

就国家和省（自治区、直辖市）级普通话培训测试中心而言，管理工作大约涉及四方面：

a）对被测者的管理，主要包括被测者的基本信息、报名、测试、成绩评定、证书发放、成绩公布、信息查询等；

b）对测试员的管理，主要包括测试员个人业务资料、出勤、测试、科研、业绩评价等；

c）对下属测试站的管理；

d）本中心的内部管理。

a方面的管理体现着普通话培训测试中心的社会服务职能，其管理手段的现代化，可以大大提高效率，方便被测者。幅员辽阔、交通不便的地区，更能体现其优越性。此外，也可以为用人单位核

【1】这届会议的论文，经在当地交流、评选后择优上报。国家语委普通话培训测试中心收到20多个省（区、市）选送的论文近200篇，又经专家组从中评选出优秀论文30余篇，推荐到会议上交流。

实信息提供方便，对遏制伪造全国统一的《普通话水平测试等级证书》等社会欺诈行为也有一定作用。

b、c、d三方面是工作系统内部的自我管理，可以通过“政务信息化”来实现管理手段的现代化。政务信息化，可以提高政务运转效率，并能有效沟通测试中心之间、测试员之间的联系，增加工作透明度，增进民主管理因素，增强组织的内聚力。

利用计算机和互联网实现管理工作这四个方面的现代化，已经在多年前就有较为成熟的技术和范例，所以其关键不在技术创新，而在工作理念和对现代化意义的认识。

二　普通话水平测试手段的现代化

普通话水平测试由两个基本工作环节组成：a）命题与制卷；b）施测。普通话水平测试手段的现代化，就是解决这两个基本环节的技术问题。

命题与制卷。依据《普通话水平测试大纲》和《普通话水平测试实施纲要》，根据十年来普通话测试的实践经验和我国当今语言生活的实际状况，建立具有科学性、具有足够库容而且便于及时更新的测试题库。题库用计算机管理，可以因需要自动生成千百套纸媒试卷或机测试卷。试卷可以即时生成，可以通过网络或人工携带的方式远距离传送。这项工作，已经由国家语委普通话培训测试中心和上海市普通话培训测试中心共同完成了[1]，今后还需根据现实需要和科技的进步不断完善。

【1】国家语委普通话培训测试中心和上海市普通话培训测试中心承担的科研课题《普通话水平测试国家题库系统》，于2004年9月通过专家鉴定，并从2004年10月起在全国各地推广应用。

施测。当前普通话水平测试的试卷有两大部分：a）选择判断试题；b）通过被测者的实际发音来检测其语音面貌的试题。选择判断题在技术上完全可以采用机读方式阅卷，但因计算机语音处理还有一些技术难度，语音面貌检测题暂时还不能做到全部自动化阅卷。为了对这种题型的阅卷最大限度地利用计算机，可以考虑采用如下策略：

1．“说话”题目以人工测试为主，音节和词语的读音以计算机测试为主，朗读短文采取“人机互助”的技术路线。

2．将测试员的经验和语音学的成果内化为“计算机智慧”，提高计算机的语音测试能力。

3．在不损害测试效度的前提下，适当减少计算机不能处理的题目类型。

由科大讯飞承担的国家语委语言文字应用“十五”重点项目——“智能语音技术在普通话辅助学习中的应用研究”的进展情况看，“人机互助”的测试还是比较有效的。[1]如果上述技术策略能够得到充分应用，前景将更为乐观。

施测时，语音面貌检测题应采用数字化技术录音，以便于计算机测试。机测之后的成绩登录、复核以及等级评定，都应当自动化。当然，测试的目的不仅让被测者了解自己的普通话水平等级，最好还要让被测者了解自己在普通话方面的长处与不足，以利继续提高。因此，应为每一个被测者提供一个普通话水平的“诊断文本”，这个文本最好能够由机器自动生成。

【1】2005年9月25日－26日，教育部语言文字信息管理司在科大讯飞公司召开了“智能语音技术在普通话辅助学习中的应用研究”中期成果汇报及技术研讨会，会议对“计算机辅助普通话评测系统”进行了评估，反映很好，机助普通话水平测试即将进入应用阶段。

三　培训手段的现代化

必须重视多媒体课件在培训工作中的作用。与普通话培训中心工作相关的培训有两类：一类是对被测者即社会一般人士的普通话培训，一类是对普通话测试员的业务培训。第一类培训所需要的课件，首先是普通话多媒体课件。普通话多媒体课件主要是用于：

a）社会一般人士的普通话学习；

b）被测者测试前的短期培训。

社会一般人士的普通话学习，属自学性质，这类课件应该做到：第一，有趣味，能引人入胜。在设计这类课件时，可以适当吸收当今电子游戏的一些元素。第二，能互动。学习者可以根据自己的兴趣和水平，点学不同的内容。第三，可自测。学习者可以进行普通话水平的自我测试，可以知道自己的问题所在和纠错的方法。b类普通话学习与a类不同，被测者的测前培训是教师指导下的课堂学习，这种用途的多媒体课件是教辅性质的，发挥的多是“教具”的作用，应主要由任课教师制作。

普通话测试员的业务培训，有为获取省级或国家级普通话水平测试员资格证书而参加的专门短期培训，还应有进一步提高其业务水平的培训。进一步提高水平的培训，可以通过短期培训班进行，但更要靠平时的自我学习。短期培训课程要更多地利用多媒体，要联合全国力量打造一批精品课件。同时，必须用心研究通过现代化手段帮助测试员自我学习、自我提高的问题，理想的方式是建立普通话测试员自我提高的“网上学校”。网上学校提供测试员自我学习的各种课件、参考书及相关信息，开办测试员之间相互交流经验、讨论问题、请求帮助的专门园地，设立向社会提供普通话咨询服务的专门区域。要知道，同行之间的交流和对社会的咨询服务，对提高测试员的业务水平和社会责任感，具有不可代替的作用。

四　科学研究手段的现代化

普通话培训测试的科学研究，近些年虽然有了较大进展，但总体上看还处在起步阶段。促进科学研究应当视为普通话培训测试工作的基础工程，研究手段的现代化，既是促进普通话培训测试研究的重要举措，也是当今科学研究发展的必行之步，是“后起居上”的一件法宝。

学术是建立在前贤时哲肩膀上的事业，充分了解已有的研究成果，方能避免重复劳动，方能开拓创新。当今之时，信息呈“爆炸式”增长态势，用传统的读书方式已难把握学界的研究成果，用引得的手段来查检文献，其效用也大大减弱。为适应新的学术发展形势，必须利用计算机建立关于普通话培训测试的知识库。这一知识库应包括：

a）普通话研究、特别是普通话培训测试研究的已有成果；

b）汉语的各种教育（培训）、考试状况；

c）国家及各地关于普通话的各种政策规定以及相关的语言政策、规章；

d）国外共同语推广的历史与现况。

这一知识库应具有强大的检索功能，可以通过主题、作者、标题、文载处（报刊、出版社等）查检。知识库可以及时补充更新，而且便于对相关内容进行复制。

与知识库同等重要、甚至更为重要的是，建立用于普通话培训测试研究的语音数据库。这一数据库应当包括四类内容：

a）普通话的标准语音数据；

b）各地方言的语音数据；

c）各地的地方普通话的语音数据；

d）被测人学习普通话的语音数据。

a、b是客观的语音数据，其作用是建立普通话的语音标准，并用于对中介语语音的比较，帮助寻找中介语语音的特征及其发展规律。c、d都是中介语的语音数据，但是c是社会一般中介语语音的数据，仍然是研究的参照，而d则是带有普通话等级刻画的语音数据，是普通话水平测试的语音对象，也是研究的最为重要的对象，是数据库的核心。

a、b、c三类数据，要通过专门的调查获得，而d类数据则在测试时就可以获得。将测试时得到的数字化录音，自动传输到语音数据库中贮存起来，并且要及时对这些录音项标注相关的背景信息，如音主的一些社会属性、语言属性、普通话水平等等。应当看到，业外人士要获得这种数据是相当困难的，而以往这方面的数据，多数并没有得到应有的运用，身在宝山应识宝。

此外，要建立普通话培训测试的学术交流的体制、机制与平台，包括组建学术组织、创办学术刊物、召开学术会议、建造专门的学术研讨网页等。同时，还要注意为研究人员开发专用的计算机软件，如语音分析软件等。

实现普通话培训测试手段的现代化，必须首先建立现代化的理念，必须加强普通话培训测试队伍的现代信息技术训练，必须进行广泛的学术交流与合作。可以相信，进一步加强普通话培训测试的学术研究，努力促进普通话培训测试手段的现代化，我们就有希望把PSC做成更加鲜亮的国家品牌，做成与国际上著名的语言考试比肩的国家品牌。

主要参考文献

Bernard Spolsky 1995 《客观语言测试》（Measured Words），上海外语教育出版社，1999年。

陈章太 2005 《语言规划研究》，商务印书馆。

戴梅芳主编 1993 《普通话水平测试指南》，语文出版社。
——— 1997 《普通话水平测试研究》，语文出版社。
国家语言文字工作委员会普通话培训测试中心 2003 《首届全国普通话水平测试学术研讨会论文集》，语文出版社。
——— 2004 《普通话水平测试实施纲要》，商务印书馆。
李学铭主编 2001 《语文测试的理论和实践》，商务印书馆（香港）有限公司。
——— 2002 《教学与测试：语文学习成效的评量》，商务印书馆（香港）有限公司。
李宇明 2005 《中国语言规划论》，东北师范大学出版社。
上海市普通话培训测试中心 2002 《普通话水平测试研究》，上海教育出版社。
宋欣桥 2000 《普通话水平测试员实用手册》，商务印书馆。
——— 2004 《普通话语音训练教程》，商务印书馆。
香港大学教育学院普通话培训测试中心 2003 《普通话教育的发展和推广国际研讨会（2002）论文集》。
许嘉璐 2000 《未成集——论新时期的语言文字工作》，语文出版社。
颜逸明 1995 《普通话水平测试指要》，华东师范大学出版社。
张　凯 2002 《语言测试：理论与实践》，北京语言文化大学出版社。

[原载《语言文字应用》2005年第4期]

科学决策　辉煌成就*

——纪念《汉语拼音方案》颁布50周年

2008年4月21日，伴着春步，沐着春雨，纪念《汉语拼音方案》颁布50周年学术研讨会在京举行。会议由教育部语言文字信息管理司主办，中国应用语言学会（筹）承办，中国语言学会、中国语文现代化学会、世界汉语教学学会、中国文字学会、全国汉语方言学会、中国辞书学会、中国语文报刊协会、中国中文信息学会、中国民族语言学会、中国音韵学研究会协办。会议主题是总结《汉语拼音方案》发布实施之经验，探讨《汉语拼音方案》及其实施中需要完善之方面，以使其在新世纪语言生活中充分发挥作用。会议气氛热烈，畅所欲言，高见迭出，富于建设性。一些论文在本期结集刊出，论文精神概言如下：

一　历史集成　千案聚粹

古代汉字注音，或用“直音法”以甲字注乙字，或用“反切法”以两字拼一字。明朝末年（1605年）西来传教士利玛窦

---

* 本文为纪念《汉语拼音方案》颁布50周年而作，发表时使用的笔名是余信斯。

（Matteo Ricci），为汉字设计了拉丁式拼音方案，成为汉语拼音上溯之始点。1867年，英国驻华公使威妥玛（Thomas Francis Wade）创造的拼音方案影响深远，其身影至今犹在，如Peking（北京）、Tsinghua（清华）。1892年，卢戆章发表《一目了然初阶》，拉开了切音字运动大幕，开启了中国语文现代化征程。至1912年“读音统一会”召开，拼音方案计有数十种之多，探讨了方案设计的多种可能性。“读音统一会”总结清末20年切音字运动之精要，终在1913年制定了首个官方主持的拼音方案“注音字母”，但拖至1918年才正式公布实施。1928年教育当局公布“国语罗马字”。1921年，瞿秋白在苏联远东地区潜心研究中国各种文字改革方案，拟就《拉丁化中国字》。1929年在莫斯科出版的《中国拉丁化字母方案》，逐渐在国内传播，影响广泛，1940年陕甘宁边区政府给予拉丁化新文字以合法地位。

斗转星移，汉语拼音伴着时代的脚步不断进步。1949年10月中国文字改革协会在北京成立，在百废待兴、百事待举之时已着手汉语拼音方案的研制。1952年中国文字改革研究委员会成立，内设拼音方案组专司其事。1955年成立拼音方案委员会。至此，除专家设计的拼音方案近10种外，各界还提交方案655种，社会智慧高度凝聚。1956年1月，在毛泽东的提议下，汉语拼音方案决定采用拉丁字母。又经广泛讨论，数次修改，《汉语拼音方案》终在1958年获得第一届全国人民代表大会第五次会议批准。

《汉语拼音方案》采用拉丁字母，实行音素制，符合世界文字拉丁化的发展方向。字母名称音主要参考法文、德文等，字母音值尽量照顾国际惯例，更增强了方案的国际性。巧妙利用汉语声韵的互补特点，并在方案设计上考虑到隔音等问题，为拼写汉语留下了充足空间。《汉语拼音方案》科学而实用，它充分借鉴了350年的历史经验，充分吸收了切音字运动、注音字母运动、国语罗马字运动、拉丁化新文字运动的成果，汲取了近千拼音方案之精华，集大成者必优异。

二　信息津渡　文化桥梁

《汉语拼音方案》公布以后，当时就在许多领域发挥了巨大作用。譬如：识字、扫除文盲、学习普通话；创制与改进少数民族文字；手语、盲文、电报、旗语、灯号等设计；产品型号等代码编制；排序和信息文献检索；外国人学习汉语等。

1977年9月，联合国第三届地名标准化会议在雅典举行，《汉语拼音方案》被认定为中国地名罗马字母拼写法的标准。1982年8月，国际标准化组织正式发出ISO 7098－1982《文献工作——中文罗马字母拼写法》，《汉语拼音方案》成为拼写汉语的国际标准。1988年国家教委和国家语委联合发布《汉语拼音正词法基本规则》，使汉语拼音在拼写汉语方面有明确规范，并于1996年以国家标准名义重新颁布。

随着信息时代的到来，汉语拼音在计算机和网络世界里更显神通。计算机输入法有百千种，但用汉语拼音编制的音码使用最为普遍。音码在通用键盘上几乎不用编码、不需花费多少学习时间、不易遗忘，对一般输录者优势显而易见。2001年国家语委发布《汉语拼音方案的通用键盘表示规范》，统一了音码的键位布局。此外，在数据库标注、计算机网络的信息交换、机器自动翻译等方面，也常用到汉语拼音。在手机的数字键盘上，拼音输入法更占优势。

历史不能改变但可假设。试想若无汉语拼音，若无拉丁化的汉语拼音方案，中文信息化真不知会遇多大困难，会处何样境地，中国或难有现在的语文生活。

三　与时俱进　日臻完善

《国家通用语言文字法》确立了《汉语拼音方案》的法律地位："国家通用语言文字以《汉语拼音方案》作为拼写和注音工具。""《汉语拼音方案》是中国人名、地名和中文文献罗马字母拼写法的统一规范，并用于汉字不便或不能使用的领域。"这一定位鉴史据实，科学可行，并为汉语拼音的应用提供了广阔空间。

《汉语拼音方案》发布实施历50载，语言生活发生了巨变，语言理念大幅嬗变，50年实践也积累了经验、发现了缺失。新形势下进一步完善汉语拼音方案及其应用规范，既有条件又意义重大。

总体而言，汉语拼音方案本身并无大憾，只是字母表中字母读音不宜推广，zh、ch、sh、ng的省写方式ẑ、ĉ、ŝ、ŋ很少应用，或为庸余。为汉字注音，汉语拼音方案已相当称职，但要拼写汉语还有完善空间。汉语拼音正词法许多细节需深入研究，如用字母表示声调的方法，同音词在拼式上的分化，文雅语句的拼写，成语、熟语的拼写，"抬起头来""东张张、西望望"等特殊语法结构的拼写，"被称为""满足于"等前附成分、后附成分的拼写，较为复杂的地名拼写，少数民族人名的拼写等等。

应用领域也有不少课题。例如：汉语拼音缩写的方式与读音，汉语拼音作为代号时的读音，个别字母（如ü）的大写问题，汉语拼音教学法的进一步改进，汉语拼音在通用键盘、手机键盘上的技术编码，相关领域贯彻《汉语拼音方案》作为中国人名、地名和中文文献罗马字母拼写法的统一规范问题等。

拼音方案的完善与科学应用，关键在实践。当前，注音实践不少但缺乏科学总结，且一些益民惠学的优秀传统丢掉了，如出版物上难字、易错读字、多音字跟注汉语拼音的传统就没有了。汉语拼音的电脑输入编码，"万码奔腾"，但缺乏合理高效的选优提升机制。汉语拼音在拼写汉语方面的实践园地渐趋荒芜，拼音报刊已是当下罕物，“注音识字、提前读写”的教学试验田已耕耘乏人。在城市建设步伐加快、中外交流日益频繁的新时代，中国人名、地名拼写越来越重要，但其间遇到的问题却难以及时而科学地解决。要汉语拼音在“汉字不便或不能使用的领域”很好发挥作用，看来尚有一段崎岖长路。

汉语拼音方案是400年、特别是近百余年、尤其是近60年来研究与实践的结晶，是中国人过好现代语言生活必需的文化利器，是虚拟世界中的高速公路，是具有世界声望、国际公用的拼写汉语的方案。纪念《汉语拼音方案》发布实施50周年之际，更感到方案制定者的远见卓识，更明白传播它、完善它的重大意义与历史使命，更清醒认识到千年汉字和汉语拼音双翼高翥，才能带动中国现代文明寰宇腾飞。“路漫漫其修远兮，吾将上下而求索。”

［原载《语言文字应用》2008年第3期（专刊）］

关于辞书现代化的思考

中国是最早编纂辞书的国家。曹先擢先生（1986）曾经指出，汉代之前虽然还未有辞书出现，但是辞书编纂的条件已在酝酿。春秋战国时期古籍中已有不少训诂资料，周秦时的《史籀篇》及秦代《仓颉篇》《爰历篇》《博学篇》等识字课本，已将汉字作了初步编排，实乃字典之滥觞。两汉之《尔雅》[1]《方言》《说文解字》，是中国辞书的奠基之作。由汉至清，古代辞书可谓成就辉煌，出现了《永乐大典》《古今图书集成》《康熙字典》这样的煌煌巨著（参见林玉山，1996）。

清末到民国，我国辞书进入现代阶段。1911年上海国学扶轮社出版的《文科大辞典》、作新社出版的《普通百科新大词典》（参见李迪、郭世荣，2002），是我国现代辞书的萌芽。1915年出版的《中华大字典》《辞源》，以及此后的《辞海》《国语辞典》，是早年现代辞书的重要著作。然而同西方相比，就现代辞书领域而言，20世纪上半叶我国实已沦落为“辞书小国”。

1949年至今50余年，我国的辞书事业获得了巨大发展。编纂了

【1】曹先擢（1986）：“《尔雅》相传为周公所作（还有别的说法），实为西汉初年学者缀集旧文而成，是我国第一部词典。”

《新华字典》《现代汉语词典》《汉语大字典》《汉语大词典》《中国大百科全书》《现代汉语方言大词典》《普通话基础方言基本词汇集》《故训汇纂》等精品辞书，香港、台湾等地也出版了不少很有价值、很有分量的工具书。经半个多世纪努力，无论从辞书出版的种类、发行数量，还是从家庭辞书拥有量[1]等方面看，我国确实可称得上“辞书大国”了。

但是，中国显然还不是“辞书强国”，精品辞书的比例还不高，在国际上有影响的辞书还不多，特别是辞书编纂手段、观念等方面，与先进国家还有距离。促进中国辞书现代化，是缩短、弥合同先进国家的辞书差距，使我国由辞书大国成长为辞书强国的重要战略举措。

一　努力促进辞书编纂手段现代化

信息时代的重要特征是：数字技术成为处理信息的主要手段，数据库成为信息的重要载体。辞书编纂手段现代化，其现实含义就是在辞书整个编纂过程中充分使用数字技术和各种数据库，具体说，就是开发功能强大的语料库、知识库和适用于辞书编纂的软件系统。

（一）语料库

李宇明（2004）曾将现代意义上的语料库定义为：“机器可以处理的有一定规模、结构和知识标记的自然话语材料的集合。”世界第一个现代意义上的语料库，是1964年布朗大学建成的布朗语料

【1】李志江、吕京、王伟等1987年8月至1998年6月，通过问卷调查发现，没有字典、词典的家庭很少，“语文辞书几乎是每个具备一定文化水平的读者必备的工具书”。大多数家庭拥有多部字典、词典，其中拥有4部以上字典的家庭为32.80%，拥有4部以上词典的家庭为26.64%。详情见词典调查课题组（1999）。

库。此后接连诞生了一批语料库，例如：

LOB语料库（LOB Corpus），1970年开始建设，1978年完成；

美国传统中级英语语料库（The American Heritage Intermediate Corpus），建于1971年；

伦敦－隆德语料库（London-Lund Corpus），1973年建成；

戈尔哈布印度英语语料库（Kolhapur Corpus of Indian English），建于1978年；

康奈尔语料库（The Cornell Corpus），1980年建成；

加拿大书面英语语料库（Corpus of English-Canadian Writing），1984年建成；

新西兰书面英语威灵顿语料库（Wellington Corpus of Written New Zealand English），1986年建成；

澳大利亚英语语料库（Australian Corpus of English），建于1986年。

这些语料库的规模都是十万级或百万级[1]，一般称为第一代语料库。随着计算机处理能力的快速发展，20世纪80年代开始建构规模在千万级以上的第二代语料库，进入90年代以后出现了亿级语料库。而今语料库仍处于快速发展期，数量飞速增加，规模急速加大，加工更为精细，用途不断扩展。[2]

语料库的用途是多方面的，但是辞书编纂是其重要用途之一。借助语料库编纂辞书已有诸多成功范例。1980年，英国柯林斯公司的COBUILD语料库开始运转，以此为基础，1987年出版了《柯林斯COBUILD英语词典》（*Collins COBUILD English*

【1】语料库的规模依照语料库所包含的词量计算，词量在10万以上、100万以下，为“十万级”语料库；词量在100万以上、1 000万以下，为“百万级”语料库，余类推。

【2】关于语料库的发展状况，详见章宜华（2004：61－79）。

Language Dictionary）。1991年该语料库改称“英语库”（Bank of English），并不断扩充，2002年1月已成为具有4.5亿词的巨型语料库。COBUILD语料库在词典编纂方面的革命性成就，引发牛津大学、朗文、剑桥大学、麦克米伦等出版社群起效仿，造成势不可遏的滔滔洪流（曾泰元，2005：83；章宜华，2004：65－66）。

利用语料库编纂辞书，是词典编纂方法的根本性变革。程荣（1997）、解建和（1997）、王小海（2001）、钱厚生（2002）、章宜华（2004）等，都曾讨论过语料库对辞书编纂的作用。梳理这些宏论，结合已有实践，语料库在辞书编纂中的主要作用可总结为四方面：

1．帮助发现新词语、词语的新意义和新用法。社会阅历的有限性，必然造成个人语言经验的有限性；且语感的悟觉，常需语言材料、语言环境或语言知识的触发。语料库是社会语言应用的缩影，能够在相当程度上延伸个人的语言经验，触发语感的悟觉。通过语料库得到的词语表，有助于发现新词语，可使辞书收词更为完善与及时。通过语料库较易发现词语的新组合，这种新组合往往包含着词语的新意义或新用法，新意义、新用法的发现可以使词语解释更完满。

2．统计词语、词语的各义项和各用法（语法的和语用的）的使用频度和流通频度。频率统计为语料库所擅长。利用语料库统计词频，可以帮助确定辞书的收词量，如中小型辞书，可以只收词频较高的词语。对词语各义项、各用法的频度统计，可以帮助确定词语的哪些义项需要解释，以及义项的排列顺序，可以帮助确定词语的哪些用法需要说明，以及用法的说明顺序等等。

3．帮助选择或剪裁例句。选裁例句是辞书编纂的重要工作，也是辞书质量的一种体现。语料库是大量真实的语言用例集合，在语料库中选择合适用例，或是在语料库一定例句的基础上进行剪裁加工，不仅方便，而且比编造例句更有真实感。

4．利用语料库进行知识挖掘。语言是人类知识的结晶，同时也是人类知识的载体。因此语言学不仅是在研究语言，而且也是在研究知识的表达方式，故而成为当今信息处理、知识发掘工程中的重要方面军。语言与知识的关系决定了语料库不仅是语言的集合，同时也是知识的集合；语料库不仅可用来研究语言，而且也可用来挖掘知识。知识挖掘的领域非常广泛，辞书编纂者最感兴趣的知识挖掘，也许是发现词语的内涵，发现词语之间的相似与不同。这种知识挖掘，可以帮助定义词语，帮助确定同义词、近义词、反义词、上下位词等词语之间的关联，帮助梳理“词际关系”。

语料库对于词目选定、词语关联、词语释义、例句选裁等都具有重要作用，因此拥有高品质的语料库，就等于拥有了高品质辞书的基础。[1]曾泰元（2005）在讨论汉英词典语料库时指出，建设语料库是件非做不可的事，“因为语料库的时代早已来临，若不急起直追，恐怕就会被淘汰”。为辞书编纂建设适用的高品质语料库，是辞书界最应关注的问题。

关于语料库建设的论述已经很多，不必赘述，但仍愿强调四点：

1．科学选取语料入库，并及时更新。网络上有大量语料，可以用来做些检索，也可以很方便地下载（参见张铁文，2004），但是当前网络语言的质量还不尽如人意，特别是精品辞书的编纂，还需要认真选取语料建库，或是购买权威的语料库。

2．语料库的规模要达到足够的量级，“没有数量就没有

【1】王馥芳、马兰梅（2003）指出，语料库与语言生活中词语使用的实际有差距，语料库的这种“不完全代表性”，会影响到以语料库为基础的词典的科学性。王、马的提醒值得注意，的确应认识到语料库尽管功能强大，但在当前只是辞书编纂的辅助手段。不过另一方面，丝毫不能因语料库尚不完善便低估甚至否定语料库的重要作用，应该做的是加快语料库建设，促其尽快完善，逐渐接近语言生活。

质量”。

3．根据辞书需求对语料库进行加工。加工的基本手段是对入库语料进行各种标记，如原始数据（语料的知识版权信息、载体发行信息、采样方式信息等元数据）标记、语言知识标记、其他知识标记等等。语料库功能的大小，主要取决于语料库加工的深度，亦即标记的类别和标记的深度。[1]

4．努力从观念上和技术上促进语料库资源的共建与共享。

（二）知识库

辞书是人类的知识库，辞书编纂其实就是对人类长期积淀的文化的梳理，因此现代辞书编纂者，都须借助各种工具书才能完成工作。借助历史上的工具书以实现传统知识的承继，借助现时的工具书以实现现代知识的整合。现代知识呈“爆炸”态势，更新快增长快，传统的阅读方式显然难以应付存储着海量知识的工具书。为此，必须为辞书编纂者建立适用的知识库。

知识库建设是长期的积累过程。首先应当根据科学的知识分类系统，建立知识库的主题框架与细目；然后广泛搜罗相关知识，依照知识库的框架与细目进行整理分类，标记入库。辞书编纂者利用知识库，可以非常便捷地查阅到所需知识，以为辞书编纂之参考。一个良性的知识库，还应便于更新，建库者或使用者可将新知及时载入库中，使知识库随时代的进展而不断充实发展。

我国的知识检索主要还是靠索引，知识积聚的主要方式还是资料汇编，因此可以不无遗憾地说，知识库的建设几乎还没有开始，辞书学界应当率先起步。

【1】关于语料库的标记问题，可参见李宇明（2004）。

（三）适用于辞书编纂的软件系统

除语料库、知识库之外，辞书编纂者还需要一套适用于辞书编纂的软件。程荣（1997）曾专论此事。林申清（1997b）认为电子辞书编纂专用软件应具有十种功能。[1]麻静（1998）介绍过1995年开发的计算机辞典编辑系统在《中国图书大辞典》编辑工作中的应用。总体来看，适用于辞书编纂的软件，其基本功能主要包括：

1．帮助辞书编纂者使用语料库和知识库。语料库、知识库都是庞大的数据库，需要凭借多种软件才能对其利用与开发，建库者都会为这些数据库的使用设计一些软件。这些软件一定要切合辞书编纂的实际需要。比如，辞书编纂者要了解以往辞书对某词条的解释，即可在知识库中便捷查到，甚至还可以将不同辞书对某词条的解释做比较。辞书编纂者未必都是计算机专家，软件设计应充分考虑这些非计算机专家的特点，哪怕是一些很小的细节。比如辞书编纂者常需从数据库中下载一些内容，并将其复制到指定文档中，软件应能满足这类需求。

2．便于输出和修改辞书所使用的各种符号和一些特殊用字。辞书常用一些符号来标记特殊的内容，以使辞书释义简练，内容醒目，查阅方便。例如《现代汉语词典》（第5版）开始标注词类，“词的12大类用简称外加方框表示”，“释义后举例用仿宋体字，例中遇本条目，用‘～’代替。不止一例的，例与例之间用‘|’隔开。例中用的是比喻义时，前面加‘◇’。”[2]《现代汉语词

【1】这十种功能是：①录入与修改数据的功能；②数据输出功能；③排序功能；④自动生成轮排索引款目功能；⑤检索功能；⑥款目（词目）的自动分类、合并、校对功能；⑦统计功能；⑧自动生成参照及助检标识功能；⑨声音、图像处理功能；⑩关键词和主题词的识别与自动转换功能。

【2】见《现代汉语词典》第5版《凡例》。

典》还用到注音符号、国际音标和一些繁体字、日文汉字等。这些符号和特殊的用字，在一般情况下输入、修改起来较为不便，为辞书编纂者设计的软件应能提供这些方便。

3．具有元语言（Metalanguage）的限定功能。辞书释义所使用的语言称为“释义元语言”，简称“元语言”[1]。元语言是一种“受限语言”，在用字、用词、释义方式乃至句法格式等方面都有范围限制，虽然不同辞书的元语言受限程度会有不同。姜岚、张志毅（2004）指出：

《朗文当代英汉双解词典》（1988年）收词5.5万条，释义用词2 182个；

《朗曼当代英语词典》收词5.6万条，释义用词近2 000个；

威斯特和因迪克特的《教学词典》（第4版）收词2.4万条，释义用词1 490个。

正是元语言的这种性质，才使得辞书阅读者可以运用一个有限的语言集合来驾驭广博的辞书内容。国内关于辞书元语言的研究还不多，辞书编纂者基本上都是根据经验处理元语言，导致“多数辞书的元语言还处于自然状态”（姜岚、张志毅，2004）。利用软件帮助辞书编纂者把握元语言，对于辞书质量的提高显然有意义。

4．具有编校管理功能。辞书编纂是集体工程，不同编者之间体例统一的保持，统稿、定稿与编辑过程中对内容所做的各种修改，多次校对及校对结果的处理等等，都是相当烦琐、工作量大且常常出错的工作。这套软件应提供较好的编校管理功能。

【1】对“元语言”有多种解释，详见姜岚、张志毅（2004），苏新春（2004）。

二　全力发展电子辞书

20世纪80年代就有人预言，人类正迅速地、不可避免地走向无纸的社会[1]，电子辞书便是无纸社会的一种表现。电子辞书是利用计算机及其相关技术把信息呈现于屏幕的辞书[2]，其设想产生于上世纪40年代末美国学者对机器翻译的研究，但是直到80年代才有较大进展，并形成了电子词典学（Electronic Lexicography或Computational Lexicography）这样一门新兴学科（章宜华、黄建华，1996）。上世纪80年代，美国Grolier公司研制的光盘辞书Academic American Encyclopedia问世[3]，此前辞书基本上都是纸质的，而此之后辞书的媒介质出现了纸质与电子两大分野。20多年来，电子辞书已发展成为庞大的家族，有光盘辞书、袖珍电子辞书（即微型芯片电子辞书，俗称“掌上电子词典”）和网络辞书（Online Dictionary）等不同类别。电子辞书的问世与发展，特别是网络辞书的出现，预示着辞书发展进入一个新时代。

（一）电子辞书的优点

同纸质辞书比较，电子辞书具有很多优点：

1．检索功能强大。辞书的主要功用是“检索查考”，电子辞书具有强大的检索功能。可以检索词目，也可以检索释文中的词语，查全率高。运用多种检索技术可以大大提高查准率。电子检索速度也比翻阅书页便捷。王世伟（1996）指出，纸版《辞海》被认为是易于检索的工具书，它所提供的检索点有部首、笔画、汉语拼

【1】兰开斯特《情报检索系统》，书目文献出版社，1984年。转引自王世伟（1996）。
【2】严格说来，电子辞书有供人阅读的和供机器阅读的两种。本文讨论的是前者。
【3】见马功兰（2001）。该文还简单介绍了国际国内电子辞书的发展状况。

音、四角号码和词目外文等五个，而1996年正在编纂的CD-ROM版的《上海大典》，却可以向读者提供12种查询方式：模糊查询、条件查询、逻辑查询、逐级查询、分类查询、区域查询、联想查询、定位查询、索引查询、全文查询、距离查询和代码查询。张国强（1999）详细比较了《辞海》索引的传统制作方式和利用计算机技术的“高效、低耗”情况。事实上，随着检索技术的发展，电子辞书能够从读者可以想象到的任何角度进行查检。[1]

2．占用物质资源少。电子辞书占用物理空间很小，例如印刷版综合性百科辞书一般都多达二三十卷，但光盘版只用一两张盘片，只是安装使用时占据一定的计算机硬盘空间。网络版百科辞书更加节省空间（金丽萍，2001）。电子辞书可以节省印刷、发行等庞大费用，网络辞书还节省仓储、运输、销售等环节的费用，大大降低辞书成本和读者的经济负担。比尔·盖茨在《未来之书》中说：“如果你买了一本纸张式书籍，你的一大部分钱都付给了这本书的印刷和发行者，而不是付给作者。”[2]张国强（2001）指出，在网上“可以用相当于纸质工具书价格20%左右的钱购买（下载）到一本内容同样甚至更多、更好的电子版工具书”。

3．携带方便。光盘辞书和袖珍电子辞书，比纸质辞书体积小重量轻。电子辞书还可以用软件或硬件的方式嵌加到其他电器中。网络辞书根本就不需要携带，只要上网进入一定的网页或网站，便可查询。[3]辞书同其他书籍不同，不是供人系统阅读的，人们也

【1】关于电子辞书的检索问题，还可参见林申清（1997b）。
【2】转引自张国强（2001）。
【3】俞剑（1996）指出，1996年他见到的挂在网上的词典，“已有不下百种。各种类型的词典，几乎应有尽有：有各类专科的，有各种语言的，有各种双语的，还有新词、俚语、俗语、缩略语、隐语词典等等，不一而足”。张锦文（2001）引用“在线词典索引大全”（yourDictionary.com）的数据，2000年9月该网建立索引的在线词典超过1 500部，涉及230多种语言。

并非一定需要纸质辞书，在网络逐渐普及的时代，网络辞书完全具有代替纸质辞书的可能性。

4．便于修订更新。纸质辞书修订更新需要重新排版印刷，浪费大量纸张，而且从排版、印刷到发行至读者手中，时间长，成本高，满足读者需求不及时。即使非常重视更新工作的纸质辞书，更新周期至少也要以年计。据此，一些学者甚至强调辞书编纂出版应具有“稳定性”（俞剑，1996）。电子辞书重新排版方便，一般都可以通过升级及时获得新版本。网络辞书甚至不需重新排版，内容修订之后就等于完成了辞书的更新，不少电子辞书已经能做到每月更新（金丽萍，2001）。辞书及时修订更新，也是辞书质量的一种体现。

5．能够采用超文本的多媒体方式。通过声音、图像等与文字的配合，辞书的内容更加充实、生动、形象，多媒体甚至可以表现单纯用文字无法表现的内容。例如美国微软公司在《芬克与瓦格纳新百科全书》（*Funk and Wagnalls New Encyclopedia*）的基础上开发的《Encarta多媒体百科全书》（1998年版），收有11万百科条目，其中1 223个条目有声有像，此外还有：11 605幅图片，590多幅地图，232张统计图表，341张资料性图表，725个主题的动态影像，78项动画，22项交互（互动）演示，以及若干大事年表和“智力迷宫”等（金常政，1998）。这些丰富多彩的“媒体廊”，使辞书由平面趋向立体，并成为CD-ROMs的行业标准（金丽萍，2000）。

特别应当重视的是语音技术的采用。语音技术可能极大扩展辞书的功能，马上可以想象到的就有：一、把诉诸视觉的“看”的辞书，扩展为可以诉诸听觉的“听”的辞书；二、加入语音自动翻译技术，A种语言的辞书可以自动变为B种语言的辞书，一种语言的辞书可以自动变成N种语言的辞书；三、可以作为学习语音的工具；四、可以用语音进行检索，在当前常用的拼音、字形等检索方式中增加一种崭新的检索手段。

（二）电子辞书可能带来的辞书革命

电子辞书在辞书发展史上更为重要的意义，也最令人心动的，是可能带来辞书编纂及其功能上的重大改变。上述电子辞书的优点，其实有些已带来辞书编纂与功能的变化，这里重点指出两个方面：

1. 开放编纂。网络辞书的编纂可能采用开放形式，读者（网民）也可以提供条目、编写体例或编写内容，或对辞书提出修改建议，从而形成网络环境下编读之间新型互动关系，甚至形成辞书编者和读者的身份转换。这种编读之间的互动，显然不同于“读者来信”“征求意见”之类的传统“互动”。

更不容忽视的是，一些网络辞书，特别是由读者参与编写的网络辞书，常常形成网络的公共产品，可供网民免费查询，从而发展出辞书的崭新的供求关系。事实上，网络上现今已有不少供免费查询的辞书网站或网页。

2. 综合化。不同人群对辞书会有不同需求，纸质辞书常采取“专门化”措施来解决这些不同需求，即为不同专业领域、不同文化水平的人群编写不同类型的辞书。辞书“专门化”代替辞书“通用化”成为现代纸质辞书的重要发展趋势。

电子辞书容量极大，且可以通过检索条件的设定来满足不同需求。这样来看，电子辞书的发展方向应是“综合化”，把各种辞书集成整合，并利用检索软件实现使用上的“分层化”。例如微软公司的Bookshelf（2000年版）便体现了辞书集成的现在水平，它有机整合了《美国传统词典（第三版）》《微软出版社计算机与互联网词典》《原创罗杰英语词汇和短语分类词典》《Encarta案头百科全书》《哥伦比亚引语词典》《Encarta世界地图集》《Encarta 2000新世界年鉴》《Encarta 2000世界时间长廊》《Encarta文体及其应用手册》等工具书，此外还有“网络链接”，已经是座微型图书馆了。[1]

辞书综合、集成到一定程度，便会形成容量很大的包罗万象的知识库。这种知识库不仅具有强大的备查备考功能，而且还可能通过它来学习人类已经创造的知识，甚至通过它去发掘人类未知的知识。学习知识和创造知识，可能成为辞书的新功能。

三　结束语

我国在20世纪70年代就有人尝试编写电子词典（章宜华、黄建华，1996）。1979年开始介绍西方词典编纂的自动化，跟踪介绍至今不断，并开展了许多辞书现代化工作。例如：1989年快译通EC1000问世之后，我国的袖珍电子辞书发展很快，市场上有好易通、文曲星、商务通等20多个品牌。[2]《中国大百科全书》1992年开始开发中国百科术语数据库，1997年9月通过验收（王渝丽，1998）。商务印书馆同南京大学合作共建的英汉语言资料库系统（CONULEXID）1997年11月通过验收（孙辉、叶敢，1999）。1997年《汉语大词典》《金山词霸》两部光盘词典问世，1999年《多媒体汉字字典》出版，2000年三联书店出版了《着迷词王2001》。[3]2001年4月，中国辞书学会辞书编纂现代化技术专业委员会成立（双人，2001）。2004年3月7日，台湾地区的第一个词典

【1】见罗怡（2000）。金丽萍（2000）把这种情况概括为“集成型”（Multi-genre）和“全能化”（Omipadia）的趋势，并介绍了更多的工具书集成情况。
【2】袖珍电子词典的情况，详见章宜华（2004：356－401）。
【3】光盘电子词典的情况，详见章宜华（2004：294－317）。

学组织“词典及语料库研究中心”成立（泰元，2004）。2004年中国语言文字网在一些辞书编纂者和出版者的支持下，推出了多部网上免费查询辞书。

但是总体而言，我国辞书现代化的步伐还相当迟缓，缺乏宏观的战略谋划，许多出版家的目光还多是紧盯着纸质辞书。电子领域的知识产权保护不力，一些颇负盛名的权威辞书，因惧怕盗版而迟迟不敢发行电子版。电子辞书的优势理论上已有很多认识，但是汉语电子辞书，特别是网络辞书的发展仍然困难重重（刘奇惕，2005）。辞书编纂所需要的语料库、知识库以及编校软件的开发，还都不成规模。资源共享难，重复建设浪费大。辞书综合、集成的意识不浓，辞书编纂、发行等方面的观念基本上还是传统如故，现代辞书理念还驻留在论文里和杂志上。

辞书强国，不仅应有享誉世界的精品辞书，更应有影响世界的辞书研究成就，应有领跑世界的辞书编纂实践。树立辞书编纂的现代理念，开发辞书编纂的现代化手段，迅速占领虚拟空间，坚定走综合集成之路，方能圆辞书强国之梦。

主要参考文献

白崇远、常爱东 2001 《中美电子百科全书对比分析》，《辞书研究》第6期。

曹先擢 1986《中文辞书发展述略（一）》，《中国语文天地》第1期。

程　荣 1997《词典工作的科学化期待理想的计算机软件》，《辞书研究》第5期。

调查课题组 1999 《语文辞书使用情况调查报告》，《辞书研究》第5期。

黄昌宁、李涓子 2002 《语料库语言学》，商务印书馆。

姜　岚、张志毅 2004《语文辞书元语言的规则》，《辞书研究》第5期。
金常政 1998《多媒体百科全书纵横谈》，《辞书研究》第6期。
金丽萍 2000《谈英文电子版百科全书的发展及存在问题》，《辞书研究》第5期。
——— 2001《试析电子版百科全书能否取代印刷版百科全书》，《辞书研究》第3期。
——— 2002《英文网络版百科全书述略》，《辞书研究》第2期。
李　迪、郭世荣 2002《中国现代第一部百科全书——〈普通百科新大词典〉》，《辞书研究》第3期。
李宇明 2004《语料库中语言知识的标记问题》，苗传江、杜燕玲主编《第二届HNC与语言学研讨会论文集》，海洋出版社。
林申清 1997a《日本电子辞书述略》，《辞书研究》第3期。
——— 1997b《电子辞书的功能开发与利用》，《辞书研究》第5期。
林玉山 1996《明清时期——中国辞书编纂进一步发展期》，《辞书研究》第2期。
刘奇惕 2005《汉语网络工具书的现状与前景》，《辞书研究》第4期。
罗　怡 2000《21世纪的微型图书馆——微软Bookshelf 2000年版评介》，《辞书研究》第6期。
麻　静 1998《“计算机辞典编辑系统”在〈中国图书大辞典〉编辑工作中的应用》，《辞书研究》第4期。
马功兰 2001《电子辞书散论》，《辞书研究》第4期。
麦志强 1994《多媒体技术与辞书编纂》，《双语词典学研究》，高等教育出版社。
钱厚生 2002《语料库建设与词典编纂》，《辞书研究》第1期。
双　人 2001《辞书现代化的新进展——中国辞书学会辞书编纂现代

化技术专业委员会成立大会暨第二届全国中青年辞书工作者学术研讨会综述》，《辞书研究》第4期。

苏新春 2004《汉语释义元语言的功能特征与风格特征》，《辞书研究》第5期。

孙 辉、叶 敢 1999《关于建立网络化英汉语料库系统的设想》，《辞书研究》第2期。

泰 元 2004《台湾地区成立"词典及语料库研究中心"》，《辞书研究》第3期。

王馥芳、罗敏莉 2004《语料库词典学的兴起与发展》，《辞书研究》第5期。

王馥芳、马兰梅 2003《语料库词典的局限性》，《辞书研究》第3期。

王 惠、李康年 2004《大型词典编纂的计算机辅助开发与管理系统》，《辞书研究》第2期。

王世伟 1996《论现代信息技术对工具书的影响》，《辞书研究》第3期。

王小海 2001《语料库对词典编纂的影响》，《辞书研究》第4期。

王永桦、尹祝玲 1998《电子版英文百科全书的检索系统》，《辞书研究》第2期。

王渝丽 1998《中国百科术语数据库的建立》，《辞书研究》第5期。

解建和 1997《语料库与双语词典》，《辞书研究》第5期。

俞 剑 1996《新词典 新观念——关于网络词典的思考》，《辞书研究》第6期。

俞士汶、黄居仁主编 2005《计算语言学前瞻》，商务印书馆。

源可乐 2004《词典的突破——谈谈光盘词典的特殊检索功能》，《辞书研究》第1期。

曾泰元 2005 《语料库与汉英词典编纂》，《辞书研究》第1期。
张国强 1999 《利用数字化资源制作〈辞海〉索引》，《辞书研究》第6期。
—— 2001 《关于工具书数字化发展趋势的几点思考》，《辞书研究》第3期。
—— 2004 《辞书编纂现代化正在向纵深发展——第二届辞书编纂现代化学术研讨会综述》，《辞书研究》第6期。
张锦文 2001 《英语在线词典特点浅探》，《辞书研究》第5期。
张铁文 2004 《词典编纂的利器——互联网》，《辞书研究》第1期。
章宜华 2004 《计算词典学与新型词典》，上海辞书出版社。
章宜华、黄建华 1996 《电子词典的现状与发展趋势》，《辞书研究》第6期。

［原载《语文研究》2006年第3期（百期纪念专刊）］

发布年度新词语的思考*

教育部、国家语委8月16日举行新闻发布会，向社会公布2006年中国语言生活状况，其中公布了171条2006年度新词语，引起媒体、读者（听众、网民）和专家的广泛关注，至18日晚，新浪网网民的相关留言就达1 700多条。尽管社会反馈意见异彩纷呈，但我们从中读出的是大家对祖国语言的挚爱，对教育部、国家语委公众形象的期待，以及对政府工作的高标准严要求。借《光明日报》珍贵版面，从新闻发布人的角度谈点情况与观点，以就教于诸位。

一 171条新词语不是“妙手偶得”

新词语包括词、固定短语（短语又称“词组”），也包括产生了新意义、新用法的词语。新词语一直受到学界和社会人士的关注，但在我国系统研究却只有20来年的历史。1984年，著名语言学家吕叔湘先生在《辞书研究》撰文呼吁“大家都来关心新词新义”。1987年，闵家骥等先生的《汉语新词词典》出版。稍前，新

---

* 收入本集时恢复了报纸发表时删除的部分内容。

成立的语言文字应用研究所也立项研究年度新词语，于根元先生带领他的科研团队奋斗数年，先在《语文建设》上辟专栏发表，之后连续出版年度新词语词典四部（1991年到1994年），每部都是在数千条中精选出300条左右，后因故停止，实为一大憾事。据不完全统计，我国出版的汉语新词语词典至今已不下40部。

为使新词语的年度研究延续下来，2006年3月国家语委设立“新词新语编年本”专项，由南开大学词汇学家及词汇学专业研究生承担。项目开题论证会，国家语委邀请多名新词语研究专家出席。年余来，课题组持续观察《人民日报》《光明日报》等30余家报纸，从中发现“候选新词语”，再利用百度、谷歌等搜索引擎，考察其使用频率及出现年代。昼以继夜工作，反复审慎遴选，获词语数千条，再请专家审定出300余条。之后，利用国家语言资源监测与研究中心的动态语料库进行验证，验证语料来自平面媒体、有声媒体、网络媒体三类，验证语料规模2005年约7亿汉字，2006年约9亿汉字。最后又请6位词汇学和词典编纂专家审定，得171条。这171条新词语，凝聚着几十位专家学者的学术智慧，利用了语料库技术、网络技术等现代研究手段，绝非“妙手偶得”，实为审慎之作。

二　记录新词语就是记录我们的时代

词语是社会的记录。每个新词语都有一个词语故事和社会故事。比如“磁浮”，早期多称“磁悬浮”，到2003年底上海磁悬浮列车试运行，“磁浮”使用频率大增，一跃超过“磁悬浮”，甚而代替“磁悬浮”。在上海磁浮列车站，细心人会发现，车站早期建筑标示有“磁悬浮”字样，新建筑则用“磁浮”。由“磁悬浮”到“磁浮”，显然是一个词语产生并进而简缩的故事；词语使用频率提高，就会发生简缩，语言使用也遵从“经济原则”。

这表面上是一个词语故事，其实它还是一个社会故事，记载着一种新事物在中国诞生及发展的历程。“磁悬浮”这一新词语（起码是由科技术语变为大众知晓的社会词语）是磁悬浮列车工程在上海兴建的产物，“磁悬浮”缩为“磁浮”，是磁浮列车开始运行、成上海一景、观光客络绎不绝的结果，是这一新生事物发生较大社会影响的结果。这个词汇故事和社会故事也许还没有讲完，如果“磁浮列车”在全国发展起来，成为重要的交通工具，“磁浮列车”一定还会简缩为“磁车”什么的，以与现在的“火车”相别。

记录新词语，其实就像是气象观测、水文监测一样，是对语言生活实态的观察和记录，客观观察、真实记录是衡量其价值的真正尺度。不管你对这些新词语是褒是贬，懂与不懂，这就是我们的语言生活，这就是我们的社会生活。

三　新词语的若干新特点

气象观测、水文监测是做好天气预报、水文预报的基础。对新词语的发现、记录和研究，有利于发现新词语产生、发展的规律，并据此制定科学的语言政策，有效地指导语言生活。对近几年语言生活的监测分析，发现新词语的产生、传播、使用出现了许多新特点，例如：

1. 新词语中短语多而词少。汉语中词与短语界限难判，“牛肉”是词，“注水牛肉”是短语不是词，“水牛肉”是词还是短语，可就仁者见仁、智者见智了。新词语往往从短语开始，有些再简缩成词，简缩成为重要的造词手段。何以致此？这是否意味着汉语直接造词的能力降低了？也正是由于词与短语界限难判、词与短语相互勾连，人们才把新产生的词汇单位智慧地叫做“新词语”，而一般不叫“新词”。

2. 在传媒、交通不发达的时代，新词语传播似“蛙跳”，从产生之地传播到全国，要“跳”好多好多次，用很长很长时间，有时“跳”不多远就终止了。而今新词语的产生与传播几乎是“即时”的，春节晚会一个小品节目一“忽悠”，第二天全国都“忽悠”；一个电视节目用“PK”，不久到处都“PK”。但是，同一地区的人，因接触媒体不同，交际圈子不同，对新词语的了解差别很大，甚至是专家学者、资深媒体人也失去了“词语特权”，觉得一些新词语很“陌生”。

3. 新词语千姿百态：有的中规中矩，但也有带字母的，带阿拉伯数字的，旧词新用的，嬉戏而生的……这是社会多元化的表现，语言价值观多元化的体现。能够造词的人多了，造出来的词能够表达出来的机会多了。新东西看起来本就难以“眼顺”，而样式多元化的新词语就更难个个顺眼。

四　发布新词语是与社会共享信息

在信息变得越来越重要的时代，在信息公平成为社会公平的一个要素的时代，人们对信息的需求也越来越大，及时共享信息的要求也越来越强烈。在现代社会中，政府无疑是信息的最大拥有者。因此，除一些机密信息外，政府及时地如实地向社会发布它所掌握的各种信息，已经是现代政府的职责。信息知情权逐渐成为新时代社会成员的基本权利。

监测社会语言生活状况，是国家语言文字工作部门的职责；向社会发布包括新词语在内的语言生活状况，是政府与社会共享信息、满足人民语言知情权的一种尝试，也是政府引导社会语言生活、使语言生活走向和谐的一种尝试。既是尝试，就不可能十全十美，就需要不断地实践与总结。就新词语及其发布来说，我们现在思考的问题就有：怎样才能科学发现新词语？特别是怎样发现词语的新意义、新用法？现在发布的新词语真的是在这年度产生的吗？真的都具有词语的资格吗？以什么名义、什么方式发布新词语最合适？

发布实态的语言生活信息，对我们的工作水平是一个检验，对政府职能转变是一个考验。“天行健，君子以自强不息”，我们将在实践和思考中努力做好语言生活状况的监测与发布工作。“地势坤，君子以厚德载物”，我们更希望媒体、学界和社会人士帮助我们把工作做好！

[原载《光明日报》2007年8月24日第10版]

加强现代汉字学的学科建设*

今天我谈两个问题：一、重视研究现代汉字；二、怎样研究现代汉字学。

一　重视研究现代汉字

历史上常有厚今薄古、厚古薄今之论，语言学领域有时厚今薄古，有时厚古薄今。文字学研究常常是厚古薄今。中国有13亿人口，为什么没有现代汉字研究室？

（一）现代汉字在语言生活中的重要地位

内地在使用现代汉字。港澳台在使用汉字，而且其汉字生活正发生巨大变化，简体字在港澳台的影响越来越大。台湾校园进行大学生简体字比赛。香港学生考试写简体字不扣分。海外华人有5 000来万，且增长速度很快。海外华人对汉语汉字有特殊感

---

* 本文是根据在现代汉字学学科建设高级专家研讨会（2006年10月25日，渤海大学）上的讲话整理而成。何瑞根据录音转写、整理成初稿，费锦昌先生提出了很好的修改建议，特此感谢。收入本集时略有删节。

情，有特殊需要，他们也在不同程度地使用汉字。日本、韩国和一些华人聚集的国家，汉字也在他们的语言生活中发挥着大作用。联合国等很多国际组织，也都使用汉字。

现在汉语正在快步走向世界，全世界学习汉语的人越来越多，孔子学院在世界各地不断建立。几千万的外国人要学汉字，这些人很多是拼音文字国家的。汉字教学问题不能很好解决，将影响汉语走向世界。

这是现实语言生活的情况，虚拟空间的语言生活也需关注。20世纪90年代互联网开始商业化，世界各国争相构筑信息高速公路，人类建立起了一个新的生活空间。虚拟空间发展越来越快，对现实生活影响越来越大。当年有些外国人预言汉字的末日已经到来，因为汉字进不了计算机。是的，计算机先天不是为汉字设计的，汉字如果进不了计算机，真的是会寿终正寝。但是，中国科学家充满智慧，在十分艰苦的条件下实现了计算机的汉字输入与显示，并积极参与ISO/IEC等国际标准化组织的工作，逐步解决汉字在国际网络传输中的问题。当然，汉字的“人机交换”“机机交换”还有许多问题，解决好虚拟空间的汉语汉字问题，是关乎国家前途的富有挑战性的课题。

就现代语言生活来看，没有理由不花大力气来研究现代汉字。古代汉字的研究非常重要，但它主要是文化层面的事情。现代汉字不仅是文化层面的事情，而且更是应用层面的事情，关系到国家发展、人民生息，关系到人类之间的汉文沟通，也关系到中国能否在信息领域掌握话语权等重大问题。

（二）现代语言生活中的汉字问题

汉字在我国现代语言生活中，具有非常重要的意义，但是我们对现代汉字及其应用的认识还较肤浅，有许多问题都需要研究解决。例如：

1. 现代汉字的基本情况尚不明晰。最近，国家语言资源监测与研究中心，对2005年报纸、广播电视和计算机网络等三种媒体的用字情况进行了调查统计，调查语料有89万多个文本、7亿多字量，统计结果发表在《中国语言生活状况报告（2005）》下编中。调查结果是：581个高频字覆盖了80%的语料，934个高频字覆盖了90%的语料。1988年国家语委会同有关部门发布的《现代汉语常用字表》，收字3 500个，其中有398字在本统计的前3 500高频字中未出现；一级常用字（2 500字）中的357字，在本统计的前2 500高频字中未出现。1988年国家语委会同有关部门发布的《现代汉语通用字表》，收字7 000个，其中有506字在本统计的前7 000字中未出现。

《现代汉语常用字表》《现代汉语通用字表》较为明晰地描述了现代汉字的使用状况，但是国家语言资源监测与研究中心发布的统计结果，使得现代汉字的情况又不明晰了。这里有几个问题值得思考：第一，尽管这次统计结果是在海量数据中得到的，但它是否正确反映了当今用字的实际呢？第二，它与《现代汉语常用字表》《现代汉语通用字表》的差异说明了什么？是语言生活变化了，还是这两个字表当年所依赖的统计数据本身就有缺陷？抑或是这两个字表代表了一种用字实际，本次统计代表了另一种用字实际？

2. 现代汉字在各领域中的使用情况不大清楚。笼统谈语言应用是谈不清楚、谈不确切的，语言使用是分领域的，不同领域有不同的情况，应分领域考察语言的使用情况。研究现代汉字的使用，显然也应有领域意识。比如，姓名、地名是两个很重要的语言使用领域，但是对姓名、地名的用字并不很了解。中国人究竟在姓名中用了多少汉字（包括少数民族人名转写为汉字的）？

有哪些字没有进入7 000通用字？在地名用字领域，对乡镇及其以上的行政单位名称用字还比较了解，但是，村、自然村的名称用字，具有地名意义的建筑物及台、站、港、场等名称用字，山川、湖泊、海洋、岛屿等自然实体名称用字，都不是太清楚。姓名、地名用字，在信息化时代具有非常重要的意义，地理卫星定位系统的快速发展、非接触性身份证的广泛使用，都离不开姓名、地名用字的信息化。

再如，医疗卫生行业有许多字笔画繁多，如“葡萄糖、臀部、胆囊炎、胰腺炎、打鼾、癌症”中的“葡、萄、糖、臀、囊、胰、腺、鼾、癌”，医生使用很不方便。文史博物馆、海洋馆中有许多难写难读的字，为方便参观者，不仅应为这些字标注读音、解释字义，而且在设计字库、研制字表时也应考虑这些领域的用字实际。

3．简繁汉字问题。历史形成了简繁汉字的问题。简化字和繁体字都是中华民族的宝贵财富，都应该受到珍爱。科学地、合理地处理简化字与繁体字的关系，已经成为当代语言生活不可回避、必须给出方案的问题。解决这一问题，首先得有一个客观平和的态度，站在简化字的立场上轻视繁体字，或是站在繁体字立场上贬低简化字，都不是客观的公允态度。简化字和繁体字在各自的使用环境中，大体上还是适合的，但是现代人读古书时，内地和港台之间交流时，懂得简化字的人得用繁体字，起码是得认识繁体字，懂得繁体字的人得用简化字，起码是得认识简化字。这其实牵涉到简繁汉字的转换问题。

需要对简化字、繁体字及其应用状况进行仔细研究。例如：简繁汉字的差异究竟有多大？是否形成了汉字的两个系统？相互学习起来困难究竟有多大？机器进行简繁汉字相互转换时究竟会出现哪些问题？怎么解决这些问题？内地究竟还有多少人能熟练使用繁体字？有没有必要在内地进行适当的繁体字教育？有人提出内地要“用简识繁”，港台要“用繁识简”，怎么看待这一提议？此外还要研究，在汉语作为第二语言的教学中，怎样处理简繁汉字的教学问题和考试问题？解决这些问题，有些可能会涉及文字政策层面。

4．关于汉语拼音问题。汉语拼音是现代语言生活的有机组成部分，它是汉字的注音工具，同时也是拼写汉语的工具。如果把汉语拼音从当今语言生活中拿掉，语言生活就不能正常运行。台湾原来用注音字母，并在需要的领域配用以两种拉丁式拼音方案。20世纪末引进汉语拼音，后来有人又在汉语拼音基础上搞了个“通用拼音”。“通用拼音”在学理上不科学，应用中不“通用”，难以成功。早年的拉丁式拼音方案、汉语拼音的引进、通用拼音的出笼，说明台湾的语言生活需要拉丁字母式的拼音。今年十月初，我带领语言政策考察团访问蒙古国。蒙古国20世纪40年代开始使用西里尔蒙古文，但因西里尔字母（又称“斯拉夫字母”）今天不能很好适应计算机和互联网，有些蒙古学者现在又提出文字改革的问题。真是庆幸汉语拼音采用了拉丁字母！在研究现代汉字的时候，也需要研究汉语拼音的使用问题，比如完善汉语拼音正词法，完善人名、地名拼写规则等等。汉语拼音在日常生活中的作用还没有得到充分发挥，汉语拼音的教育水平和社会普及水平都不够高，能够掌握汉语拼音者不足45%。

5．信息处理中的汉字问题。争取虚拟空间的中国话语权，已成为公众话题，并有无数志士仁人在躬身力行。虚拟空间的语言文字应用，也是语言生活的有机组成部分，许多方面都涉及文字问题。例如：

键盘编码问题。人和计算机交换的编码千差万别，有人用“万码奔腾”来形容，并对这种局面表示忧虑。到了手机的数字键盘上，汉字输入更需便捷。特别年纪大的人，戴着老花眼镜发短信，简直像是“捉虫子”一样。有先生告诉我，数字键盘输入，汉字最占优势，我过去常为汉字失去了整整一个键盘时代而惋惜，也许在数字键盘面前，汉字的劣势会改变。在科学智慧的照耀下，汉字在通用键盘上的劣势可能也会改变。计算机速记发展很快，速记师已经成为社会的一种新职业。

文字识别是解决汉字输入的重要信息处理技术。印刷体汉字的识别已经达到应用水平。手写体汉字，联机输入时识别率较高，脱机输入状态下识别率较低，但是可以在一定的汉字应用领域发挥作用，比如信封、单据、医疗处方等的汉字识别。

文字与语音、汉语拼音的相互转换，具有广阔的社会用途。将网络、电子图书、手机中的汉字转换成语音，这种语音合成技术的发展，可以产生“听网”“听书”等新的信息技术产品；解放眼睛，也是盲人的福音。将语音直接转换成文字，机器就成了“速记师”，这涉及语音识别技术。汉语拼音与汉字、语音之间的相互转换，在教材、辞书的编写，国内外的计算机网络交流等方面，都有意义，而且会促进文字与语音转换技术的发展，因为上面所说的文字与语音的相互转换，在机器内部的运行中，实际上都可能有文字和语音转换为汉语拼音、汉语拼音转换为文字和语音的过程。

文化是国家的“软实力”，继承传统文化、发展新文化是时代的重要话题。要继承中华传统文化，只有两三万汉字远远不够，现在汉字的国际编码已经到了7万左右，但还是解决不了古籍数字化的问题。计算机汉字字库建设，包括字量、字形、存储、检索、字际关系整理等，都还有许多问题需要解决。

此外，汉字的网络传输，计算机、手机等各种屏幕的汉字显示，汉字的计算机输出，书报杂志的汉字排版印刷等，都有现代汉字学的用武之地。

6．汉字书写问题。我国是书法艺术高度发达的国家，汉字既是文字又是艺术，书写要求正确而且美观。但是现在的学生，多数人字写得不漂亮。原因是多方面的，其中一个原因，就是学生接触的主要是宋体。宋体是印刷体，适合看，不怎么适合写。楷书和行书是用来书写的，应多一点楷书和行书的教育。现代人多用硬笔，硬笔书法（包括铅笔书法）的研究、实践与教育，理应加强。

街头上的招牌，大多数都是用电脑做出来的，千篇一律的“机器体”。手书招牌哪去了？其一，书法教育不到位，能操笔书写招牌者并不多。其二，简化字没有建立起自己的权威书法体系，书法家（或“书法者”）一动笔，就可能冒出几个繁体字、异体字、“二简字”、新造字。在文字政策上，书法作品，悉听尊便，但是招牌上出现过多的繁体字、异体字、“二简字”、新造字，未必是好事。建立简化字的书法体系，弘扬中华书法文化，积极探索硬笔书法艺术，在计算机字库中增加多种风格的书体，这些都是应该速思紧行之事。

7．汉语国际传播中的汉字教学问题。熟悉拼音文字的外国人学汉语，汉字是一大关口。对于“低端”的汉语学习者，也许可以不学汉字，但要把汉语掌握到一定水平，不学汉字不行，对于需要阅读汉语文献、甚至希望成为汉学家的人士，必须学习汉字。汉字学习并不容易。大的方面不讲了，下面说点小事情。“树林”，我们不用思考就知道把它切分为“树”“林”，“树”再分为“木”“对”，“对”再分为“又”“寸”；“林”分为“木”“木”。而西方学生要一下子寻找到两字的正确边界，并正确分析它们的内部结构，的确有困难。汉字中一些无关紧要的东西，有时西方学生会很留意，比如宋体笔画横的右上方有一个角，中国人，只要不是字模设计师，恐怕从来没人去管它，而有的外国人却要先写一横，然后笔再往上推一推，画出个角。此外，笔画竖下面带不带钩，手写也较随意，教外国人学就要特意告诉他。

8．日文汉字的读音问题。有些汉字是日文独有的，比如“辻、町、峠、垰、円、匁”等。中日交往越来越多，这些日本独有的汉字会因记录地名、人名、特有事物名等进入汉语书面语，或是进入新闻播音文稿，这就需要给这些字一个读音。不认识的字需要查字典，因此这些日文独有的汉字还需要进字典，进字典就有排序注音的问题。对日本人进行汉语教学也牵涉到这些字。这些字日本人常见，用日语会读，但用汉语表达时不知该怎么读。费锦昌、李思敬、何群雄、何华珍、王若江等先生曾做过相关研究，一些辞书也给过它读音。但是，这些字不一定收录得齐全，而且读音给得合理不合理，需要有个约定或是规范。

9．已有文字规范需要梳理。已有的文字规范制定在不同时期，技术手段、规范观念都有不同，而且语言生活也在不断变化。从20世纪50年代开始到现在制定了不少文字规范，有许多在日常生活中仍在用着。需要用一种逻辑系统、用现在的规范观念和现代技术，给以统一梳理。

二　怎样研究现代汉字学

以上九点尽管都是举例性的，但已说明现代汉字问题、现代语言生活中的文字问题，需要加紧研究。

（一）注重学科建设　加强人才培养

现代汉字学的研究，应该是始于清朝末年的切音字运动。20世纪早期的手头字研究等，促成了民国时期简体字的发布。上世纪五六十年代对汉字的简化整理工作，是现代汉字学研究的理论与实践的结合。1980年，周有光先生在《语文现代化》第二辑发表了《现代汉字学发凡》；1984年，上海师范大学、华东师范大学等高校开设“现代汉字学”课程；1985年，北京航空学院计算机科学工程系和中国文字改革委员会汉字处，对1977年至1982年间社会科学和自然科学13 800万字的文献进行抽样，得到1 108余万字，通过计算机统计得到了汉字使用的频度表，之后这类统计时有进行；1993年和1994年，高家莺等《现代汉字学》、陈原主编的《现代汉语用字信息分析》论文集、苏培成《现代汉字学》等相继出版。这些标志着现代汉字学的正式形成。

现代汉字学作为一门学科，有了一定的基础。在大中专现代汉语教材里，都有一部分内容涉及现代汉字；一代一代的心理学家做了很多有关现代汉字的心理学实验；计算机专家、信息专家对现代汉字的性质做过多方面的统计与分析，为汉字信息处理作出了重要贡献。但是一个学科的发展不是一蹴而就的，现代汉字学的学科建设刚刚迈步，还有大量工作要做。

确定学科的研究对象很重要。现代汉字学的研究对象顾名思义是现代汉字，但是，不能仅限于研究现代汉字，必须重视现代汉字的应用研究，重视现代汉字生活的研究。人才培养在学科建设中具有重要地位，特别是像现代汉字学这样的新学科。要培养一批对现代汉字学感兴趣的研究人才和教学人才，要编写教材，让学科进课堂。

（二）为信息化服务　用信息化成果

如果不是信息化时代的到来，现代汉字学等很多学术上的事情还可以缓一缓。虚拟空间发展的速度非常之快，网络一下子就覆盖了整个世界，过去说“地球村”只是一个比喻，现在的世界真的就像是一个村子，信息一上网立刻传遍全世界。现代汉字学与信息化的关系太密切了，现代汉字学的学科建设必须抓紧。从另一个方面说，现代汉字学学科建设的重要目标，就是为中国的信息化服务，为信息化时代的语言生活服务。信息化包括两方面，一是机器与技术，二是使用信息技术的人。现代汉字学既要为机器和技术服务，也要为人更好地使用信息技术服务。为人服务，包括创造有利于信息化发展的社会文字环境、进行有关文字信息化的教育与普及等工作。

要充分利用信息化的成果来发展现代汉字学。一方面要注意吸收信息学界对现代汉字的研究成果，另一方面要注意利用现代信息技术的手段。建立为现代汉字研究服务的语料库和知识库等资源库，要重视资源库的合作共建，避免重复建设，并为共享打下良好基础。最为急切的是建立一个能够反映20世纪汉字发展变化的语料库，通过这个语料库能够研究20世纪各个时期的文字面貌，研究每一次文化运动、文字规范行动对我国的语言文字生活的影响，真是太有意义了。

（三）多学科合作　脚踏实地干事

文字问题不是文字学家的专利，很多学科都关心它，其他学科在解决文字问题时还颇有情趣。今天请来的各位专家，有不同学科的背景，这就是多学科意识。具体地说，所谓多学科意识，就是研究队伍要注意多学科合成，研究人员要注意构建多学科复合型的知识结构。在人才培养上，可动员不同学科背景的学生来读文字学研究生，可以有计划地动员不同学科的专家联合培养研究生。张家拳长，就来讲拳；赵家刀好，就来卖刀。

做学术必须脚踏实地。在来锦州的路上，华东师范大学心理学系的乐竟泓先生与我同车，告诉我现在有些人做学问是“三花”：“妙笔生花”，不搞实证研究，学问是“写”出来的；“口吐莲花”，学问是“吹”出来的；“遍地开花”，不深入钻研，对什么都敢称专家。这是对当前浮躁学风的绝妙讽刺。现代汉字学的学科建设，一定要重视学风问题，学问不能靠“妙笔生花”，不能靠“口吐莲花”，不要企图“遍地开花”，必须得扎扎实实一步一个脚印做出来。发展现代汉字学的具体措施，大家会上可以多讨论讨论，比如：合作编写教材，开列参考书目清单，制定学科的基本规格和学术规范；在一些杂志上开辟专栏，讨论现代汉字生活的问题；组织召开系列学术会议，并及时将会议成果物质化；特别期望能够办一个中国现代汉字网，通过网络来开展现代汉字学的研究、交流和社会服务。

［原载《渤海大学学报》2007年第2期］

书法教育　文化之擘

书法艺术是我国文化皇冠上的明珠。甲骨文、金文、籀文、小篆与隶书等等，表现着祖先的书法美趣。书学自汉末曹魏萌生之后，书法渐趋自觉，二王之韵、颜柳之法、苏黄之意，为世之圭臬。帖学繁盛有日，碑学又兴，两学相辅，不断创造着书法的璀璨，积攒着华夏瑰宝，为我赢得书法国度的美誉。

书法是艺术，但非专属书法家。对于书法国度的常人来说，书法也是文化素养。通过书法，可品味汉字结构之美，感受汉字内涵之奥；一手美字可以显品位、增自信，学书过程还可以平躁绪、养性情、得美感。

民族的书法素养靠教育来实现，书法教育需科研做支撑。书法教育自然要继承传统，除此之外有三端拟借机絮叨：

其一，研发硬笔书体。书体与书写工具不必关联但常关联。刻甲骨、铸钟鼎、书简牍、勒山石、写纸帛、雕木板、塑活字，都形成了风格万千的不同书体。而今，硬笔广用，并有了不少硬笔书法实践。应在此基础上吸古纳今，吹沙得金，形成楷、行、草等不同风格的当代硬笔新书体。

其二，建立简化字书法规范。甲骨金文、大籀小篆、隶书真楷，皆有典范。汉字发展之大势乃由繁到简。简体非今人粗俗之作，而是古已有之。就政府定正字的时间看，从20世纪30年代算，简体字已行70余年；从20世纪50年代算，简化字亦50余载。它是法定的国家通用文字，且远播海外，国际上学习简化字已蔚然成风。但至今简化字只有印刷规范而无书法典范，诚为憾事。今人书法可以书古写繁，但也应探讨简化字的书法艺术。我国小学识字教育，依法必用简化字；无简化字书法规范，必影响小学书法教育。

其三，利用计算机辅助书法教学。计算机的广泛应用，键盘成为主要的制字工具。常用音码输入，提笔忘字；常用形码或音形码，可助记忆字形，但对书法并无大裨。物必有两面，计算机也可帮助书法教学。如将法帖动画，可供学生观摩，抑或有助于自学书法。而且，联机笔写输入技术已臻成熟，若将“笔”及写字板巧做改造，给人以软笔或硬笔的“书写”感，便可“无纸书法”。又因联机书写，可将书写过程存于机器，再现于师长，教学指导或更方便。

我不懂书法，但热心书法教育。且亦坚信，书法不会被计算机吞噬，反而能在计算机时代大放异彩！

［原载《语文建设》2008年第5期］

中国语言文字博物馆的建设问题*

建“中国语言文字博物馆”的建议，近年来在政坛一直呼声不断。在2001年、2002年两届国家语言文字工作委员会咨询会议上，都有咨询委员提出兴建中国语言文字博物馆的意见。在2002年的“两会”（第九届全国人民代表大会第五次会议和第九届全国政治协商会议第五次会议）上，有四件建议、提案（人大代表的建议一件，政协委员的提案三件）提出要兴建“中国语言文字博物馆”，在这些建议、提案上签名的全国人大代表有22位，全国政协委员有18位。2003年召开的第十届全国人民代表大会第一次会议，又有人大代表提出建议。

河南省安阳市借殷墟之地利，2003年就要立项建造“中国文字博物馆”[1]，许多专家学者在立项建造中国文字博物馆的论证中，都发表了相当重要的意见，周有光先生还专为博物馆撰写

---

* 本文发表时编辑建议篇名改为《铸造中华文化的“聚宝盆”》，收入本集时再改回来。

【1】《语言文字周报》2003年3月19日报道：安阳市建造中国第一座文字博物馆已进入实施阶段。总投资将达到4 000万元，坐落在安阳市郊洹河东岸，核心区域将不少于100亩，是一处集博物建筑、水景园林、学术殿堂和休息场馆于一体的新兴文化景区。预计博物馆的工程建设将在今年年底完工（？）。

《序言》[1]。中国语言文字网（www.china-language.gov.cn）在2001年筹建时就设计了“语文博物馆”栏目，并在网上向全社会发出了《征集启事》。此外，也有不少民间人士在为此奔走呼吁。

这些建议和行动，表现出了对祖国语言文字的极度热爱，表现出了对国家文化建设事业的强烈责任心，也是当代中国人站在历史的高度所进行的具有全球眼光的深邃思考。笔者对此赞佩不已，在他们有关言行的启发下，也曾参与了些许事情。在此胪陈己见，以就教于同好方家。若有不切实际之处，权作一首“畅想曲”。

一　中国语言文字博物馆的展示内容

（一）展示汉字的历史、现状与未来

兴建中国语言文字博物馆的提议的直接起因是，中国有传承至今、在当今世界文字体系中独具特色的汉字。毫无疑问，汉字是中国语言文字博物馆的重点，也是一个令人骄傲的亮点。展示汉字，自然少不了甲骨文以及甲骨文之前的可能是汉字萌芽的各种符号，如裴李岗文化、仰韶文化的刻画符号，马家窑文化的彩绘符号，大

【1】中国语言文字网刊载了周有光先生的《序言》：

语言使人类别于禽兽，文字使文明别于野蛮。地球上许多地方的人群创造过原始文字，只有极少数几种原始文字发展到成熟程度，能够按照语词次序无遗漏地书写语言，既写实词，又写虚词。

西亚两河流域的丁头字（楔形字）和北非尼罗河流域的圣书字，成熟于公元前3500年前。东亚黄河流域的汉字成熟于公元前1300年。中美洲的玛雅字成熟于公元前250年左右。在成熟之前，经过漫长的逐步发展过程。这些较早成熟的文字都经过了表形阶段，发展了表意和表音的功能。

字母产生于丁头字和圣书字两大文化地区的走廊地带，古称叙利亚·巴勒斯坦。字母采用先前文字中的表音符号，加以改变、简化和规范化，最后传到希腊发展成为既表辅音、又表元音的设计。

文字的成熟发生在农业化的后半期，从最早成熟到今天，经过了大约5 500年以上。

安阳是汉字的发祥地，在这里建立文字博物馆，能启发人们忆古思今，继往开来。

汶口文化的图像符号，陶寺文化的朱书陶文等等；更少不了甲骨文之后的金文、大篆、小篆、隶书、楷书、行书等汉字的演变形体，也不会忘记草书及历代书法大家的手迹。然而仅限于此，汉字的历史是不完整的，这样的话，汉字只有历史文化的厚重而缺乏现代的蓬勃生机。

汉字自隶变楷化之后，虽然没有衍生出新的通用形体，但是汉字的实现方式却发生了天翻地覆的变化，如起源于隋唐的雕版印刷、毕昇发明的活字印刷、之后的铅字排版印刷、汉字打字机、计算机汉字处理和汉字激光照排技术等等。这些新的汉字实现方式，带来了汉字内部结构和外部样形的或大或小的各种变化，并使汉字的应用达到古代难以想象的地步，使汉字在信息时代的虚拟空间中青春勃发，永存不衰。因此，中国语言文字博物馆应当“厚古且又重今”，应当重视印刷术给汉字注入的活力，特别要展示近几十年来中国人用计算机处理汉字、中国印刷业告别铅与火实现光与电的英雄史诗。

（二）展示中华文字的全貌

汉字是中华民族的文化瑰宝，但是中华民族所拥有的新老文字却有六七十种，它们都是中华民族的宝贵财富，都应当珍惜，都应当在中国语言文字博物馆里荣得一席之地。

黄行（2000：89－90）指出，属于中国少数民族文字范畴的计有59种，其中“老文字”有11种，“传统文字”有15种，传教士创制的文字有7种，1949年之后创制的“新文字”有20种，此外还有拼音方案6种。在这59种里还没有包括古代曾经产生而早已废用的佉卢文、回鹘文、察合台文、突厥文、于阗文、焉耆—龟兹文、粟特文、八思巴文、西夏文、女真文、契丹大小字等少数民族的古文字，没有包括来源不明的女书。

李宇明（2003）在讨论建立中华大字符集时，也关注过中国古今少数民族文字的问题，曾经将它们分为三种类型：

1．汉字系的古今少数民族文字，如古壮文、布依文、侗文、毛南文、仫佬文、老苗文、瑶文、白文、哈尼文、西夏文、女真文、契丹大小字等。

2．古今少数民族非汉字系的表意文字，如纳西东巴文、水文、尔苏沙巴文等。

3．古今少数民族的表音文字，如蒙古文、藏文、维吾尔文、哈萨克文、朝鲜文、彝文、傣文（数种）、满文，柏格里苗文、八思巴文、佉卢文、回鹘文、察合台文、突厥文、于阗文、焉耆—龟兹文、粟特文等。

这些古今少数民族文字，璀璨若群星。显然仅有汉字而没有这些群星般的古今少数民族文字，是不能构成中国语言文字博物馆的。

（三）展示中国语言与方言的丰富多彩

中国是举世闻名的语言宝库，现今本土使用的语言或“准语言”[1]有130来种。这些语言或准语言，分属于汉藏语系、阿尔泰语系、马来—玻里尼西亚语系（又称南岛语系）、南亚语系、印欧语系等[2]，其中以汉藏语系的语言为多，次为阿尔泰语系。全世界语言常分为十大语系，中国有其五。而且，汉语、壮语、苗语、藏语、彝语等许多语言，都具有丰富的方言，这些语言的不同方言

【1】语言的确定牵涉到一系列复杂的技术和社会问题，不全是语言学的问题。近些年我国学者加强了对民族语言的调查，在调查中又发现了许多新的语言和“话”，这些“话”是不是语言，其地位尚有争议或有待认定。为稳妥起见，本文称之为“准语言”。

【2】有些语言的系属尚不明了，如分布在我国东北地区的朝鲜语和分布在广西东兴县沿海地区的京语。

区的人有时相互通话都有困难，甚至是非常困难。汉语是世界上方言最为复杂的语言，其语言复杂程度几乎可以同整个欧洲相比。

中国有“重文轻语”的传统，因此呼吁建中国文字博物馆者众，而呼吁建中国语言博物馆者寡。就建博物馆而言，如果不说语言比文字更重要的话，起码语言的意义不会比文字轻。而且，文字只是语言的记录，要真正了解文字，必须了解该文字所记录的语言。在中国的百余种语言或准语言中，大部分还没有文字或没有传统使用的文字。因此中国语言文字博物馆，必须全面展示中国的语言与方言，只有这样，方能补文字博物馆之所短，彰文字博物馆之所明。

（四）展示与中国语言文字相关联的灿烂文化

语言文字既是文化的重要的有机组成部分，也是记录文化的最为重要的符号系统。语言文字在特定的文化土壤中孕生成长，同时，语言文字也负载着、创生了各种文化。比如，汉字的发展演变，当然与不同的社会需求有涉，但是更与古今成字的不同方式密切相关。甲骨文是用刀在龟甲兽骨上刻出来的，金文是在钟鼎等金属器皿上铸出来的，简帛文是用毛笔在木简、竹片、绢帛上直接书写出来的，碑刻文字是用刀和凿在石头上刻凿出来的，印刷文字是用雕版、活字排版印出来的，电脑文字则是光与电的结晶。这些不同的成字方式的演变，既反映了处理汉字的科学技术的发展，也是汉字发展演变的文化土壤。再如中华的有声艺术，多是以中国的语言及其方言为载体的，如汉族各地的民间戏曲和歌谣，就是在各种汉语方言的基础上形成和发展起来的。

在展示中国语言文字的同时展示与之相关的文化，是展现光辉灿烂的中华文化的一种新方式。既有助于更深刻地理解中国语言文字，也有利于展现语言文字的文化价值。

（五）展示同中国语言文字相关的各种事件

中国语言文字博物馆，不仅要展示中国语言文字及其相关文化的实体，而且还应充分重视展示与之相关的事件。一个字符，一个词语，都可能有一个“语言故事”或是“文化故事”。如“美”字，上面为“羊”，下面为“大”，古文中“大”即“人”形。李宇明（1989）曾经认为，“美”字的结构体现了中华民族最古老的审美意识。古人为乞吉祥年丰，常常举行各种祭祀仪式，或头戴羊角，或身披羊皮，或仿羊之状，或擎羊之图，歌之舞之。“美”便是这种原始歌舞的祭祀仪式的生动写照。

语言文字既是个人的，也是社会的，因此社会常常制定各种语言规划，以保证语言生活的健康发展，以促进社会的进步。如秦始皇统一文字，汉末熹平石经和唐代字样之学，近代的切音字运动、国语运动和白话文运动，今天的语言规范化、文字标准化工作等等。展示这些语言规划，可以使人更好地了解语言文字与社会的关系，自觉促进语言生活的健康和谐发展。

（六）展示中国语言文字与世界的关系

中国语言文字不仅仅是中国的，也是世界的。中国的许多少数民族语言是跨境语言，如蒙古语、朝鲜语、哈萨克语、柯尔克孜语、京语、景颇语等等。更不容忽视的是，自汉代以来，汉语汉字就开始对西域和日本发生影响，汉语文为朝鲜、日本、越南等周边国家和民族的文化进步与社会发展，作出过怎么说都不过分的重要贡献，形成了人们常说的“汉字文化圈”。18世纪以来，华人向五湖四海迁徙，几千万的华人华裔在世界各地形成了或大或小的华人社区，汉语言文字以及中华文化也随着华人的足迹遍及世界。西方传教士和一些西方学者，早在明代就接触汉语文汉文化，逐渐形成了颇有影响的西方汉学。特别是近20年，中国实施改革开放，国际地位急速提升，世界上学习汉语的人越来越多，研究中国的人也越来越多，正在形成不同于早年汉学的今日之“中国学”。

当然，国外的语言文化对中华语言文化也发生过、甚至还正在发生着影响，如佛教文化对汉语及汉语音韵学的影响是不小的，对藏语文、蒙古语文和傣语文的影响是巨大的。在近代史上，日语、俄语和英语，对汉语及其他一些中国语言，也发生了重要影响。

中国语言文字博物馆，应当展示中国语言的跨境分布，展示中国语言文字向四方的传播，展示中国语言文字对世界的影响；同时，也应当展示外国语言文字对中国语言文字的影响，展示外国人士学习、研究中国语言文字和中国学的状况。

（七）涉及当今语言生活的一些重要问题

语言生活是社会生活的重要组成部分。20世纪末，特别是进入21世纪以来，中国的语言生活发生了异常重大的变化，一些旧有的问题尚未妥善解决，又遇到了一些新的问题。这些新老问题应当在中国语言文字博物馆里有所反映。例如：

1. 汉语拼音的字母该怎么读？读字母名称音、呼读音还是类似英语字母的发音？汉语拼音在当今生活中有哪些作用？汉字需要不需要拼音化？能不能实现拼音化？

2. 现在的新词中，出现了许多含有字母或全由字母构成的“字母词”，如“B超、AA制、卡拉OK、VCD、DVD、WTO”等。在互联网上，涌现出一批又一批超出常规的日新月异的网络用语，如“菜鸟、大虾、东东、美眉”等。怎么看待这些现象？

3. 怎样看待简体字和繁体字？海内外华人社区怎样实现“书同文”？怎样实现网络等信息领域的世界范围的汉字无障碍交际？

4. 汉字的键盘编码方案有百千种，怎样看待这种“万马（码）奔腾”的局面？怎样实现汉字键盘编码（输入法）的不断优化？

5．一些少数民族的语言和汉语的一些方言土语，处于濒危状态。怎样抢救、保护和利用好中国的语言资源？

6．国家为什么要下决心在2050年前全国普及普通话？推广普通话应当采取什么样的措施？如何处理好普通话与方言的关系？如何处理好国家通用语言（普通话）与少数民族语言的关系？

7．母语同外语是什么样的关系？当前我国语言生活中母语与外语的关系是否合理？

8．语言文字的信息化将会给人类带来什么样的变化？怎样促进语言文字的信息化？

这样的问题大大小小会有许多。让参观者了解这些问题，思考这些问题，并参与解决这些问题，无疑是非常有意义的。

二　兴建中国语言文字博物馆的意义

（一）铸造中华文化“聚宝盆”

兴建中国语言文字博物馆，实在是为中华文化铸造一个“聚宝盆”。第一，我国至今还没有一个高级别的专门收藏中国语言文字的文物的博物馆。没有这样的博物馆，就不能把民族的这笔财富有效地聚敛起来。随着时间的推移，这些文物的收集越来越困难。特别是我国生活方式和生产方式正在加速变化，乡村城市化的步伐日益加快，文物的散佚与破坏也将越来越严重，急需要有专门的机构进行抢救。

第二，语言和方言正在发生快速变化，需要把现有的语言面貌保存下来。一些语言和方言处于濒危状态。周庆生（1997）报告，赫哲族中会说赫哲语的只有14.78%，仡佬族中会说仡佬语的只有10.36%，土家族中会说土家语的只有5.27%，畲族中会说畲语的只有0.11%，满族中会说满语的仅有0.01%。而且这五个民族中会说本族语的都是老年或壮老年，这一代人之后，满语、畲语、土家语、仡佬语和赫哲语有可能就消亡了。

周柏胜、刘镇发（1997）报告，香港的客家话面临消亡。据邝永辉等（1997）的调查，韶关市郊的石陂村有一种叫做“虱嫲声”的土话，今天该村30岁以下的居民对“虱嫲声”大都只能听不能说了。李如龙等（1995）报道了福建省武平县中山镇的“军家话”严重萎缩的现象。有人说，今天能说地道北京话的人也不多了，北京方言也是濒危方言。

一些文字也正被历史烟尘所掩埋，例如，会书写女书的老人已经不多，能够认识老壮文、老白文、老侗文、水书、东巴文等老文字的人也为数不多。1949年之后为一些少数民族设计的新文字或拼音方案，有许多也已废置不用。

语言文字是祖先留给我们的宝贵文化遗产，是不可再生的文化资源，具有十分重要的认知价值、情感价值和经济开发价值。保护民族的语言文字，抢救濒危的语言文字，也就是保护和抢救民族的（也是世界的）无形文化遗产。建立中国语言文字博物馆，有利于收集与抢救中国语言文字及其相关文化的文物，有利于保存和抢救濒危的中国语言、方言与文字，相当于在铸造中华文化的“聚宝盆”。

（二）建立语言的社会教育的新渠道

通过中国语言文字博物馆，可以让国民了解语言文字的基本常识，了解语言国情，了解国家的语言文字政策。多数人对语言问题总是充满着兴趣，比如历代汉字的演化，文字的构成理据，成语包含的故事，各地方言的腔调，民族语言之间的亲属关系，以及灯谜等语言游戏、符咒等语言塔布、相声等语言艺术。中国语言文字博物馆可以满足国民的语言兴趣，进而提升国民的语言知识和语言素养。

同时也要看到，由于学校的语言教育不甚科学，语言文字的报刊急剧减少，语言文字工作的宣传渠道梗阻不畅，当前国民对于语言国情、对于语言与社会发展的关系、对于国家语言文字政策、对于语言信息化的进程等等，了解相当之少。有了中国语言文字博物馆，恰巧可以补其缺。

（三）开辟爱国主义教育的新途径

中国拥有为数众多的语言和文字，分布在我国的汉藏语系、阿尔泰语系的许多语言在世界语言家族中都是颇具特色的；汉字是世界文字中的珍品，从古到今不曾间断使用，书写了浩如烟海的文献。这些语言文字，闪烁着中华民族的智慧，创造了光辉灿烂的中华文化，并深深影响了周边的国家和地区的语言文字，促进了他们的文化和社会的发展。中国的语言文字及其文化，是中华民族的骄傲，也是中华民族为全人类所作的贡献。同时，中国所有的语言文字齐聚一起，有利于增进民族间的相互了解，有利于树立民族平等意识，有利于增进民族之间的团结。

当今世界的竞争，表面上是政治、经济、军事、科技等方面的竞争，而最根本的却是文化的竞争。在世界经济领域虽然呈现出一体化的倾向，但是政治多极化、文化多元化却是当今世界的主流声音。语言文字是文化之根，中国语言文字是中华文化之根。建造中国语言文字博物馆，就是养护中华文化之根，开发中国语言文字和中华文化资源使之成为中华文化的资本，提高中国在世界文化中的地位，提高中国的世界竞争力，提高国民的文化自信心。爱我中华，亦爱我语言。中国语言文字博物馆，是进行爱国主义教育的新途径，是进行民族团结教育的新基地。

三　余言

博物馆凝结着历史，酝酿着未来。西方发达国家都非常重视建造各种各样的博物馆，并往往免费向国内外公众开放。随着我国的经济文化发展，博物馆事业受到政府和民间的高度关注，营造了多级别多类型的博物馆。就当前的国力而言，建造一座具有一定规模和水准的中国语言文字博物馆，应该说已经没有太大的困难，关键是怎样形成高层机构的共识。

形成共识需要时间，需要机会。坐而谈论、坐而呼吁，不如起而行动，在向有关方面争取立项建设的同时，应着手进行中国语言文字博物馆建设的有关工作。比如：

第一，建馆论证。建造如前所述的内容如此深广、规模如此恢宏的中国语言文字博物馆，虽有国内外经验可资参考，但绝无成例可供借鉴。做这种史无前例的大业，应当及早谋划，缜密论证。这种论证包括：馆藏内容的范围，展出方式；馆址的选择，馆体的构想；争取立项的文稿及各种宣传方案等等。应有组织地进行权威论证，应进行能见实效的宣传。

第二，资料搜集。博物馆是用实物来见证历史，文物资料的搜集应立即着手。比如：按照一定的方案采录中华民族的有声语言及其方言；向全国公开征集有关的文物资料；调查已有博物馆馆藏的与中国语言文字博物馆相关的内容等等。

第三，鼓励建立专门博物馆，或利用因特网建立电子博物馆。这有利于对文物资料的搜集与保护，有利于探索经验，为建造中国语言文字博物馆打基础。

我们相信，建造世界一流的中国语言文字博物馆，是迟早的事情。希望全社会有识之士都来关心和支持这一公益事业。建造中国语言文字博物馆，不能长期停留在呼吁层面，应当行动！

主要参考文献

B. A. 伊斯特林 1965 《文字的产生和发展》（左少兴译），北京大学出版社，1987年。
陈 曦 2001 《汉字演化说略》，群言出版社。
戴庆厦主编 2004 《中国濒危语言个案研究》，民族出版社。
董 明 2002 《古代汉语汉字对外传播史》，中国大百科全书出版社。
何华珍 2004 《日本汉字和汉字词研究》，中国社会科学出版社。
何群雄 2001 《汉字在日本》，商务印书馆（香港）有限公司。
黄 行 2000 《中国少数民族语言活力研究》，中央民族大学出版社。
邝永辉等 1997 《韶关市郊石陂村语言生活的调查》，深港语言研究所《双语双方言（五）》，汉学出版社。
李如龙等 1995 《福建双方言研究》，汉学出版社。
李宇明 1989 《语言的全息性与语言的全方位研究》，《中国语言学发展方向》，光明日报出版社。
——— 2003 《搭建中华字符集大平台》，《中文信息学报》第2期。
陆锡兴 2002 《汉字传播史》，语文出版社。
裘锡圭 1988 《文字学概要》，商务印书馆。
——— 2004 《中国出土古文献十讲》，复旦大学出版社。
王立军 2003 《宋代雕版楷书构形系统研究》，上海教育出版社。
王 宁 2002 《汉字构形学讲座》，上海教育出版社。
王元鹿 2001 《比较文字学》，广西教育出版社。
谢世涯 1989 《新中日简体字研究》，语文出版社。
赵丽明、宫哲兵 1990 《女书——一个惊人的发现》，华中师范大学出版社。
赵平安 1993 《隶变研究》，河北大学出版社。
中国教育报 2003 《全国政协委员、原国家语委党组书记朱新均提出建立中国语言文字博物馆》，《中国教育报》3月11日第2版。

中国语言文字网 2001 《（语文博物馆）征集启事》，中国语言文字网。

周柏胜、刘镇发 1997 《以客语为例看非粤语文化在香港的衰落》，第五届双语双方言研讨会（国际）论文。

周庆生 1997 《中国双语人口构成》，深港语言研究所《双语双方言（五）》，汉学出版社。

周有光 1997 《世界文字发展史》，上海教育出版社。

—— 2003a 《中国语文的时代演进》，National East Asian Languages Resource Center，The Ohio State University。

—— 2003b 《中国安阳文字博物馆（展览室）序言》，中国语言文字网。

邹嘉彦、游汝杰 2001 《汉语与华人社会》，复旦大学出版社、香港城市大学出版社。

［原载《语文建设》2008年第5期］

语言生活状况

2005年中国语言生活状况述要

2006年中国语言生活状况述要

2007年中国语言生活状况述要

2005年中国语言生活状况述要*

自从有了语言，人类社会就有了语言生活。而文字的产生，又使人类的语言生活具有了超越时空的性质，并扩展到社会的更多领域。社会的发展，多种媒体的出现，更使得语言生活的空间产生新的变化。现代各种语言文字传输、加工技术的发展，改变了传统的语言生活方式。语言生活在社会中的地位越来越重要，社会对语言生活的质量要求也越来越高。关注社会语言生活状况，科学认识、开发和利用语言资源，是现代国家的一项重要任务。

一　概貌

中国是一个多民族、多语言而且方言十分复杂的国家，语言特点丰富多样，构成了奇妙的语言景观。语言使用人口多少不一，汉语的使用人口最多，现代汉语普通话是国家通用语言。到1997年，全国能用普通话进行交际的人口约占总人口的53%。少数民族语言

---

* 本文原标题为《总述》，收入本集改为现名。《中国语言生活状况报告》的总述，其实应视为“中国语言生活状况报告”课题组的集体成果，文中的数据和观点基本上是由课题组的相关撰写者提供的。上编的周庆生主编，郭熙、周洪波副主编，陈章太、陆俭明、戴庆厦、王铁琨、冯学锋、余桂林等先生，都对总述的内容过过目、动过笔、建过议。特此说明，以致谢意。

使用情况也很不相同，使用人口多的如壮语，在1 000万以上；少的如赫哲语，现在不足百人。除了汉语以外，有的语言如蒙古语、藏语、维吾尔语等语言，使用范围比较广泛；有些语言如独龙语、阿昌语、基诺语等语言，只在较小地区使用；满族、回族等少数民族绝大多数已经通用汉语。在文字方面，规范汉字是国家的通用文字，民族地区还使用28种少数民族文字，有的民族没有自己的文字，他们使用汉字或其他民族文字。

中国的语言国情相当复杂。它不仅表现在语言、方言十分复杂，还表现在语言、方言跟它们的使用者的错综复杂的关系上，更表现在使用环境复杂、语言生活多样、容易产生各种矛盾和问题上。汉语和汉字历史悠久，在长期的历史发展中，它们为中华民族的交流和沟通，为中国的统一和繁荣，作出了而且继续在作出巨大的贡献。与此同时，中国政府主张各民族语言文字平等共存，确立了各民族都有使用和发展自己语言文字的自由的语言政策，这一政策得到了各族人民的拥护和支持。

二　中国语言生活的新变化

中国的语言生活正在健康和谐地发展，同时也出现了引人关注的问题。

（一）语言生活朝着主体性和多样性发展

国家通用语言文字推广取得重大进展。汉语和少数民族语言，普通话与方言，并存分用。全国能用普通话进行交际的人口越来越多。在教育和大众传媒领域、公务场合使用普通话是目前语言使用的主要状况。普通话的使用比例与交际场合有密切关系：场合越正式，普通话的使用比例越高。普通话的使用在城乡之间存在一定差距。

人口的流动，语言接触的频繁，正在引起言语交际圈的多元化。语言形式呈现出多样化趋势。人们的语言观念有较大的变化，对现有的语言状况认识各异。人们开始认识到，多语言多方言是国家宝贵的社会文化资源，不应看成国家统一和社会经济发展道路上的障碍。越来越多的人认识到语言和方言保护的重要性。各种语言资源的占有、开发和利用正在受到重视。

（二）新的语言现象大量涌现

一是出现了大量的新词语。上个世纪80年代以来汉语词汇经历了一个新的全面开放的时期。词汇是语言感知社会的最敏锐的触角，社会的细微变化都会首先被词汇系统感知。新词新语不断涌现，词语的新意义新用法令人目不暇接。除词汇之外，语法和语音也发生了一些变化。

二是外来语直接进入汉语交际活动，非汉字词进入可视媒体。这些语言形式的出现既给语言表达带来了方便，也引起了一些异议，受到不少人士的关注。

三是话语风格等有了很大的变化。一些新的语体迅猛发展，最为世人瞩目的是商业用语、新闻用语、体育用语和网络语言。传统的媒体语言正在发生变化。媒体上的语言传播者从原来的有限群体，几乎扩大到社会的各个方面。包括媒体在内的不少领域语言文字的使用，出现了一定程度的歧乱现象。语言使用中的一些矛盾逐渐显露。这些矛盾的出现既有客观因素，也有主观原因。

四是汉语各变异形式之间的沟通不断加强。普通话是全球华人共同语的基础。随着各地华人相互交流的增加，各地华人语言之间的相互影响也在增强，普通话对海外华语的影响不断扩大，各地华语的变异形式也进入中国大陆的语言生活。

（三）民族语言受到国家的保护，同时也面临着挑战

近百年来，一些少数民族语言由于历史的原因逐步失去活力，有的甚至处于濒危状态。国家对少数民族语言的保护不断加强。但由于种种原因，这种势头未能得到有效控制。

少数民族学习使用国家通用语言的人数越来越多，国家也鼓励民族地区的汉族干部群众学习使用少数民族语言。国家提倡并鼓励各民族互相学习语言，社会双语生活发展较快，双语人越来越多。

（四）普通话和方言互动加快，强势方言对弱势方言形成了一定的冲击

普通话和方言互动加速，并形成并存分用的格局。普通话从方言中吸收了许多语言形式，丰富和发展了自己；方言也从普通话吸收许多语言成分，增强了自己的活力，同时方言正逐渐向普通话靠拢。

一些地方方言成为地方通用语，正在对一些地方文化形成冲击，例如粤方言在广东境内应用范围扩大，成了粤方言、闽方言和客家方言间的共通语。一些方言因为种种原因，处于濒危状态。汉语濒危方言有站话、军话、疍家话、正话等。

（五）外语学习受到关注

学会外语的人越来越多，外语水平普遍提高。这给学习国外的先进经验和科学技术提供了方便，也方便了国际交流。英语学习在中国的外语学习中具有突出的地位，使用的领域空前广泛。中国已经成了英语学习大国，目前有近1亿的儿童在学习英语，各级各类学校的学生加上社会成员，学习英语的约有3.5亿人。尽管外语的学习者不断增加，实际水平也有所提高，但离国家建设和发展的需求还有一定的距离。

社会对其他一些语种尤其是小语种的学习重视不够。除了英语以外，其他一些语种的学习和使用者非常有限。围绕“英语热”的争议一直不断。与英语学习相比，汉语“外热内冷”现象突出，不少人表现出对母语的忧虑。如何处理好母语教育和外语学习的关系，如何改进母语教育，提高母语教育的效果，这已成了许多人关注的焦点。

三　国家通用语言文字应用的管理与语言资源的开发

国家在语言文字应用管理方面开展了大量的工作，各个相关领域的语言文字工作都有很大起色。近年来，国家发布了一系列政策法规，制定了各种方针政策，开展了中国语言文字使用情况的调查，目前正在开展城市语言文字工作评估。《中华人民共和国国家通用语言文字法》确定了普通话和规范汉字作为国家通用语言文字的法律地位，规定国家机关、学校教学、汉语文出版、广播电视和公共设施要以普通话和规范汉字为基本用语用字。有关部门确定了国家新世纪的工作目标：2010年以前普通话在全国范围内初步普及，汉字的社会应用基本规范。在语言资源的开发和利用方面，政府有关部门就语言文字标准化、信息化以及少数民族语言文字信息处理等开展了大量的工作，并取得了丰硕成果。科技术语的规范工作取得了重大进展。

（一）行政法律领域

国家通用语言在中央一级行政领域基本普及，成为正式会议语言和日常工作语言。少数民族语言文字在行政法律领域的运用，受到国家高度重视。除少数民族自治区域外，在省一级行政领域，普通话已经成为基本的正式会议语言和大部分地区的日常行政用语，有少数地区的会议用语仍使用方言；县和乡镇一级行政领域多使用方言。法律领域的语言使用已经大有变化，越来越多的地区在公开审理案件中使用普通话。法律领域从业者大部分已经在公开场合使用国家通用语言，但依然存在层级差异，即越接近基层，越倾向使用当地方言。人民群众的语言权利受到重视。人名地名的用字、读音问题引起了广泛讨论。公文八股现象受到社会的批评。

（二）教育领域

普通话作为教学用语、校园用语取得了重要进展。教师普通话水平测试取得了很大的成绩，越来越多的教师使用普通话授课。但也存在层级差异，中小学、师范院校普通话的使用更为普及。近年来，对教学语言选择的另一些情况已经引起了教育领域甚至是全社会的广泛关注。尤其是2004年至2005年，人们争论的焦点是英汉“双语教学”、方言知识进课堂和汉语“外热内冷”等现象。汉语拼音在小学教学中有被淡化的现象，中学语文教改中的语言问题不断引起社会关注。

（三）新闻出版领域

新闻出版领域的语文出版物使用文种非常丰富，其中以汉语文出版物为主，众多语种的少数民族出版物以及外国语文出版物也为满足不同读者的需求作出了贡献。政府有关部门重视语文出版物的语言问题。经过长期的治理整顿以及多种形式的督促检查，语文出版物的语言文字规范水平不断提高。“国家语言资源监测与研究中心（平面媒体）”，对包括报纸、图书、期刊在内的平面媒体的国家语言资源进行监测与研究，标志着国家将对平面媒体语言资源实行动态管理。语文出版物将继续向多样化和规范化发展。新闻语言的八股现象有所改善。

（四）广播电视领域

广播电视领域为普通话的推广作出了巨大贡献。播音员、节目主持人的语言应当具有示范作用，相关从业人员中获取相应岗位等级普通话水平证书的越来越多。中央及一些地方媒体出于不同的目的也开设了一些方言节目。还出现了一些方言或带有浓厚方言色彩的电视剧和综艺小品。方言成分进入全国的通用语。

国内的少数民族语言广播有20多个语种，在少数民族的语言保护和信息传递方面起到了重要作用。国家的对外广播语言有38种，同时，国内也有英语节目以专门频道或一定时段在中央和一些地方电视台播出。

（五）服务行业和公共设施等领域

公共服务行业提倡以普通话为服务用语，语言服务意识不断增强。外语在一些公共服务行业领域的使用呈现上升趋势。在重要的旅游城市和风景点，用双语（多语）公示标志的越来越多。一些大中城市的有关部门和行业开始提供双语服务；出现了盲文站牌，体现了对盲人这一群体的人文关怀。不少城市和地区服务行业规定“服务禁语”，提倡文明服务用语。与此同时，也有单位使用方言或以方言为特色。道路交通标志上存在汉语拼音和英语混用的情况。医疗处方手写体的可辨认程度差，群众对此啧有烦言。目前关于公共服务行业使用普通话的整体情况还缺乏全面调查和规划。

国家对公共设施与广告、工商产品领域的语言文字问题给予了相当的关注。全国660个设市城市、852个市辖区全部开展了设置标准地名标志工作。全国城市共设置标准地名标志5 300多万块。目前，已经开始进行县乡镇的设标工作。这对语言文字规范化工作起到了推动作用。广告语言体现着语言的智慧，语言文字精美规范的广告越来越多。但是，中英文夹杂，自造英文、滥用英文的现象也比较突出；对汉语成语的滥加改用和移用常有发生，引起社会争议。目前，产品说明书语言不规范现象比较突出，不少说明书表达模糊、费解，影响了产品的正常使用。

（六）网络语言

网络媒体催生了网络语言这一汉语新语体。它因传播模式的变化而呈现出自身的特点，同一般的表达方式有些差异。这些差异在网络传播的不同层面上有所不同。数字、符号、拼音、汉字、英文字母杂用的表达形成了网民的习惯用法，其中以语汇层面最为显著。多种语码混杂的现象突出，以英语与汉语的混杂使用为主。这引起了社会的广泛关注，但看法迥异。

（七）汉字使用情况

简化汉字广泛使用，在海外华人社区的威信不断提高。在中国内地，繁体字一般只出现在某些网站名称的用字上；香港澳门台湾地区多使用繁体字，而简化字的使用逐渐增多。中国内地使用GB码，台湾采用BIG5码，香港澳门情况不一，各种码都在使用。

四　中国少数民族语言文字的使用和保护

法律保障民族地区使用和发展相关民族的语言文字，政府也通过各种方式对少数民族语言文字采取了保护措施。少数民族双语教育立法问题渐受重视，国家和地方政府对双语教育资金投入大幅度增加，民汉双语教育的社会认同进一步增强。少数民族地区的双语教育问题越来越受到社会的重视和家长欢迎，有的地方以法律形式规定了汉族干部要学习使用民族语言。

少数民族双语教育领域出现了许多新成果。区域性双语教育模式逐渐形成并稳定发展。跨地区的民族语文协作组织发挥了重要作用。少数民族双语教材研发与双语师资培训工作力度加大。目前全国共有1万多所民族中小学使用21种民族语言开展双语教学，接受双语教育的在校生600多万名，其中有些地方还开展了民族语、汉语和外语的“三语”教学实验。全国少数民族汉语水平考试（MHK）开始进行。濒危语言的调查研究已经取得重大成绩，濒危语言保护工作正在积极开展。

五　香港澳门台湾

（一）香港

香港特区政府继续实施“两文三语”政策。粤方言是香港使用最广泛的语言，英语次之，普通话又次之。其中，英语是高层语言，粤方言是低层语言。近年来，香港政治上的巨变并未使语言状况产生大变，但普通话的使用越来越多。在教育领域，英语用作教学语言的情况有所减少。学习普通话的人越来越多。调查表明，大部分人同意将普通话作为中国语文科教学语言列为长远目标。与此同时，把子女送到英文中学的倾向越来越明显。在电台和电视台中，按语言使用频率排序，粤方言第一，英语第二，普通话第三。目前还没有专门的语言文字工作机构或组织。

（二）澳门

澳门使用语种主要有汉语、葡萄牙语和英语，粤方言使用广泛。“土生葡人”是葡汉双语人，同时以葡语和汉语为母语，其中有极少数人会说一种以葡语为基础的混合语（克里奥尔语）“土生葡语”。闽方言、客家方言、吴方言等也有使用。“葡式中文”盛行。属于澳门自己的中文法律用语和公文用语体系还没有建立起来，公文格式也没有最后统一。没有统一的中小学语文课本、语文教材。没有专门的机构协调语言之间的关系，也没有专门的机构处理语文业务范围内与范围外的联系。

（三）台湾

台湾语言生活中使用国语（普通话）、闽南话、客家话、10种左右的原住民语以及一些外国语言。大部分的台湾人通常能够操持至少两种以上的方言或语言。各种语言变体的地位和社会功能不同。国语是共通语，是“高层语言”；闽南话是次要交际语，是“中层语言”；客家话、外省话和原住民语属于“低层语言”。台湾传统上使用繁体字，近年来简体字的使用逐渐增多。路名和标志牌的注音方式混乱，有汉语拼音、通用拼音，也有外文。台湾当局力图在语言问题上“去中国化”。

六　结语

语言与国家、语言与民族、语言与文化、语言与社会息息相关。中国有重视语言文字使用的悠久传统。改革开放为中国语言生活的改善与发展提供了良好环境和有利条件。处理好规范化和多样性的关系，处理好普通话和方言、国家通用语言和民族语言的关系，构建和谐多样的社会语言生活，促进各民族、各方言区人民之间的沟通，加强和世界人民的语言沟通等，正在或已经成为国人的共同追求。关注语言生活，加强语言文字规范化、标准化和信息化建设，加强语言国情和科学的语言规范观教育，处理好母语和外语的关系，对汉语走向世界、中国走向世界，对中华民族的伟大复兴将具有重要的意义。

要增强语言服务意识。语言规划和规范都是为语言使用者服务的。要加强语言文字的宏观规划，做好语言本体规划。国家的语言规划不仅要立足于中国，也要立足于整个使用汉语言文字的国家和地区。要有全局意识，令出多门的语言管理不仅会给社会语言生活带来混乱，也会影响国家的快速发展。

要做好语言资源的开发与整合工作。要认真了解我国语言资源的状况和前景，进一步做好语言国情的调查和研究，树立语言资源开发和利用的新意识。

[原载《中国语言生活状况报告（2005）》上编，商务印书馆，2006年]

2006年中国语言生活状况述要*

2006年中国语言生活生机盎然，语言文字观念正在发生重大变化。

新事物如雨后春笋，新观念不断涌现，社会的快速进步和思想的空前活跃，带来了大量新词语和词语的新用法，带来了话语表达方式的不断更新变化，并围绕社会热点常常形成流行语。伴随着通讯、交通和大众传媒日新月异的发展，新的语言现象空前快速地向四方传播，“波浪式”的传统传播方式正在发生改变。科技术语大量渗入语文生活，大众语文生活的百科性成分剧烈增加。虚拟空间形成了网络语言生活，中国网民数量升至世界第二位。2006年号称为中国的“博客元年”，全世界约7 000万博客中，除日语、英语之外，汉语博客已位列第三。博客和网络新闻、电子邮件、电子公告（BBS）、博客及手机短信等，正成为各类信息新的集散地、新词语的发生源。语言作为国家的文化资源和“软实力”的重要组成部分，渐获重视。语文速录师、语言工程师、语言治疗师等一批新的语言职业，或已形成或正在孕育。国民的母语意识不断增强，外

---

* 原文标题为《总述》。

语学习依然火爆。海外华文教育持续进步，汉语带着橄榄枝在世界各地快速传播。

构建和谐的语言生活，成为社会新理念，成为新世纪语言文字工作的新目标。从语言资源的角度看待语言、方言和外语，以科学的态度、宽容的气度看待当前出现的各种语言问题，在尊重汉语方言的同时加大推广普通话的力度，在尊重民族语言的基础上开展好民汉双语教育，在尊重母语的前提下加强外语学习，努力创造条件保障人民的语言权利，采取各种措施保护濒危的语言与方言，科学处理语言规范与语言发展的关系，科学处理语言主体性与多样性的关系，充分发挥语言在国家和平发展和走向世界中的作用，营造“多语多言”的和谐语言生活。

一　语言文字工作

经国务院批准，国家语委委员换届。第四届国家语委由教育部、国家民委、民政部、人事部、信息产业部、文化部、国家广电总局、国家工商行政管理总局、新闻出版总署、国家标准化管理委员会、中国科学院、中国社会科学院、解放军总政治部、共青团中央、中华全国总工会、全国妇联等16个单位有关负责人担任委员。委员会每四年调整换届一次，形成年会及议事制度，对语言文字工作规划、政策及重大工作事项进行研究、决策，进一步推动有关部门和行业系统的语言文字工作。

2006年是国务院《关于公布〈汉字简化方案〉的决议》和《关于推广普通话的指示》发布50周年，是《中华人民共和国国家通用语言文字法》实施5周年。教育部、国家语委在人民大会堂举办纪念活动，认真总结50年来国家语言文字工作经验，考察分析现代语言生活状况，研究新世纪语言文字的工作方略。50年来，推广普通话、简化和整理汉字、制定并推行汉语拼音方案、加强现代汉语规范化等语言文字工作，为国家方方面面的发展作出了重要贡献。在改革开放新时期，语言文字工作与时俱进，努力促进语言文字规范化、标准化和信息化，为国家的现代化和信息化发挥了积极作用。进入21世纪，《国家通用语言文字法》正式实施，语言文字工作有了专门法的保证。

11月，国家语委召开“十一五”科研工作会议，总结国家语委“十五”期间所取得的科研成就，分析当前科研工作形势，提出“构建和谐的语言生活是语言文字工作的目标”“语言科学是做好语言文字工作的基础”“推动科学研究是各级语委的一项重要工作任务”等重要命题。

语言文字的法规建设进一步向地方、向行业延伸。2006年又有8个省、自治区、直辖市通过了《国家通用语言文字法》实施办法及意见，强调语言文字工作是全社会的共同责任，提供了地方语言文字工作顺利开展的法规保障。国家广电总局发布的《电影剧本（梗概）备案、电影片管理规定》、国家药监局发布的《药品说明书和标签管理规定》，以及一些地方政府出台的规章，涉及电影片的署名和字幕用字，网络语言，人名用字，建筑物命名，广告用语用字，商品名称、包装、说明书等用字，病例、处方、体检报告等用字，旅游行业用语用字，民事裁判文书的用语用字等。

语言文字应用管理工作有序推进。语言文字规范化示范校创建活动，已成为促进和深化学校语言文字工作的得力措施。西安、厦门、深圳等城市通过一类城市评估。截至2006年底，共有27市通过评估认定，占全国一类城市的四分之三。新通过评估的二类城市33个，三类城市20个。以“普通话——50年推广，新世纪普及”为主题的第九届推普宣传周，具有很强的感召力。普通话水平测试现代化工作正尽力推进。

语言文字规范标准工作稳步进行。《信息处理用现代汉语词类标记规范》《中国通用音标符号集》《汉字应用水平等级及测试大纲》等规范标准发布实施，“中小学汉字书写等级标准和考查办法”修改完善。《规范汉字表》课题通过科研结项，目前《规范汉字表》（送审稿）专家委员会正对一些重大问题进行研究，完善字表。地名审音定字工作加紧进行。在汉字国际标准方面，CJK统一汉字扩充集C已完成，4 224个汉字被纳入ISO/IEC 10646；CJK统一汉字扩充集D开始启动，中国1万多汉字将被纳入；古汉字计算机编码工作进展迅速，部分甲骨文字表已经完成。

国家语言生活监测工作成效显著。2006年，教育部、国家语委召开新闻发布会，公布2005年中国语言生活状况。这是教育部、国家语委首次向社会发布年度语言生活状况报告，也是国家语言资源监测与研究中心工作成果的展示。报告的数据引起社会广泛关注。《中国语言生活状况报告（2005）》和《中国语言文字使用情况调查资料》的出版，标志着筹备两年之久的《中国语言生活绿皮书》正式问世。

对2006年10亿量级的报纸、广播电视、网络真实文本语料库的统计显示：2006年度使用汉字9 231个，591字可覆盖语料的80%，958字可覆盖90%，2 377字可覆盖99%。2006年度使用词语200多万条，专有名词占94.86%。12 207条高频词语可覆盖90%的语料，这些高频词语用字2 663个，二字词语占绝大多数，三字以内词语占高频词语的97.25%。字母词语已成为汉语不可缺少的组成部分，“VS、NBA、GDP、AC、IT、MP3、QQ、AMD、DVD、CEO”等进入前5 000高频词语。字母词语主要表示机构、品牌名称和各种代号、型号，大多为专业术语，主要用于电子、医学、汽车、经济、化学等领域。广播电视、报纸对字母词的使用比较谨慎，网络较多使用。过多使用字母词语，可能造成一般人的阅读障碍。

二 少数民族语言

建设少数民族“双语”环境示范区。2006年国家民委在新疆察布查尔锡伯自治县和贵州省松桃苗族自治县，举办“少数民族双语环境建设示范区”培训班。示范区建设的目的是：（1）在全社会营造关注母语、重视母语学习和使用的氛围，保持和维护语言文化的多样性；（2）加强少数民族聚居区儿童母语启蒙教育，提高学校教育的入学率、巩固率和毕业率，提高少数民族青少年的文化素质；（3）促进成人母语扫盲、科技扶贫、普法、预防自然灾害和重大疾病等活动的开展；（4）促进以少数民族语言文字为载体的新闻出版、广播影视、文化艺术事业的可持续发展。

发展民族语言事业。教育部、国家语委积极开展民族地区双语教学调研和少数民族教师普通话培训。国家民委和西藏自治区藏语言文字工作委员会在拉萨举办“少数民族语言使用与文化发展：中国的理论和实践学术研讨会”。国家语委在成都召开了藏语规范化学术研讨会，在北京召开全国术语标准化技术委员会民族特别分会藏语工作委员会年度会议。中国中文信息学会第六届年会及其成立25周年大会，少数民族语言信息化的论文占有一定比例，并呼吁不能让西部学生和少数民族同胞被信息边缘化。“基于ISO10646的维、哈、柯、傣文电子出版系统的研发”项目获得我国中文信息处理领域最高科学技术奖——钱伟长中文信息处理科学技术奖。蒙古语语料库建设工程启动，在呼和浩特召开了论证会。《汉藏语学报》创刊。

重视民族语言的研究与保护。语言资源保护成为时代新理念，少数民族语言的调查研究不断取得新成果。如基诺族是中国最小的民族之一，2万多人，居住在云南省西双版纳地区。20世纪80年代完成了单语向双语的转变。最新调查显示，基诺族并未出现母语衰退趋向，熟练掌握母语者占98%，掌握汉语者约为90%。加强中国少数民族语言状况的调研，根据各民族语言状况制定科学的民族语言发展战略及保护措施，减少文化资源的流失，已成为当务之急。

三　法律领域的语言使用情况

立法语言渐受重视。2006年开始实施的《中华人民共和国水利行业标准·水利立法技术规范》（中华人民共和国水利部，2006），第5章是关于法案语言的标准，包括对立法语言的一般要求、常用句式结构、特殊词语的使用、数字的使用、符号的使用和时间的表述等。这一规范对行政立法具有重要的示范作用。不少人士呼吁，在立法过程中应当有语言审读环节，确保立法语言的规范准确，提高立法质量。

国家通用语言文字是司法诉讼活动的用语用字。对河南某法院的一项抽样调查发现，该法院的司法人员40.6%在法庭和正式会议都说普通话，25.8%在任何场合都说方言，33.6%根据场合和对象选择说普通话或是方言。对于不具有普通话能力的司法人员，应进行语言培训。经过2005年开展的"规范司法行为，促进司法公正"专项整改活动之后，2006年全国各级法院的庭审语言和司法文书不规范现象得到改善。此外，司法语言问题和语言作为司法证据等问题，也开始引起人们重视。

注意保障法律领域的少数民族语言权利。在少数民族自治地区，许多重要的法律法规都被翻译成当地通用的少数民族文字。对西藏日喀则地区的一项调查显示，法庭语言包括藏语、藏汉双语、汉语。基层司法机关的法官、检察官、律师、当事人能够独立使用藏语或藏汉双语进行法庭审判，能够保证法律赋予当事人的语言权利。

此外，全国人民代表大会1979年后通过的法律全都译成英文，扩大了法律的国际知晓度。截至2006年底，被译成英文的法律、法规和规章等共2 076件。

四　旅游服务、产品说明书及医疗文书

外语导游不足。中国旅游业发展迅速，2000年至2005年底，导游资格证拥有者年均增长20.3%，至2006年9月持证人已达47.27万。与此同时，中国的外语导游比重下降，2002年中国外语导游占导游总数的16.7%，2005年下降到10%（钱春弦，2006）。外语导游中，“小语种”导游尤其不足，特别是中国周边语种如越南语、泰语和蒙古语等，以及新兴旅游市场和潜力旅游市场语种如韩语、德语、法语、西班牙语、意大利语等。这已经成为制约中国新兴客源市场发展的重要因素。这种现象应引起外语教育的语种规划者的思考。

产品说明书不规范现象值得重视。自1987年《关于企业、商店的牌匾、商品包装、广告等正确使用汉字和汉语拼音的若干规定》的颁布，国家有关部门先后颁布了许多关于产品说明书的标准与法规，如《消费品使用说明总则》《工业产品使用说明书总则》《兽药标签和说明书管理办法》《说明书的编制——构成、内容和表示方法》《消费品使用说明・家具》《化学药品和治疗用生物制品说明书规范细则》《预防用生物制品说明书规范细则》《放射性药品说明书规范细则》等。尽管有如此多的规定，但是产品说明书的状况并不理想。2006年国家商标局共受理商标注册申请70多万件，核准注册商标26万件，注册商标累计已达276万件。[1]截至2006年10

【1】中华网2007年1月3日，http://news.china.com/zh_cn/news100/11038989/20070103/13854115.html。

月底，在国家质量监督检验检疫总局产品发布质量抽查报告中，产品说明书语言表述不规范的比例高达55%。在中国销售的产品说明书，只有外文而无中文的占大多数；中文使用繁体字或繁简杂用的现象不少。

医疗文书不规范的现象得到遏制。2006年，全国各级各类医疗机构开展的医院管理年活动取得重要进展，“医疗文书书写规范”成为医院管理考核的重要内容之一。河南省卫生部门制订编印的病历书写规范和病历质量评估标准，要求病历字迹清楚、无错别字。《江西省病历书写基本规范（试行）》明确规定：医生应在病历上签正楷全名。[1]江苏、广西、湖南、安徽、浙江等省、自治区陆续颁布实施语言文字法的具体办法，明确规定包装、说明书、标签、处方、病历、体检报告等要使用规范汉字。天书病历、天书处方的现象有所减少。[2]

五　城市方言及进城务工人员的语言变化

应重视方言现状的调查。方言问题近年来为多方所关注，特别是南方城市，保护方言的呼声不断。关于上海语言状况的调查，可以看到城市方言的基本面貌。上海常住人口1 352.39万，流动人口499万，能用普通话交谈的约占上海总人口的70.47%。普通话已成为上海党政机关、学校教育、新闻媒体及社会公共服务

【1】《病历不再是天书　江西出台病历书写规范实施细则》，搜狐网2003年12月18日，http://news.sohu.com/2003/12/18/65/news217086549.shtml。

【2】据余其卢、张俊芳《〈处方管理办法（试行）〉的实施对处方质量影响的调查分析》（载《现代医药卫生》2006年第10期）显示，《处方管理办法（试行）》执行前后，基层医院处方规范情况差异很大，在5 000份的样本量中，书写不规范处方由《处方管理办法》执行前的2 322份，减少到179份，所占总处方频次由46.4%下降到3.6%。

行业的基本用语。上海方言主要在家庭内部、上海人之间交谈等非正式场合使用。

一项调查显示，在由上海人组成的家庭中，家庭用语基本是普通话的约占15%，上海话和普通话共用的约占40%，以上海话为主的约占45%。上海学生年龄越小，越倾向于使用普通话；年龄越大，越倾向于多用上海话。小学五年级学生使用上海话的比例约为37%，大学生的比例达到70%以上。以此看来，方言的危机并非如某些人说得那么严重。多一些这样的调查，对方言状况的认识就会更全面。

农民工需要普通话培训。农民进城务工，首先面临的就是语言问题。进城之前他们主要使用方言，方言使用频率在70%以上。进城务工前70%左右的人不能熟练使用普通话，进城务工后普通话水平都有较大提高，使用普通话的场合也逐渐多起来。他们对普通话和方言都持肯定态度，认为普通话具有实用价值和社会声望，对自身和子女的普通话水平都有较高期望；对家乡话一般都很热爱，但有些农民工对家乡话的感情已逐渐淡化，农民工家乡话的保持值得重视。

农民工学习普通话的主要途径是社会交往。教育部、国家语委2005年下发《关于开展农村进城务工人员普通话培训工作的通知》以来，全国已有北京、天津、上海、重庆、云南、山东、湖南、广西等16个省、市、自治区开展了农民工普通话培训，很受欢迎。据一项抽样调查，参加过普通话培训的只占进城务工人员的2.35%，培训规模还远不能满足需要，有待加强。

六　奥运会语言环境建设

北京奥运会赛事的语言环境建设富有成效。2003年正式发布的北京奥运会会徽“中国印·舞动的北京”，将中国文化与奥运理念完美结合。2006年发布的北京奥运会体育图标，以篆字笔画为基本形式，融合甲骨文、金文等象形意趣和现代图形的简化特征，显示出优雅的运动美感和中华文化内涵。

奥运会吉祥物福娃，初译为Friendlies，英文意思与“福娃”的中文本意相距甚大。北京奥组委听取各方意见后，从善如流，2006年10月决定用汉语拼音“Fuwa”代替Friendlies。这不但发挥了汉语拼音的特殊作用，而且也更有学理和法理，更具国际性，因为《汉语拼音方案》是国际公认的中国人名、地名和中文文献罗马字母拼写法的统一规范。

为满足奥运会的语言需求，成立了“北京奥运培训协调小组”，并采取多种途径、利用各种形式开展语言培训。到2005年底，北京市外语学习者已过410万，接近常住人口30%。2006年7月，北京市建立了200余所奥林匹克示范校，还将对商贸、旅游等11个行业近20万人进行培训。出版了《北京奥运会英语口语读本》、中英两种版本的《北京奥运会志愿者读本》，发行了9种《北京奥运会志愿者培训教材》。委托了奥运会翻译服务供应商和语言培训服务供应商。北京奥组委官方网站上发布了中英法3种文字的北京地图及奥运术语。并考虑组建手语翻译队伍，2006年免费培训1 000名手语志愿者。

2006年11月，北京市质量技术监督局发布《公共场所双语标识英文译法》[1]，对道路交通、旅游景区、商业服务业、体育场馆、医疗卫生等公共场所的英语标志做出了规定，这是全国第一个公共场所双语标志英文译法的地方标准。

【1】“标志”“标识”是一组异形词，本集除专名、引文之外，统一采用“标志”。

奥运语言服务和语言环境建设是个大工程，还有许多方面需要考虑和完善。例如：中国运动员人名拼写规范，体育术语的汉语规范，国外体育组织、运动员的译名规范，北京市路名罗马字母转写系统的规范，怎样满足奥运会期间外国朋友的汉语学习需求等。

七　语言生活中的若干热点

（一）语文纠错

从纠正错别字的角度看，2006年可谓“纠错年”。语言文字失范现象从未引起如此广泛的关注，荧屏纠错热、报刊纠错热、公共场所英语标志纠错热，此起彼伏。

《咬文嚼字》继2004年“给城市洗把脸”、2005年“咬定晚报不放松”之后，2006年开展“请给荧屏亮分”活动，咬嚼的目标是中央电视台（一套节目）、安徽卫视、北京卫视、重庆卫视、东方卫视、广东卫视、黑龙江卫视、湖南卫视、山东卫视、四川卫视、云南卫视和浙江卫视等12家电视台的屏幕用字。2006年2月，《咬文嚼字》发动观众纠正中央电视台“春节晚会”荧屏上的错别字。结果找出28处错误，平均每10分钟出错1次。

2006年5月，中国逻辑与语言函授大学、中国逻辑学会、中国语文现代化学会、中国编辑学会、中国文化报、光明日报理论部等，共同组织“全国报刊逻辑语言应用病例有奖征集活动”，征集到14 883份，平均每种报纸错误46处，每版错误5.8处。[1]

媒体自我纠错精神可嘉。例如：《法制晚报》从2004年11月30日到2005年2月28日开展百日纠错有奖活动，号召各界读者为《法

【1】于都《报刊逻辑语言错误整治刻不容缓》，媒体安都网，http://www.mediaundo.com/blog/A11845-8/index.html。

制晚报》纠错；2006年又开展“纠错有奖、每周一星”活动。《长江商报》、知音期刊集团主办的《第一生活》、杭州《都市快报》都设类似专栏，欢迎读者对自己挑刺纠错。网络也开展“网络纠错”活动，如搜狐网、新华网、中国语言文字网、中国经济网、中国吃网、中国第一纺织网、江苏交通网等。

编校人员是语言文字纠错勘误的重要力量。一些编校工作者在网上创办了免费的电子刊物《校对之友》，内容有很多涉及错别字纠错。纠正错别字，一在加强中小学母语教育，二在工作人员有责任感，三在有合理的规章制度，也需要改进计算机汉字输入与校对技术，尽量减少文字录入和校对差错。2006年8月28日，教育部、国家语委发布《汉字应用水平等级及测试大纲》，它的实施对评价与提高社会有关人群的文字水平，会起积极作用。

（二）辞书出版准入制度及辞书现代化

辞书是不见面的老师，仿冒辞书危害很大。2006年《人民日报》曝光了几部辞书被仿冒的现象，引起社会热议。中国辞书学会一直呼吁建立辞书出版准入制。2004年10月，新闻出版总署发布《关于进一步加强辞书出版管理的通知》，明确指出“辞书出版必须严格履行图书专业分工出版的规定”。2006年3月，新闻出版总署再次颁发的《关于规范图书出版单位辞书出版业务范围的若干规定》进一步重申：“自2006年5月1日起，出版业务范围中无辞书出版业务，但超范围出版辞书的图书出版单位，一律停止辞书出版、发行业务。”强调具备辞书出版资格的出版单位才能出版辞书，以建立规范的辞书出版秩序，切实提高辞书出版质量。

我国是辞书大国，并且已经迈出辞书现代化的步伐。也只有加快辞书现代化的步伐，才能成为辞书强国。电子词典已经形成产业规模，网络出版、手机出版也呈发展之势。以数字化为核心，由内容供应商、技术服务商、硬件生产商、电信运营商、渠道开发商等组成的新的辞书出版产业链，正在悄然形成。

2006年12月，上海辞书学会等举办“辞书出版与数字化”论坛，介绍网络出版、数字图书馆、电子阅读器以及手机载体的无线阅读等新兴出版形式，探讨辞书的数字化出版现状、存在问题、发展前景等出版界普遍关心的问题，指出新型载体以它的海量存储、快捷检索、低成本的使用对传统辞书出版形成了直接的、可能是致命的冲击。[1]

继中国语言文字网向网民免费提供辞书检索服务之后，2006年7月，商务印书馆工具书在线测试版一期工程完成，发布的在线工具书有《新华写字字典》《新华正音词典》《新华拼写词典》《中华人民共和国地名大词典》等。

（三）人名

人名重名现象严重。叫“张伟”的在北京有5 013人，在全国可能超过30万。[2]沈阳叫“刘洋”的有4 049人。[3]杭州叫“王芳”“陈燕”“王伟”“王燕”的人都在千名以上。重名的原因之一是两字姓名过多。据2006年的最新调查，全国收集到的姓氏有23 000多个，但其中129个就占了总人口87%。[4]2006年，全国公民身份证号码查询服务中心对北京人名统计分析发现，20世纪70－90年代出生的人，位列前20名的全是两字姓名。

【1】《上海辞书学会等举办“辞书出版与数字化”论坛》，《辞书研究》2007年第1期。

【2】韦让《北京人姓王的最多》，京报网2006年7月13日，http://www.ben.com.cn/bjxw/mtdd/cbjx/200607/t20060713_48601.htm。

【3】魏运亨《评论：中国人名由“海量重名”到“生僻怪异”》，新华网2006年9月15日，http://news.xinhuanet.com/politics/ 2006-09/15/content_5095079.htm。

【4】李斌、张建松《新“百家姓”新鲜“出炉” 李姓仍为第一大姓》，新华网2006年1月10日，http://news3. xinhuanet.com/st/2006-01/10/content_4032643.htm。

为减少重名现象，姓名结构开始发生变化。2000年后出生人三字姓名又呈增加趋势[1]，并出现了四字以上的姓名，其命名方式较多使用父姓与母姓接合为姓，后面再加两字为名。还出现了“赵一A”“奥迪锐娜王”这样不合汉族命名习惯的极端个性化现象。使用冷僻字命名现象增多，据估计全国6 000多万人的名字有冷僻字。2006年，中国换发第二代居民身份证工作全面铺开，办证机构将21 003字的计算机字库扩充到32 252字，增收了4 600字才能满足需求。

姓名方式不合习惯，大量采用生僻字，会造成严重的社会问题。许多人呼吁应尽快出台《姓名法》或是《姓名条例》，确定姓名结构方式和姓名用字范围。但也有不少人认为，公民享有姓名权，有权决定、使用和依照规定改变自己的姓名。2003年网上曾有激烈争论，并延续至今。有人建议，应建立一套命名咨询和登记系统，向公民提供咨询服务。

此外，少数民族人名的汉字转写，常常一个人名转写成不同的汉字名，或者所用的汉字字义不雅。这些问题已经受到各方重视，新疆等地已经制定了若干规范。

（四）私塾读经学校

近十年来，随着亲近传统和国学热潮的兴起，南方一些城市兴起了一些私塾读经学校，培养少年儿童诵读儒家经典。文言与白话之争，几十年来时断时续。2001年7月，一篇名为《赤兔之死》的高考满分作文引发了新一轮的文白之争。儿童读经和私塾学校的兴起，更是把中小学有关文言与白话的争论推向高潮。并且，人们也

【1】韦让《北京人姓王的最多》，京报网2006年7月13日，http://www.ben.com.cn/bjxw/mtdd/cbjx/200607/t20060713_48601.htm。

质疑私塾是否符合义务教育法，2006年上海市一所全日制私塾读经学校“孟母堂”被取缔，代表了教育行政部门对这类学校合法性的评判。

（五）简化字与繁体字

全世界使用简化汉字的人口约13亿，使用繁体字的约3 000多万。简化字主要用于中国大陆、新加坡、马来西亚等地，繁体字主要用于中国的台湾、香港、澳门及海外的一些华人社区。简繁之利弊得失，久有争论。2006年，随着“规范汉字表”研制的深入开展、简化字在世界汉语教学领域的广泛使用，简繁之论又成热门。

以往的简繁之争主要集中在优劣、正俗上，并含有较多的意识形态因素和情绪因子，现在的争论扩大到汉字圈的汉字互通、经典传承、简繁汉字的机器自动转换、世界汉语教学等问题，并提出多种主张。例如：繁体字社区要“识简写繁”“简繁由之”“手写用俗体、印刷用正体”，大陆应“识繁用简”或“简繁并用”；研制高水平的简繁自动转换系统解决互通问题；有人极力建议大陆恢复若干组繁体字；有人认为简化字是世界华人使用和汉语世界教学发展的大趋势，不可逆转；有人主张大陆汉字要保持稳定，简繁问题留后解决；台湾有人提出要把“正体字”（繁体字）作为非物质文化遗产申报保护。

简繁汉字都是中华民族的宝贵文化财富，而且其差异严格来讲不到30%，相互识认并非如想象的那么困难。正视简繁问题，以平和的心态对待简繁问题，用科学的态度研究、解决简繁问题，增加沟通，辅以机器，假以时日，相信简繁汉字不会成为民族分割和历史传承的海峡。

八　香港、澳门和台湾

（一）普通话在香港应用空间扩大

中文和英文是香港行政、立法和司法机关的用语用字。在现实语言生活中，香港的正式工作语言常用的是英语，次为粤方言，普通话的使用也越来越多。2006年1月香港的《政府的结构·立法会会议》指出："立法会所有会议均公开进行，让市民旁听。议员可用普通话、粤语或英语发言，席上提供即时传译服务。会议过程亦以中英文逐字记录，载于《立法会会议过程正式纪录》内。"[1]香港政府官员在与中央政府接触或在内地人士较多的场合，也多说普通话。

培养"两文三语"应用自如的人才，是香港政府的教育政策。普通话在教育领域发挥的作用越来越大。2006年，香港语文基金资助的"普通话"和"中文及普通话"计划项目达54个，拨款7 770万港元。[2]香港语常会通过语文基金资助6家院校和机构，组织400余名中文和普通话教师，前往内地修读为期4周的普通话沉浸课程。迄今香港99%以上的中小学（田小琳，2006），政府所属8所大专院校和香港树仁大学都开设了普通话课程。英语在教育领域仍然是重要的语言，而且巴基斯坦、印度、越南、菲律宾等族裔的子女教育问题，也受到教育当局关注。

香港的社会用语主要是粤方言，但是普通话的使用也逐渐增多。香港地铁站和车厢有普通话广播，巴士用普通话报站名。香港国际机场、迪士尼、电讯、汇丰银行等处设有普通话服务项目。普

【1】见香港政府新闻网，http://sc.info.gov.hk/gb/www.info.gov.hk/gia/genergl/200510/27/P200510270249.htm。

【2】资料来源：http://cdl.emb.hkedcity.net/cd/scolar/html/projects_cn.htm。

通话正成为一些公司、企业特别是零售、酒店、旅游等行业员工的从业要求之一。

香港推广普通话的主要动力来自社会与民间。香港有多家普通话推广和培训机构，其中不少是政府注册的非牟利机构。由香港电台普通话台2001年倡议发起的“香港推广普通话大联盟”，集结了全港推广普通话团体，数年来不断举办“普通话节”，总参与人数逾28万人次。[1]香港民众把学习普通话，主要看做是一种商机和个人增值途径。《香港青年》的一份调查显示，27%的受访者选择以普通话作为最想学习的项目，列青年人最想学习的10大项目之首。[2]普通话在香港获得了前所未有的发展势头和发展空间。

（二）博彩语成澳门一大特点

澳门是一个多语言多方言的社会。主要用语是粤方言，葡萄牙语也具有官方语言地位。普通话多用于官方和高级社交场合及一些商贸领域。英语作为外语近年发展迅猛，通行于高等教育、高科技、金融、商贸等领域。

澳门的博彩业三个多世纪以来一直是澳门重要的经济支柱，超过70%以上的财政收入来自此业。2002年澳门结束了赌权专营的历史，特区政府引入外资及国际化管理和竞争机制，带动了澳门整体经济的发展。2006年澳门博彩收益达559亿澳门元，超过美国拉斯维加斯成为全球第一博彩市场。博彩业的兴盛，使得澳门博彩集团所使用的博彩语也格外丰富。博彩语大量渗入日常生活，是民俗语言的一个重要支系，成为澳门语言生活的一个特点。

【1】见香港政府新闻网，http://sc.info.gov.hk/gb/news.gov.hk/tc/category/atschool/060922/html。

【2】见《青年增值最爱学普通话 希望改进语文抓紧中港商机》，《苹果日报》2006年6月19日。

（三）台湾语文生活近况

台湾当局不断为其政治目标上演“语言秀”。台湾当局2002年提出所谓“正名”问题，目标是把“中华民国”改为“台湾共和国”。2006年，在终止“国统会”和“国统纲领”之后，“正名”动作频发。例如：2月有人提出废止使用“民国”纪元。3月，将“介寿馆”改为“总统府”，将“总统”的华航专机“China Airlines”改成“Mandarin Airlines”。10月，“行政院”表示，其驻外名称都已完成“正名”（陈志平等，2006）。12月宣布“中华文化复兴运动总会”将改名为“国家文化总会”。凡带有“中国”“中华”“China”等名称的都需改名，引发众怒。

台湾“教育部”自2005年12月公布“原住民族语言书写系统”后，2006年出版了“原住民语言教材”，包括13种语言及其方言，计360册。2006年6月，台湾“教育部”订定“公私立高级中学以下学校推动台湾母语日活动实施要点”，鼓励各校办理母语日，并实施各县市乡土语言辅导员制度，设置母语辅导员，专责辅导各县市推动母语教育。[1]2006年10月正式公布“台湾闽南语罗马字拼音方案”，2007年开始，国民中小学闽南话教材的拼音系统一律采用此方案。2005年台湾教育当局公布的“高中国文课纲”，削减授课时数和文言文比重，遭到众人强烈反对，他们组成“抢救国文教育联盟”，发起一波又一波的抗争活动。2006年5月6日，“抢救国文教育联盟”与学界正式成立“中华语文教育促进协会”。

台湾重视推行以“正体字”为主体的对外汉语教学，于2003年12月成立了国家对外华语文教学政策委员会。他们认为，全球

【1】《乡土语言辅导员 95学年起实施》，《中华日报》2006年6月28日。

华语教学市场大陆占优势，但在“正体字”的传承等方面台湾有优势。[1]2006年3月，台湾研制的“华语文能力测验”，首先在越南、泰国试测（喻文玟，2006）。这种测验是“繁体字中文托福”性质，作为各大学招考外籍生的测验依据。台湾还开始实施“华语文教学师资认证制度”，“政府”发放证书，认定资格。2006年首次实行“对外华语教学能力认定考试”，考试题目包括汉语语言学、华语文教学、华人社会与文化、国文等。

简化字的书籍不断进入台湾，简化字不断出现在人们的笔头和印刷物中，大陆词语不断进入台湾的语言生活。2006年4月，台湾师大举行“文字学家谈汉字座谈会”，发表“抢救正体字”共同宣言，希望向联合国登记汉字为世界文化遗产，呼吁大陆尽早恢复正体汉字（张达智，2006）。2006年7月，“抢救国文教育联盟”正式发起把“正体字”列为世界文化遗产的联署（陈智华，2006）。同月，国民党曾举行中常会讨论繁简汉字问题。国民党领导人认为“繁体字”与“简体字”的说法不妥，应为“正体字”与“简化字”，呼吁印刷、出版采用“正体字”，手写可采用“简化字”。对于两岸简繁汉字的差异，他们认为，国共两党已经成立沟通平台，办理过两次经贸论坛，未来应该办理文教论坛，希望达到两岸“书同文”的目标（李仁龙，2006）。

（四）海峡两岸语言学术交流日益频繁

从1991年8月在北京举行海峡两岸汉字学术交流会始，陆续在各地举行了两岸汉语语汇文字学术研讨会、两岸汉语言文字合作研究学术座谈会、海峡两岸汉语史研讨会、海峡两岸汉语语法史研讨

【1】《教长：国民党成功推行国语教学》，《中央日报》2006年3月2日。

会、海峡两岸中国修辞学学术研讨会等。2006年，海峡两岸语言学术交流持续升温，召开的相关学术会议主要有：第二届海峡两岸现代汉语问题学术研讨会、两岸四地中文数字化合作论坛、第七届汉语词汇语义学研讨会、华人地区语文生活与语文政策学术研讨会、第四届海峡两岸大气科学名词学术研讨会、第四届两岸三地藏缅语族语言学术专题讨论会、海峡两岸信息名词研讨会等。通过学术交流，两岸学者增进了解，增多理解，而且也为两岸的语言生活做了许多实事，如科技名词术语的对照与统一等等。两岸的学术交流，可谓“青山遮不住，毕竟东流去”。

主要参考文献

陈智华 2006 《汉字申列世界遗产 台湾发起连署》，《联合报》7月14日。

陈志平、蔡惠萍、李顺德、林韦任 2006 《苏贞昌：推动正名在区隔中国 非示好独派》，《联合报》10月18日。

李仁龙 2006 《马英九促讨论两岸书同文》，《中华日报》7月20日。

田小琳 2006 《香港中文教育政策述评》，《北京观察》第8期。

喻文玟 2006 《中文托福 越、泰先试测》，《联合报》3月21日。

张达智 2006 《抢救正体字 学者共同宣言》，《中央日报》4月22日。

中华人民共和国水利部 2006 《中华人民共和国水利行业标准·水利立法技术规范》（SL333－2005），中国水利水电出版社。

［原载《中国语言生活状况报告（2006）》上编，商务印书馆，2007年］

2007年中国语言生活状况述要*

2007年的中国语言生活，总体上看是生动活泼的，与国家进步和社会发展步同调合。语言文字工作与文化结合，与教育结合，与信息化结合[1]，比过去有了更亮丽的社会显示度。语言资源的理念逐步建立，保护和开发利用国家语言资源的讨论及举措与日俱多，力度不断加大。本土语言和现实语言生活得到学界和社会的更多关注，语言研究和语言文字工作的触角正向多个社会领域伸展，语言文字问题仍不断形成社会的热点话题。海内外汉语（华语）逐步沟通协调，汉语的国际传播成效显著。国家语言文字工作委员会提出的“构建和谐语言生活”的新世纪工作目标，得到广泛认同与呼应，并获得一些国际人士的赞赏。

一　语言资源观念逐步建立

语言态度基于语言观念。若将语言看做“问题”，看做影响社

---

* 本文是在《中国语言生活状况报告（2007）·总述》（商务印书馆，2008年）的基础上修改而成，资料来自“中国语言生活状况报告”课题组和国家语言资源监测与研究中心2007年的统计数据，因此应视为集体的研究成果。周庆生、周洪波、侯敏、苏新春、杨尔弘等先生曾对论文初稿提出过很好的建议。对他们特致谢忱。

【1】见国家语委主任赵沁平在2007年国家语委组成单位工作会议上的讲话。

会交际、人类和睦的“问题”，便会致力于语言的沟通与统一，在某地区、某多语言国家推行一种通用语，或是在世界范围内确定几种通用的大语种，甚或设计世界通用的人工语言，但对一些语言及其方言的衰落与消亡不甚关心。若把语言看做“资源”，看做人类重要的社会资源、文化资源乃至经济资源，便会着力保护和开发利用这种资源，尽力维护语言的多样性，努力挽救濒危语言。

人类漫长之历史，倾向于把语言看做“问题”，社会目光更多投注在语言的沟通与统一上。而今世界经济一体化的趋势越来越明显，随着交通和通讯的发达，随着教育、传媒和国际社会对大语种有意或无意的倡助，特别是计算机网络的迅猛扩展，更加巩固了英语超级语言的地位，一些大语种也在力保其位，力扩其域；而世界上多数语言则面临衰落，甚至濒危，这些语言所负载的文化也相应地衰落或濒危。不应忽视的是，随着信息技术发展的日新月异，建造了许多语言工程，产生了一批语言产业，出现了若干新的语言职业，创造了为数可观的社会财富。由此，近年来开始重视语言资源的问题。

国家语言资源监测与研究中心及其五个分中心自2004年陆续建立以来，将学界提出的“语言资源”概念移升到国家语言规划层面。中心利用大规模动态流通语料库，对平面媒体、有声媒体、网络媒体、教育教材等领域的语言使用状况进行“实态”监测与统计分析，部分成果通过《中国语言生活状况报告（2005）》《中国语言生活状况报告（2006）》向社会发布，对语言生活已起了不小作用。例如：汉语国际教育领域的教材编写、多部工具书[1]的编纂和一些标准的研制，纷纷参考了这些数据；国家一些语言规范

【1】如王永强主编《常用汉字581》，语文出版社，2006年；许琳、姚喜双主编《汉语800字》，外语教学与研究出版社，2007年。

的研制分享了这些数据；一些出版社利用这些数据出版了新词语词典[1]和“学千字、汉语通”等文化产品[2]；海外学者也希望将这些数据译为外语。诚然，这些数据的开发利用还远远不够，一些开发者对数据使用得是否得当，也需探讨校验，但是这些成果的开发利用对语言资源理念的社会扩散，确实发挥了不小作用。

2007年9月，“国家语言资源与应用语言学高峰论坛”在北京语言大学举行，海内外学者从理论到实践多角度讨论语言资源问题，促使语言资源的理念进一步学术化，成为现代语言规划学的基本概念。学者们认为：任何一种人类语言（包括其方言，包括其文字），都是人类共同的文化财富。语言保存着人类的历史记忆，蕴含着文化创新和语言发展的基本元素与内在驱动力。任何一种语言的消亡，都是人类不可弥补的损失：人类因之永久失去一种不可复得的语言样品，永久失去一种不可再生的文化基因，永久失去一些不可恢复的历史记忆。中国是多民族多文化多语言的国度，百余年来努力推广国家通用语言（“国语”“普通话”）以便利汉民族和整个中华民族的信息交流，努力倡导外语学习以与世界沟通。新中国实行民族平等政策，大力推广普通话也重视发展各民族语言，对民族间语言关系处理得较为妥贴。当前，世界处在亘古未有的语言濒危高峰期，据说每两三星期就有一种语言消亡。中国的语言资源保护与开发，对维护人类语言多样性和文化多样性颇具意义。

2007年11月，国家民委文化宣传司、教育部语言文字信息管理司联合举办中国民族语文工作成就展暨少数民族语文国际学术研讨会。会议展出的新中国民族语言文字工作成就，就某种意义而言也

【1】如周荐主编《2006汉语新词语》，商务印书馆，2007年；杜忠明《新词酷——171汉语新词语笔记》，中国工人出版社，2008年。
【2】如刘寿永、刘江《华夏辞》，北京出版集团北京教育出版社，2008年。

是对国家语言资源的一次展示。会上，赵沁平等领导与一些学者的发言，有很多都涉及“珍爱中华语言资源，构建和谐语言生活”的话题。

科学保存、保护和开发利用中华语言资源，已成为当今中国一项重要、急迫而又往往不为人重视的任务。近年来，不少方言学家、民族学家和社会语言学家做了大量的语言田野调查，面对语言的迅速变化及一些语言或方言的濒危，不少人士呼吁应尽快把中华有声语言记录下来，保存起来。2006年国家语委制定的语言文字应用“十一五”科研规划，提出要创造条件进行新世纪的语言调查，为清楚把握中国语言及其方言现状、建立可永久保存的“中国语言资源有声数据库”、绘制详细的多媒体语言地图奠定基础。2007年6月29日，国家语委召开务虚会专题听取专家意见。为摸索经验，有效论证，决定先行试点。2007年11月，试点领导小组成立，国家语委主任赵沁平担任组长。

社会的语言资源意识形成，非一日可见功效；欲变语言资源意识为社会行动，更有一段长路要走。而且从语言资源角度考察一些司空见惯之事，可有新思新得。例如，地名是历史文化的重要组成部分，随便更改地名会造成文化资源的流失，能否在相关法规中增加历史地名保护的内容？又如，2005年我国首批公布了518项非物质文化遗产保护名录[1]，各地政府也根据当地实际设立了一些非物质文化遗产保护项目。这些项目有许多须以语言文字的保护为基础，如神话、传说、民间故事、古歌谣、史诗、长诗、谚语、谜语等，也有直接保护语言文字本身的。[2]毋庸讳言，人们对语言文

【1】见《国务院关于公布第一批国家级非物质文化遗产名录的通知》。
【2】2006年6月，云南省贡山县的“独龙族语言”、怒江州的“怒族‘若柔’语言”和耿马县的“傣绷文”被列入《云南省第一批非物质文化遗产名录》，开我国各级第一批非物质文化遗产名录之先河。

字在非物质文化遗产保护中的作用认识还不够自觉。推而论之，从语言资源角度进行国家语言规划及开展相关工作，还有许多问题需要求索探究。

二　语言生活愈来愈受社会重视

国家在发展的历史进程中，不可避免地会遇到诸多语言问题，需要通过语言规划来科学解决这些问题，以保证语言生活的和谐与活力。这就需要关注语言生活，研究本土语言和语言生活，并为解决语言生活问题提出有效对策。近些年来明显感到，现实语言生活正受到学界和社会的关注。国家语言资源监测与研究中心网络媒体分中心、商务印书馆和新浪网，三家连续两年在网络上开展“用一个字一个词描写中国与世界”活动，得到了网民和社会的热烈回应，“和谐”及与民生、环境相关的词语（如“炒、涨、民生、乱、油、石油、全球变暖”等）成为首选。这一被俗称为“词语盘点”的活动，让人们细细品味母语的奥妙，回眸品悟语言生活和社会现实。国家语言资源监测与研究中心、北京语言大学等单位多年来持续开展流行语研究与发布活动，也体现了对语言生活的关心。词语盘点和流行语发布，近两年来有多个行业和网站起而效尤，成为年终岁首语言生活的一大看点。

语言生活的传统问题持续得到社会关注，如普通话与方言的关系，普通话与各族语言的关系，母语与外语的关系等；如简化字与繁体字问题，汉语拼音的应用问题，双语教育问题等。更需提及的是，过去较少关注的一些新的语言生活，也春潮般涌入视野。例如：

移民语言问题。近20多年，随着农民工外出务工和大型工程建设上马，工业化和城镇化进程加速，神州大地出现了前所未有的移民潮。移民潮加速了普通话传播，移民的语言观念发生了或显或隐的重要变化，移民地区社会语言生活出现新情况，同时对语言资源保护也提出了新课题。

工程移民的语言情况有自己特点。例如三峡工程移民，截至2007年底，已搬迁安置移民122.8万。从迁入广东、江苏两省的三峡移民的语言状况看，他们日常交际仍主要使用原方言，“宁丢祖宗田，不丢祖宗言”；但对外交往使用带有浓厚口音的“地方普通话”。移民现象早已有之，客家话等许多方言的形成就与历史上的移民有关。

新疆生产建设兵团是上世纪50年代的戍边移民。兵团北疆地区主体交际语言是“准河南话”，移民的第二代会说“准河南话”者也高达83.3%，可以预见“准河南话”会在这里保持较长时期。兵团南疆地区的交际语言主要是带新疆味的普通话，移民的第二代85%以上不会讲父母方言，原因之一是他们幼年接受了上海知青老师的普通话教育。新疆生产建设兵团移民语言生活，过去较少关注。研究这类现象对于制定当今移民的语言规划，具有重要参考价值。

奥运会和世博会的语言服务。2008年在北京举办第29届夏季奥林匹克运动会和第13届残疾人奥林匹克运动会，2010年在上海举办世界博览会，这是举国同庆、举国参与的大事情。在奥运会和世博会上，既要做好语言服务以方便国际友人和海外华人，又要利用机遇展示中华悠久的文明和丰富的语言，满足海外宾客了解中国之需求。奥运会和世博会的语言规划，既循国际惯例，体现语言平等，又应充分显示中华特色。

北京奥运会语言环境建设有新进展。北京奥运会官方网站提供中、英、法三种语言服务，在所有奥运场馆及相关大型活动场所提供55种语言服务，语言服务志愿者达5 000人次。北京奥运会官方网站特别推出《跟着福娃学外语》栏目，北京市民讲外语活动组委会联合相关单位组织了系列活动，公共场所双语标志英文译法形成规范体系，北京市各类重要公共场所更换或新增英语标志牌247 608块。

上海世博会早就重视了语言规划问题。2007年12月发布的上海世博会吉祥物“海宝”，设计理念融浸了中华元素。上海世博会官方网站目前开通了中文版（简体和繁体版）、英文版和日文版三种版本，《上海世博》杂志是中英双语合璧。上海世博局计划为世博会招募志愿者十余万众，目前报名人数已达1.6万，参与筹办工作及从事翻译、文字等语言服务者约500人次。奥运会和世博会的筹备表明，语言服务已经成为国家发展中的重要问题，不可小视。

手机语言问题。1992年，世界上第一条短信在英国沃达丰网络上通过电脑向手机发送，标志着手机短信诞生。中国1998年开通手机短信业务，现有手机用户5亿多，普及率41.6%。2007年中国手机用户发送短信5 921亿条，手机已是名副其实的“第五媒体”。普通话是手机短信主要使用的语言，使用方言旨在追求幽默、调侃的效果。2004年中国推出首款少数民族语言文字手机，拉开了民族语言手机短信的序幕，之后得到多方重视。手机当今可传递多种信息，报纸、天气预报等都在纷纷开发手机版，手机短信语言成为语言生活的新内容。与之相应，手机输入法的改进、手机字库标准的制定、手机字体显示的人性化、手机功能的深拓宽展等等，成为语言文字信息化的重要内容。

跨境语言问题。中国有30来种跨境语言，从某个角度看，其中有些语言是境外国家主体民族语言，具有外语性质，比如朝鲜语、蒙古语等。了解跨境语言状况，帮助有关人员学习和使用跨境语言，国内外同种语言进行必要的语言文字协调，对富边睦邻及国家安全具有重要意义。有些跨境语言拥有一定数量的海外学习者，如藏语、蒙古语等，应为这些海外学习者主动提供帮助。

港澳台语言生活。港澳台语言生活是中国语言生活的重要组成部分。香港、澳门由于历史原因形成了“多言多语”生活。在这两个特别行政区，应支持普通话的学习和使用，以便这里的人民作为中华大家庭的成员共同分享信息和语言权利；同时也要保障多言多语的和谐共处，让这些语言和方言在不同生活领域里各得其所、各展其长。香港最近还着手解决在港外国族裔的语言教育问题，为印度、巴基斯坦、尼泊尔、泰国、越南、菲律宾等在港族裔制定《中国语文课程补充指引（非华语学生）》做准备。

近年来台湾的语言生活风云多变，引人注目。台湾当局“去中国化”的政治谋略在语言政策上表现得淋漓尽致。2007年，台湾教育当局委托“台湾历史学会”对小学、初中和高中的各种版本教科书“不当用词”进行过滤筛选，得5 000余条，如“国父、国画、国字、国剧、中日（甲午）战争、两岸、台湾地区”等词。台湾教育当局将其函转各教科书编纂出版者，作为未来编辑时参考。2007年台湾所谓“正名”活动更为频繁，将“中华邮政”更名为“台湾邮政”，将“中国石油公司”更名为“台湾中油公司”，将“中央银行”的英译由“CENTRAL BANK OF CHINA”改为“Central Bank of the Republic of China（Taiwan）”等。上述等等做法，扰乱了台湾语文生活，损弃了传统文化，不利于族群团结，浪费了大量资财，遭到岛内学者、单位和民众的批评与抵制。

语言生活的研究需要研究机构。2007年，一些研究语言生活的新的学术机构相继建立。如教育部语言文字信息管理司与南京大学共建中国语言战略研究中心，与鲁东大学共建汉语辞书研究中心，河北大学成立了现代汉字研究中心，浙江大学成立了当代中国话语研究中心，上海外国语大学成立了中国外语战略研究中心等。特别是国家语言资源监测与研究中心，持续多年对平面媒体、有声媒体、网络媒体、教育教材等语言实况进行监测与分析，并向社会发布多种实态数据报告。中心对依照一定原则搜集的2007年12亿字符的语料进行统计，得到许多重要数据，例如：

2007年12亿字符的语料中，出现汉字字种10 123个。以字频排，前595字覆盖语料80%，前964字覆盖语料90%，前2 394字覆盖语料99%。这同过去发布的《现代汉语常用字表》《现代汉语通用字表》比较，收字数量和收字种类都有一定差异。这种差异要求，应根据当今用字情况对这两个字表进行修订。

2007年12亿字符的语料中，出现词语种数2 301 553个。依词频排，前12 676个词语覆盖语料90%。这些高频词共使用了2 705个字种，占被统计语料的字种总数的26.72%，平均词长为2.003个汉字。从这230多万词语的词性看，名词最多，占98.27%，其中96%以上是人名、机构名、地名等专有名词及一些表示时间的词语；动词占0.78%，形容词占0.24%，其他类词合占0.71%。实态语料的统计一再表明，专有名词是语言运用中最常见的词类，是语言信息最主要的负载者，是语言信息处理的重要内容，因此应作为语言学和相关科学的重要对象，应加强对专有名词的研究。

比较2005、2006、2007三年的语料统计结果，发现字词使用出现若干变化，但是高频这一段差异不大，“千字万词”大约可以覆盖语料的90%左右。虽然当今语料库建设和语言统计技术还有一定局限，但是这些数据对了解语言生活已起作用。鉴史察今，“千字万词”可以认为是现代汉语用字用词的关键量级。这也显示用现代信息手段研究语言的重要性。

三　领域语言状况引起自觉关注

语言生活是社会生活的重要组成部分，涉及社会生活的方方面面。每个社会领域也都有每个社会领域的语言生活，包括语言文字的使用特点及现况、需要处理的语言文字问题、需要制定的语言政策和语言规范等。譬如：邮政部门常为许多信件不能准确投递伤脑筋，这些被称为“死信”的信件，不少是因语言文字造成的，如信封上字迹辨认困难，或是地址、收信人姓名书写错误等等；电影电视字幕中的错别字，常常引来观众的不满或耻笑，然而这种现象却顽疾般存在。各社会领域，语言运用得好坏，语言问题解决得妥否，常常影响这些领域的社会秩序和工作质量，影响到社会语言生活是否和谐。

近些年来，不少学者呼吁要大力开展领域语言研究，深入了解社会各领域的语言生活状况；进而提出在语言地位规划、语言本体规划的基础上，还应分领域进行语言功能规划。天津、上海、浙江等多个省市的普通话培训测试中心，正考虑根据行业特点进行语言的培训与测试，使普通话培训测试工作更加切合生活实际。有些大学学报开辟了领域语言研究专栏[1]，《中国语言生活状况报告》在促进社会关注领域语言生活方面，更是发挥了积极作用。

教育领域。教育是提高母语水平的基柱，是传承母语文化的命脉。中小学语文新课标的实施与修订，伴随着工具性与人文性的激烈论争，引发了母语教育的许多问题，力图使语文从应试教育中走出，由侧重母语知识向侧重母语能力的方向发展，特别是要帮助学生过好现代语文生活。“高校母语教育”（习称“大学语文”）50余年来第三次获得重视，不少出版社组织班底编写各有特色的大学语文教材，许多大学都在开设或准备开设大学语文课程，力图通过大学语文帮助学生继续提高母语修养，强化母语文化的认同。当

【1】如《长江学术》《江汉大学学报》等。

然，不管是中小学还是大学，关于语文教育的性质还争论不断，怎样有效提升母语水平还需在实践中探索。

国家语言资源监测与研究中心对人民教育出版社、江苏教育出版社、北京师范大学出版社和语文出版社等四家出版社，依照语文新课标出版的小学、初中《语文》教材进行了多方面的统计分析，得到了一些值得重视的数据。例如：课文以散文为主，占76.55%。课文中现代文占85%，文言文占15%。这些课文使用汉字字种5 069个，四套教材都用到的字有3 590个。依字频排，前1 164字覆盖全部课文语料的90%，前1 712字覆盖95%，前2 500字覆盖98.21%，前3 500字覆盖99.60%。课文出现的词语种数为50 670个，四套教材都用的词语有10 460个。依词频排，前3 320条词语覆盖全部课文语料的80%，前9 101条词语覆盖90%。这些数据对九年义务教育阶段的语文教材不一定具有广适性，但由此已可看到些语文教材的特点。例如，“千字万词”也大约可以覆盖课文语料的90%，与大众语言生活的用字用词情况相近。再如，不同出版社的教材，用字差异较小，用词差异较大。原因可能是语文课标对字量有较明确的要求，对词量要求不明确；也可能是课文编选没来得及审慎考虑语言因素。

大众传媒领域。广播电视是普通话语音的样板，在普通话推广和社会语言文字应用方面起着榜样与“教师”的作用。近几十年来普通话快速推广、新词语快速扩散，广播电视功不可没。2007年，全国广播电视系统结合深入开展抵制低俗之风活动，提出要维护祖国语言文字的纯洁和规范，提倡语言美，净化语言文字环境。2007年春节文艺晚会开播之前，中央电视台还邀请《咬文嚼字》杂志社派专家协助“春晚”剧组在语言文字方面把关，成效明显。

网络是新兴的大众传媒，网络的力量无可估量。根据语言使用特点，大致可把网络分为网络新闻、博客、BBS三类。国家语言资源监测与研究中心对2007年规模为24亿字符的网络语料进行了统计分析，结果表明网络新闻的语言使用与一般媒体小异大同，但是博客和BBS的语言却有较多个性。从用字上看，网络新闻出现字种9 353个，BBS出现12 326个，博客出现12 995个。显然博客用字最多，BBS次之，它们都较多超过了一般媒体的用字量。从字频看，前625字覆盖网络语料的80%，前1 059字覆盖90%，前2 777字覆盖99%，这说明网络用字不如一般媒体用字集中。细看BBS，最高频段字种量较少，具有“高频用字集中、低频用字分散”的特点。从用词上看，网络新闻的词语种数为1 353 754个，博客为587 585个，这说明网络新闻的社会表达面远远高于博客。网络新闻和博客共出现词语种数1 679 708个，约为一般媒体词语种数的70%，这说明网络对社会生活的表达面当前还赶不上报纸等传媒。

法律语言。法律语言包括立法语言和司法语言等，是社会语言生活的重要领域。法律语言状况直接关系到立法质量和司法公正，牵涉到包括语言权利在内的公民法律权利，关系到国家的法制建设和依法治国的大政方略。为保证立法的语言质量，全国人民代表大会法律工作委员会于2007年7月成立了立法用语规范化专家咨询委员会。2007年出台的《中华人民共和国物权法》《中华人民共和国企业所得税法》等，分别被翻译成蒙古文、藏文、维吾尔文、哈萨克文、朝鲜文等少数民族文字出版，保证了少数民族的法律语言权。在司法领域，许多地方都在进一步制定司法语言规范，这是值得关注和鼓励的。

香港、澳门两个特别行政区都面临着法律语言本土化的课题。例如澳门特别行政区，从1989年开始便成立了法律翻译办公室，有计划地将葡文法律译成中文，编撰了《葡中法律词汇》，积极培养法律双语人才。澳门虽然至今尚未能用中文立法，但是到2007年不仅“五大法典”都有中译本，几乎所有的法律条文也都完成了相应的翻译。在2005－2006年间，终审法院以中葡双语或中文制作的合议庭裁判、决定有30宗，占本年度审结案件的79%。当然澳门和香港要解决好法律语言翻译技术问题，实现立法语言和司法语言本土化，还需要较长的时间和不懈的努力。

科学技术术语。科学技术术语构成了科技领域语言生活的重要内容，术语规范对发展科学技术、丰富社会语汇、传承思想文化都具有不可替代的作用。2006年以来，全国科学技术名词审定委员会新组建了7个学科分委员会，涉及经济贸易、经济学、环境、畜牧兽医学、教育学、法学、社会学等，人文和社会科学术语开始受到关注。至今分学科名词审定委员会已达70余个，参加审定的专家达3 000余人。2007年公布了通信科技名词2 104条、生态学名词3 414条、免疫学名词1 727条。截至2007年底，出版名词汇编79部（含第二次审定出版的名词）。经多年努力，海峡两岸科技名词对照与统一工作稳步开展，已完成对照统一工作的学科有20余个，出版了9册两岸名词对照本。2007年还确定以“铊”作为第111号元素Rg的中文定名。

科技术语工作还面临许多值得重视的课题，比如：国际术语的本土化，本土术语的国际化，中国传统科学（包括少数民族传统科学）术语的梳理与翻译，人文社会科学术语的规范化，科技术语专门人才的培养及学科设置等等。随着许多科技术语快速进入日常生活，当今的语言生活呈现明显的“百科化”趋势，术语规范化对大众语言生活也在发生重要影响，例如“嫦娥奔月工程、堰塞湖”中“奔、塞”的读音[1]，就有不少人为之困惑。

社会服务领域。社会服务行业是语言使用的广阔天地，职业性质决定了应根据对象使用服务语言。例如中国民航业，在以普通话

【1】“奔”是读bēn还是bèn，“塞”是读sāi、sài还是sè？

为基本服务语言之时，多语言、多方言、多文种的服务这些年有明显发展。在西藏、新疆等航线上的多家航空公司，招收少数民族空乘人员，并使用藏语、维吾尔语等多语服务。2007年海峡两岸春节包机，厦门航空公司、中国国际航空公司都提供闽南方言服务；南方航空公司挑选会讲闽粤方言的空乘人员，定制方言类歌曲节目与欢迎致辞。东方航空公司、中国国际航空公司除使用普通话、英语双语广播外，还根据情况推出韩语、日语服务。许多机场比较注意多语种多文种服务，北京首都国际机场、上海浦东机场等，都提供了多文种服务。

国内的火车交通服务，一般都使用普通话，但是青藏铁路则使用多语种多文种服务。列车内、车站上的指示牌，一般都有藏文、汉文、英文三种文字；车站和火车上的播音，有些车站根据情况使用其中的两种语言播音，有些使用普通话、藏语、英语三种语言播音。

涉外集贸市场是需要多语种服务的场所。就北京秀水市场的情况看，导购员之间交流主要使用普通话，有时用汉语方言。接待国外顾客时，99.5%都使用英语，其他使用语种依次为俄语、西班牙语、日语、韩语等。导购员大都能说几种简单的外语词句，甚至可以简单应用十几种外语词句。

在社会服务中，语言使用不看对象的现象还普遍存在，如电话咨询业务、酒店电话服务、商品上的文字及商品说明书、街道和道路标牌、商店牌匾等等，大量存在盲目使用外国语文的现象。这种盲目使用外文行为，损害了国人的消费知情权，也伤害了国人的母语感情。

当然，许多社会领域的语言生活人们还缺乏了解，许多领域还缺乏明确的语言规划意识，一些领域的语言规划也需要细化和修订。做好各领域的语言规划和语言服务，绝非一蹴而就之事。

四　一些语言问题成为社会热点话题

语言生活的波澜变化，会在一定时期形成若干旋涡般的热点话题。有些热点是社会良性发展的表现，应及时把握，促其升温；有些热点是社会“问题”的表现，需及时发现，妥善处理，以免造成社会损失，甚至带来社会危机；有些热点对社会来说或许是“中性”的，但也需要关注，巧妙引导其向良性方向发展，避免负面转化。总之，不管是何种性质的语言生活热点，都需及时关注，认真研究，适时提出有效对策。近十几年来，社会发展变化迅猛，价值观多元并生，语言生活热点也形成快、形成多、热度高。因此，急需加大对语言生活热点的研究力度，提高研究水平。

非英语外语语种热。外语教育中出现了非英语语种（俗称“小语种”）热。“热”之表现主要有三：一是报考热。2007年北京外国语大学、中国传媒大学、广东外语外贸大学等高校，报考“小语种”人数比往年增长五成甚至一倍。二是招生热。2006年全国高校新设非英语外语专业20个，招生语种已达43种。三是培训热。近年来，一些专门从事“小语种”教学的培训机构纷纷出现。如北京暑期“小语种”培训班招生数量，2007年比2006年增长近30%。目前列为上海紧缺人才培训工程的非英语外语语种，有俄语、西班牙语、意大利语、葡萄牙语、阿拉伯语等8种。哈尔滨市“小语种”培训学校就有20来家。

非英语外语语种热，在于中国外语服务的需要扩大和国际经贸活动空间的拓展，也是过去外语语种教育单一化导致的后果。据称美国开设的语种有153种；丹麦要求小学四年级开始学习英语，七年级时必须学习第二外语（德语、法语任选），九年级时自愿学习第三外语。至少掌握两门外语是丹麦学生升入高中的必备条件。外语也是国家重要的语言资源，中国是英语学习的大国，但从语种角度看却是外语资源贫乏的国度。有关部门应根据国家的未来发展做好外语语种规划，调查我国拥有外语专才的情况，采取切实有效的措施鼓励非英语外语语种的教育。

虚假广告。语言虚假的广告是2007年我国广告语言的热点。2007年中央电视台"3·15晚会"对虚假广告强力曝光，维护了消费者的权益。卫生部、国家工商总局、国家广电总局、国家食品药品监督管理局及一些地方政府为此采取了不少措施。

从语言学角度看，虚假广告的主要问题是信息失真、格调低俗、言语失范等。许多名人代言的广告，语言名不副实，如某种减肥茶、某种不粘锅等；就商品类型看，语言虚假广告主要发生在保健用品、药品和医疗器械等广告中。广告新闻网开辟"虚假广告"栏目，2007年（截止到11月），该栏目收录有关虚假广告250来条，涉及保健用品、药品、医疗器械及医疗机构等方面的约为60%。2007年（截止到11月），国家食品药品监督管理局公布的违法广告，保健食品类13 776条次，药品类49 545条次，医疗器械类2 778条次。这些违法广告绝大部分都涉及语言虚假、格调低俗等问题。此外，广告语言使用不合法律规范和语言习惯者有之，使用繁体字、异体字、错别字者亦不在少数。

广告传播各种商品的真实信息，同时也有传播典雅、精炼语言之功效。广告是向社会普及科学常识、生活知识的学校，也是语言智慧的广告。广告主、广告经营者、广告发布者须负起应当担待的社会责任。

新词语。新词语（包括词语的新意义）比任何时候都产生得多，传播得快，因为社会发展迅速、文化交流频繁、思想观念活跃，整个社会文化水平大有提高、传媒手段多样快捷、交通通讯空前发达。新词语或只是昙花一现，或经过语言实践进入到大众词库；或在小范围内使用，或瞬间传遍五湖四海，成为社会流行语。

新词语构词上，或是符合汉语的传统习惯，或是用字母、数字等特殊方式，如“K客吧、U盘寄生虫、3之3幼儿园、π型人才”等，乍看起来不那么顺眼。新词语的这些特点决定了社会对它的看法有褒有贬。

《中国语言生活状况报告（2006）》向社会公布了2005年产生的经严格挑选的171条新词语，立即引起媒体和网民的广泛回应。贬者认为：这些词语面目陌生，不知其义；没有经过时间考验，不能轻易承认其词语资格；由政府部门公布，这些词语进入教材、考试题目怎么办？褒者认为：新词语是语言生活的实态，应当让社会了解这种实态，掩目不见，仍然存在；记录新词语，就是记录时代的历史，记录语言的历史；词语是个大课堂，通过新词语可以了解许多新事物、新观念；语言具有自我调节机制，有用之词自会存留，无用之词自会淘汰。一时间聚讼纷纭，热议不断。怎样看待新词语，是否应向社会公布新词语，以什么样的方式、由什么机构向社会公布新词语，的确是2007年的热点话题之一。

国家语言资源监测与研究中心采用计算机半自动提取的方式，对2007年度新词语进行调查，根据“公众语感”及若干操作准则进行人工干预，并在新浪网上广泛征求网友意见，最后得到254个新词语。这些新词语表现出的特点有：第一，多字词语占优势。其中三字词语37%，四字词语28.74%，两者合计超过65%。第二，大量使用词语模类推构词，词族化表现明显，如“爱邦族、帮帮族、毕婚族、晒黑族、晒卡族、代排族、试客族、拒电族、掏空族、考碗族、懒婚族；嚼吧、爽吧、眼吧、熨吧、K客吧、手工吧、自驾吧；绿客、淘客、试客、职客、群租客、刷书客；翻新门、国旗门、女友门、歧视门、违法门、艳女门”等，运用较多的类后缀有“～族、～客、～奴、～友、～门、～吧、～日”等。词族化的新词语占27.55%。第三，名词性词语最多，占90.31%。用计算机自动发现新词语，还有许多技术难点。攻克这些难点，不仅对新词语研究大有裨益，而且语言信息处理的“雪线”也会消融上升许多。

汉语国际传播。汉语国际传播是持续多年的社会热点话题。2007年11月国家汉办发布《国际汉语教师标准》（外语教学与研究出版社，2007年）、《国际汉语能力标准》（外语教学与研究出版社，2007年），为国际汉语教师的培养培训、能力评价和资格认证提供依据，为衡量汉语作为外语的学习者的语言能力提供依据，并可作为国际汉语教学大纲制定、教材编写的参照标准。规范标准建设应是汉语国际教育的基本工程。

2007年3月30日，国务院学位办下达关于《汉语国际教育硕士专业学位设置方案》的通知，接着成立了全国汉语国际教育硕士专业学位教育指导委员会。首批设置汉语国际教育硕士专业的试点院校已有24所，计划招生1 000余人。2007年，由188个国家和地区的各类来华留学人员达19万人次，在31个省、市、自治区（不含台湾省和香港、澳门特别行政区）的544所高校及其他机构学习。来自亚洲的留学生人数居首位，占72.47%。中国政府奖学金生达到10 515名。来华留学生数量、生源国家和地区的数量，均为新中国历史上的新高。

孔子学院自2004年开办以来，全球已有242所，分布在70个国家和地区，还有58个国家的200多家机构提出了开办申请。已开办的孔子学院教职工达1 000余人，开设汉语课程1 200多班次，学员4.6万人。有4 000多名志愿者到42个国家从事汉语教学。2007年12月在北京召开了第二届孔子学院大会，来自世界64个国家和地区的孔子学院代表相聚北京，共商大计。

世界是否出现了“汉语热”，怎样根据各国国情传播汉语，怎样办好孔子学院，妥善协调国内对外汉语教学和国际汉语教育的关系，科学处理汉语国内推广和国际传播的关系等等，各界人士也有不少建议。

社会的语言热点话题，有些年年更新，有些持续数载。关注语言生活舆情，用信息技术等现代方法发现热点，科学分析热点产生的原因，评估热点的社会影响及未来走向，及时提出有效对策，是现代语言生活向职能部门提出的新要求。

就民族和国家的层面看，古往今来人类关注的语言话题可以概括为三：语言“问题”，语言资源，语言权利。“谈论”好这三大话题，既要有本土意识，又要有国际眼光。所谓本土意识，就是充分尊重本国语言研究的传统及成果，充分了解本土语言生活实况与问题，努力促进本土语言生活的和谐。所谓国际眼光，就是全面了解国际语言生活及其语言规划状况，站在国际参照点上观照本土语言生活，同时还要重视本土经验的国际化，为人类作出中华民族应有的贡献。《中国语言生活状况报告》之参考篇，就是有意识介绍国际上的一些情况，意为关心中国语言生活者增添些国际眼光。

主要参考文献

陈章太 2008 《我国的语言资源》，《郑州大学学报》第1期。

戴庆厦、傅爱兰 1993 《论“跨境语言”》，载《跨境语言研究》，中央民族学院出版社。

李宇明 2008 《语言资源观及中国语言普查》，《郑州大学学报》第1期。

李宇明主编 2006 《中国语言生活状况报告（2005）》上、下编，商务印书馆。

——— 2007 《中国语言生活状况报告（2006）》上、下编，商务印书馆。

李宇明主编 2008 《中国语言生活状况报告（2007）》上、下编，商务印书馆。
孙宏开、胡增益、黄行主编 2007 《中国的语言》，商务印书馆。
徐世璇 2001 《濒危语言研究》，中央民族大学出版社。
赵沁平 2007 《加强语言文字应用研究 构建和谐的语言生活》，《语言文字应用》第1期。
周庆生主编 2001 《国外语言政策与语言规划进程》，语文出版社。

［原载《世界汉语教学》2008年第3期］

语言传播管见

探索语言传播规律

重视汉语国际传播的历史研究

明了各国国情　顺利传播汉语

语言学习需求与对外汉语教学

探索语言传播规律*

语言传播，指A民族（包括部族）的语言被B民族（包括部族）学习使用，从而使A民族（语言领属者）的语言传播到B民族（语言接纳者）。语言传播是亘古普存之现象，是民族间接触、交流乃至碰撞的方式之一种，也是民族间接触、交流乃至碰撞的先导与结果。语言在传播中发展或蜕变，社会在语言传播中争斗与进步。

国家是现代社会的重要实体。语言传播在民族间进行，若引入国家的概念，会看到许多语言传播也在国家间进行。语言在多民族的国家内传播，与在国际间传播有同有异，甚至有质的差异。语言传播研究，需区分国内传播与国际传播，分而研究寻特点，合而研究看共性。此处只谈国际传播。

研究语言传播是应用语言学等学科的天然职责，但以往的学术精力，多集中在二语教学（第二语言教学）的技术层面，对语言传播的宏观规律关注较少，认识有限。语言传播也常纳入政府视野，因为它会成为社会问题或政治问题，支持还是阻止语言传播，都是

---

* 本文是为“世界汉语教育丛书”写的序言。这套丛书由张西平、李宇明主编，外语教学与研究出版社出版。目前列入出版计划的有《世界主要国家语言推广政策概览》《西方早期汉语学习史研究》《世界汉语教育史研究》《汉语教学在世界各地——国际汉语教学研究论集》《马来西亚华文发展简史》《印度尼西亚华文教育发展史》等。

国家政策的重要内容，其根基是语言传播规律。

语言传播的根本动因在于价值。有价值的语言，才会被他族他国学习和使用。语言传播价值体现在社会生活的方方面面，如外交、贸易、学习、谋职、旅游，乃至追赶时髦或是纯粹的生活兴趣，这些价值可归总为交际价值和文化价值。语言传播价值的大小有无，不在语言自身，首先取决于语言领有者的社会及历史地位。一个弱小民族，其语言除去学术上的认知意义，及或许存在的微弱的外交作用，几乎没有传播价值。世界上有五六千种语言，能在国际间传播者为数甚少。在第一次世界大战之前，西方世界最有价值的语言当属法语，但在第二次世界大战之后，由于美国的崛起，加之英国的传统权威，英语最终超越法语，成为世界上价值最高的语言。

有价值的语言并不一定能顺利传播。20世纪50年代到70年代，英语虽然走红世界，但在中国并不走红。语言有无价值，语言能否顺利传播，不仅看语言领有者的社会状况，还要看它对语言接纳者有无价值，看语言接纳者是否认识到其价值。英语对于中国，其价值在改革开放时期才表现出来，如今学英语者约有3亿，不久就能超过以英语为母语的总人数。

回首历史，汉语也曾是东方最具价值的语言，在越南、暹罗、朝鲜半岛、日本、中亚等地广为传播，在西洋也形成了影响至今的汉学。但是到20世纪上半叶，泱泱中国却积贫积弱，羸弱程度几乎无以复加，世界上已无几人来学汉语。20世纪末，特别是21世纪初，情势大变，世界目光聚焦中国，上千万人步入汉语学习的行列，汉语表现出前所未有的传播价值。不同语言在不同时期、不同地域的价值变化，说明语言价值不在语言本身，而在社会，在语言所属社团和接纳社团双方的社会状况，而不仅是某一方面。

政府对于语言传播可能采取不同态度。作为语言领属者的政府，对于本国语言的向外传播，一般都是支持态度。历史上有用枪支持的，如当年沙俄在波兰之所为，甲午战争后日本在中国台湾之所行，法国人都德《最后一课》之所记。当今政府多用钱支持，或是在前台公开张扬，或是隐身背后让民间组织出头露面。公开张扬者多阻力，隐身背后者常遂愿。反对自己语言向外传播，例子十分罕见，我只知道闭关锁国的大明王朝，曾严禁国人教西方教士学习汉语汉字。16世纪末，西方传教士利玛窦从澳门到香山，曾看到盖有总督大印的布告："现在澳门犯罪违法之事所在多有，皆系外国人雇用中国舌人（翻译）所致。此辈舌人教唆洋人，并泄漏我国百姓情况。尤为严重者，现已确悉彼辈竟教唆某些外国教士学习中国语言，研究中国文字。……上项舌人倘不立即停止所述诸端活动，将严刑处死不贷。"[1]

对国人学习和使用外语，政府态度也多种多样。有支持的，如当前蒙古国对于英语的提倡；有反对的，如亚非许多国家独立之初对宗主国语言的排斥；也有随其自然的，例不需举。对待外语，许多政府都会谨慎处理同母语的关系，并有语种选择性，这种选择性或受意识形态制约，或受历史因素影响，或受世界潮流冲带。

如何对待语言传播，不同政府在不同时期可能采取不同政策。但不管如何，这些政策都须遵循语言传播规律，违反规律者迟早失败。历史上，用枪输出语言者，失败了。明朝把汉语汉字视作机密禁止外传，但利玛窦、金尼阁等一批传教士还是成了汉语通。印度建国后致力于印地语推广，期望逐步取代英语；而至今印地语推而不广，英语在印度语言生活中仍发挥着重要作用，甚至被认为是印度发展之利器。

中华民族语言，随着中国发展加快了向外传播的步伐，改革开

【1】文献出自《利玛窦中国札记》，156—157页，中华书局，1983年。

放之后的中国，也早成为外语教育的最大国度。但是，我国处理现代语言传播的经验十分不足，理性思考也相当欠缺。全面观察语言传播现象，深入探讨语言传播规律，按照规律做好语言传播规划，已成为国家发展不容忽视、不敢稍怠的社会课题。在促进中华语言的国际传播方面，有许多值得思考的问题。例如：

1．语言传播的根本动因是价值，增加中华语言的传播价值便为第一要事。比如：利用丰厚的文化资源和发展中的科技、教育，增加汉语的文化价值；利用产品进出口等经贸往来、国内外旅游业的拓展、在我国举办的大型会议及活动等，增加汉语的经济价值；利用我国在世界组织中的地位和与世界各国各区域的各种合作，增加汉语的外交价值。

2．语言传播非一相情愿之事，且中国向来以和为贵，“己所不欲，勿施于人”。要研究世界不同区域、不同国家的外语政策及其风俗习惯，研究各国各地接受汉语的历史、现状及潜在需求，用语言接纳者乐意接受的方式，来满足各国各地对汉语的不同需求。重视同语言接纳国的政府、专家的交流，共同规划汉语教育与使用的各种问题，制定互惠互利的规范标准，使汉语传播如“润物细无声”之春雨般平和，如“奔流到海不复回”之江河般长远。

3．中国是汉语国际传播的大后方，重视汉语国际传播，更须加强国内汉语教育与研究，树立母语的自信心和自豪感。固本方能强末，根深才能叶茂。语言文字工作有国内、国外两个大局，“外热内冷”为病，和谐发展为智。

4．语言传播是系统工程，需统筹考虑诸多关系。例如：华人华侨带着汉语走向世界，落地生根，形成了悠久而顽强的华文教育传统。汉语国际传播怎样与海外华文教育相互支持，相得益彰？国内的对外汉语教学，有数十年之经验，对培养海外高水平汉语人才仍不可或缺。国内的对外汉语教学同国外的汉语教学，怎样统筹安排，长短补合？中华语言丰富多彩，魅力无限，蒙古语、藏语、维吾尔语、哈萨克语、傣语等，都有重要的传播价值，甚至还有较长的国际传播历史，中华语言怎样以汉语为尖兵，形成国际传播的大阵列？

同促进中华语言国际传播同等重要，中国还要扮演好语言接纳者的角色。首要之策是根据国家未来发展的需要，制定富有远见的外语发展战略。理论而言，世界上有的语言，中国都应有人懂；世界上有重要价值的语言，我国周边的语言（包括跨境的民族语言），对中国未来发展有重要意义的语言，都应该设置专业，培养或储备人才。制定外语发展战略，应特别关注：

1．语种布局要有前瞻性，以适应国家的未来发展。

2．不仅重视外语教育，同时要设计国内的外语生活。比如：合理发展外语传媒，向世界真实报道中国；组织外语服务团队，向来华旅游、参会、经商者提供语言服务；随着中国国际化程度的提高，旅居中国的外国人士会逐渐增加，甚至形成社区，对这些社区的外语服务，相信不久就得列入政府的议程表。

3．外语教育与中华语言国际传播的呼应，包括两支工作队伍的呼应、两支研究队伍的呼应和两支教育队伍的呼应。

语言传播等一系列语言问题，史无前例地重要起来，特别需要制定科学的语言规划，协调多方关系。当前我国语言规划与管理，职责分散多处，各揽一块，政出多门，步调不一。应建立一个有权威、有效率的国家语言工作机构，统一语言规划，使汉语与少数民族语言、国内语言推广与国际语言传播、中华语言发展与外国语言教育、现实世界的语言生活与虚拟空间的语言生活等协调发展，以实现语言生活的和谐，进而促进社会和谐乃至世界和谐。

［原载《云南师范大学学报（对外汉语教学与研究版）》2007年第4期］

重视汉语国际传播的历史研究

进入新世纪最令人激动的事情之一，是汉语带着橄榄枝在世界许多地区快速传播。促进汉语的国际传播，应重视对已有的相关实践进行经验总结，鉴往而明今。与当今汉语国际传播相关的实践有很多方面，主要的有：一、早年汉学在东西方的传播；二、华人华侨在海外的语言保持与发展；三、50年来的对外汉语教学活动。

一　早年汉学在东西方的传播

汉语至少从先秦就不停向四方蔓延，汉唐为盛，形成了至今仍具有重要意义的包括越南一带、朝鲜半岛、日本等地在内的“汉字文化圈”。汉语在亚洲地区传播的特点之一，是周边地区逐渐将汉语汉字民族化。一开始是引进汉文经典，汉语作为第二语言的教学活动由之发轫。社会上层及知识界在学习汉文经典的同时，也逐渐用汉语文进行写作，转写政府公文等等。进而使用汉字记录本民族语言，为满足记录本民族语言的需求，还改变一些汉字的作用，并造出一些特殊的汉字，如越南的“字喃”，日本的“国字”等。此后，依照汉字的某种特点设计本民族文字，如日本在汉字的基础上设计出假名，朝鲜仿照汉字的结构方式设计出谚文，且长期汉字同假名、谚文合用。直到今天，日文还夹用1 945个当用汉字和若干人名用字，韩国也在使用1 800来个汉字。更为重要的是，在日语、朝鲜语（韩语）、越南语中存在着大量的汉语借词，虽然现在越南和朝鲜已经不用汉字。

汉语汉字的逐渐民族化，使得这些国家已经无法离开汉语汉字。日本每年都要举办汉字检定考试，受测人数已过200万。日本800多万部手机中有2/3可传输汉字短信，日本计算机公司生产的汉字字库的字体有2 900余款，日本的一些小学在提倡诵读《论语》。韩国同朝鲜一样也曾经废除汉字，但是现今已理性认识到汉字的重要性，前总统金大中说："韩国的各种历史古典文章和史料仍以中国汉字书写，如无视汉字，将难以理解我们的古典文化和历史传统。"2005年2月9日，韩国政府宣布，在所有公务文件和交通标志等领域，全面恢复使用汉字和汉字标记，规定将目前完全使用韩国文字的公务文件改为韩汉两种文字并用。[1]在越南，以著名法学家范维义为代表的十多位专家联名上书越南教育部，建议在中小学开设汉语必修课。这一建议是对越南历史和文化传统的传承问题长期反省的结果。汉语汉字，已经成为这些民族的文化根基，成为其民族语言不可或缺的一部分。[2]

汉语起码在汉代已经传播到中亚，并沿着丝绸之路向西延伸到西亚和欧洲。但是西洋真正的汉学兴起，却是在马可·波罗之后中国文献、传教士关于中国状况及语言的报道源源不断地传之西方。特别是明朝中后期以来的一些传教士和学者，如罗明坚、利玛窦、金尼阁、瓦罗、马若瑟、雷慕沙、马礼逊、马士曼、艾约瑟、威妥玛、甲柏连孜、卫三畏、比丘林、叶合逊等人，对汉

【1】参见《环球时报》2007年6月7日第11版。
【2】见http://blog.phoenixtv.com/user3/phoenixok/archives/2007/675825.html。

语、汉文献进行了许多研究，为西洋汉学的形成写下了富有特色的一页。西洋汉学同“汉字文化圈”不同，其形成主要是传教和语言文化的学术行为。其中有些人懂汉语，甚至还研究过汉语方言，可谓“中国通”；而有许多人并不会说汉语，甚至连中国都没有到过，他们多是借助文献、甚至是译文资料从事汉学研究。不懂或不怎么懂汉语口语而研究汉学，是西洋汉学的一个特色。当今，西洋汉学已经发生了很大变化，汉语口语和书面语兼学的人多了起来，但是，历史的汉学传统在西方多国的汉语学习和中国学的研究中，仍有不小影响。

二　海外华语的保持与发展

近代以来，华人漂洋过海下南洋谋生计求发展，甚或到美洲做劳工。他们的足迹到哪里，也就把汉语带到了哪里。汉语有官话与方言之分，早年华人带到海外的主要是方言。之后，海外逐渐形成华人社区，不同方言的华人社区之间需要进行沟通，并需要对下一代进行语文教育，语文教育用官话，这时官话也就传播到海外。国内一次次的语言变革，如国语运动、白话文运动、文字改革等等，都会对海外华文教育和海外华人社团的交际发生影响。特别是到了20世纪下半叶，在东南亚一些国家中，落地生根的华人形成了“华族”，新加坡、马来西亚等国的华族，鼓励学习华族的共同语——华语，“华语”便演变为海外华族共同语的称谓。海外华语的标准其实就是中国大陆的“普通话”或中国台湾所谓的“国语”。在欧洲、美洲、非洲等唐人街上，由于交际的需要和大陆新移民的影响，那里的语言也逐渐变为普通话或是普通话与方言并用。

据郭熙先生（2004）研究，“华语”一词最早出现在隋唐时代，其意义与“夷音、夷言”相对，相当于“汉语”。20世纪末，华语的意义逐渐演变为与汉语方言相对的海外华族的共同语。海外的汉语方言与中国的汉语方言同出一源，但也形成了一些自己的特色，因为要表达当地的事物，因为会受到所在国语言的影响。海外华语虽然是以普通话为标准，但是，除了表达当地事物和受到所在国语言的影响之外，还不可避免地受到组成这些华人社区的方言的影响。所以海外华语必然呈现出地域差异，带有些许异域风情。

海外华语及海外汉语方言，是汉语国际传播的先遣队，对周围语言和所在社会也在发生影响。海外5 000万华人华侨，都是汉语的国际传播员，他们及其后代的语言保持，应当得到母语国的大力支持。为了调适好海内外汉语的关系，最近几年，学术界不断呼吁建立“大华语”的概念[1]，并把这种大概念的华语定义为“以普通话为核心的全世界华人的共同语”，希望各华人社区的华语相互尊重，相互沟通，趋同存异。正在编写的《全球华语词典》，体现的就是这种学术精神。也有学者呼吁，简繁汉字都是中华民族的瑰宝，要提倡不同华人社区的相互学习，使用简体字的社区要“用简识繁”，使用繁体字的社区要“用繁识简”，一些华人社区也可以“简繁由之”，并在相互沟通、相互协商和用字实践的基础上，科学解决简繁汉字的分歧问题。

三　五十年来的对外汉语教学活动

汉语作为第二语言的学习活动，可以上溯到先秦。汉代张骞开通西域，远至波斯的西域商人、僧侣纷沓东来，其中很多人熟练地掌握了汉语。据《洛阳伽蓝记》载，鲜卑人拓跋氏建立的北魏，其

【1】如陆俭明（《汉语教学学刊》第1辑，北京大学出版社，2005年）、郭熙、汪惠迪、张从兴等先生。

京城洛阳有“四夷馆”，专为“四夷”来服之士所建，其中有许多葱岭[1]以西至大秦（古罗马）的商胡贩客[2]，他们中的不少人应当不同程度地掌握了汉语。隋唐时代，国子监招收了大批留学生，为外国留学生开设汉文课程，汉语作为第二语言的教学活动正规化，而且应有一定的规制与规模。自此以降，这种教学活动或盛或衰，但却延续不绝。

新中国成立后，以清华大学招收东欧33名交换生学习汉语为标志，汉语作为第二语言的教学活动逐渐发展起来。在此之后的50来年中，形成了被称之为“对外汉语教学”的学科，编纂了大量的教材与工具书，培养了大批的专业教师，建立了国家领导机构和专门的学校或院系，成立了多个有影响的学术团体，办起了多家专门的学术刊物，培养了数以百万计的外国留学生，把汉语作为第二语言的教学事业推进到一个新高度。（参见程裕祯主编，2005）

新中国50来年的对外汉语教学，把一种教学活动上升到国家事业的高度，上升到一种学科的高度，积累了在中国教授留学生学习汉语的经验，为汉语的国际传播打下了良好的基础。

四　继往开来

进入21世纪，随着中国的全面进步和国际空间的扩展，世界各地对汉语学习的要求空前提高，只把外国留学生请入国门学习汉

【1】古代对今帕米尔高原及昆仑山、喀喇昆仑山西部诸山的统称。

【2】《洛阳伽蓝记·卷三》：“永桥以南，圜丘以北，伊洛之间，夹御道，东有四夷馆：一曰金陵，二曰燕然，三曰扶桑，四曰崦嵫。道西有四夷里：一曰归正，二曰归德，三曰慕化，四曰慕义。……西夷来附者，处崦嵫馆，赐宅慕义里。自葱岭已西，至于大秦，百国千城，莫不欢附。商胡贩客，日奔塞下，所谓尽天地之区已。乐中国土风，因而宅者，不可胜数。是以附化之民，万有余家。门巷修整，阊阖填列，青槐荫陌，绿柳垂庭，天下难得之货，咸悉在焉。”

语，显然不能满足世界的要求。2005年7月在中国召开了世界汉语大会，这标志着汉语作为第二语言的教学发生了重大的战略性变化。一方面，会有更多的留学生到中国学习汉语，另一方面会有更多更多的人在当地学习汉语。也就是说，作为第二语言的汉语教学不仅要“请进来”，而且更要“走出去”，“对外汉语教学”这一概念已经不能涵盖这种新发展。

两年来的情况已经表明，“走出去”必然带来教学理念、教学管理、教学标准、教学方法等一系列重大变化。满足世界汉语学习的需求，是汉语母语国应负的责任，应尽的义务；跟上汉语国际传播形势，主动适应变化，是教师、管理人员等一切与之相关人士的社会使命和学术使命。

跟上形势、适应变化，并不是要抛开历史空手上阵，而是要认真总结已有的经验，使其成为当今事业发展的铺路石。而且前述的三个方面并非仅仅是可供总结经验的历史对象，而是对当今的汉语国际传播还在发生着影响，利用好这些历史资源，显然是汉语国际传播事业顺利地可持续发展的重要方面，因此应当对此做深入研究。

主要参考文献

程裕祯主编 2005 《新中国对外汉语教学发展史》，北京大学出版社。

郭　熙 2004 《社会语言学（增订本）》，浙江大学出版社。

［原载《云南师范大学学报（对外汉语教学与研究版）》2007年第5期］

明了各国国情　顺利传播汉语

《世界汉语教学》经数代学人不懈努力，已成为本领域的权威期刊。作为她的读者与作者，愿借其宝贵版面，谈点汉语国际传播方面的想法，以表示对她创刊20周年的祝贺，并就教方家。

一国有一国之国情，不同国情往往影响到语言传播，或促进，或限制。如南邻泰国，素与我国交好，并历代有众多华人旅居。近些年来，诗琳通公主大力倡导汉语学习，并身体力行，垂范于民。这种国情对汉语在泰国的传播当然有利。再如东邻日本，有悠久的汉文使用传统，现在还用着1 945个汉字及一些人名专用汉字，在计算机广泛应用的今天，个人的汉字使用量还在不断增加。日本人珍爱汉字，熟悉汉字，汉字自然成为他们学习汉语的重要辅助工具，这同西方的情况很不相同。

明了各国国情，特别是与语言传播密切相关的国情，是制定汉语国际传播方略、促进汉语顺利传播的基础。国别研究，起码应注意如下一些方面：

1．语言政策。多数国家都有其语言政策，或者成文，或不成文。国家语言政策要者有三：

（1）国内语言生活的管理。对于华人居住较多甚至形成了“华族”的国家，华语是其国家语言的一部分，华人社团对待华语的态度，所在国对待华语的态度，直接关乎华文教育，关乎汉语在这些国家的传播。

（2）外语的教育与使用。特别应关注汉语在外语教育中的地位。比如：美国把汉语列为国家的“关键语言”之一，汉语被许多国家列为学校外语教育的语种之一，走进了国民教育体系。在遥远的爱尔兰，当局也在关注与中国的学术交流，组织汉语教学。这些情况都需仔细了解，认真分析。

（3）本国语言的向外传播。许多国家都支持本国语言的向外传播，如日本曾赞助做中国日语状况的调查，并在许多国家设立日本学研究中心；阿联酋也曾资助外国的阿语系。至于英国的文化委员会、德国的歌德学院、西班牙的塞万提斯学院等等，他们推广本国语的作法已是耳熟能详之事。了解这些作法与经验，以为攻玉之“他山之石”。

2．语言特点。有些国家只有一种语言，有些国家有多种语言。了解这种或这些语言（及其文字）状况，并与汉语进行对比分析，对汉语学习价值巨大。不管用什么理论解释语言获得，母语在第二语言学习中的作用（比如正迁移、负迁移等），都不容忽视。不同文字系统对于第二语言学习也有一定影响。世界语言约五六千种，我国所能了解的十分有限，甚至所有国家的国语，我国未必都有人懂得。了解这些语言，利于汉语的世界教育，而且外语也是国家的重要资源，对世界语言了解越多，对中国走向世界的进程越有帮助。

3．文化风貌。不同的国家呈现不同的文化风貌。文化风貌是宗教信仰、文化风俗、历史传统、意识形态等诸多因素综合形成的，决定人的道德观念、价值取向和行为方式。语言表达文化，语言行为是文化行为的重要组成部分。因此，不同的文化风貌对于教学内容、教学方式和教育机构的设置，都大有影响。比如海外华人社区的华文教材，就不完全适合伊斯兰世界的汉语教学；传统汉字文化圈的汉语教学与非洲的汉语教学当然会很不同。

4．学习需求。语言传播的原动力是语言学习需求。要了解各国汉语学习的需求量，分析汉语学习的不同目的、人群分布和需求走势，研究政府在这种需求中扮演的角色，以便于制定满足各种学习需求的宏观计划和具体方案。

世界上国家近200个，不可能也没必要为每个国家都制定一套汉语教育计划，都开发一套汉语教育产品。就汉语传播的角度看，很多国家有较多共性，因此可以根据国别研究的结果归拢出若干区域，比如海外华人华裔聚集区域、传统的汉字文化圈、阿拉伯世界、欧洲、非洲、北美、拉丁美洲、南美、澳洲等等。这种区域虽与地理相关，但不纯粹是地理切分，其中包含着文化传统、语言类型、经济状态和政治制度等因素。研究不同区域汉语传播的特点，制定各个区域的汉语传播方略，研制适于不同区域的教学规范及考试标准，编写适应不同区域的教材，建立合适的汉语传播机构等等。汉语传播事业的可持续发展，必须在这种研究基础上进行。

当然，这是一项浩瀚的基础研究工程，非数人数年所能为，必须有计划地持之以恒地工作。这当然需要有专门的研究队伍，并尽量利用国内外已有的研究成果，同时，如果充分发挥计算机网络、驻外机构、出国留学人员、外国学者的作用，当能事半功倍。

［原载《世界汉语教学（创刊二十周年纪念专号）》2007年第3期］

语言学习需求与对外汉语教学*

有组织地教外国人学习汉语，起码可以上溯到汉代。付克（1986：3）指出，东汉明帝在永平九年（公元66年），曾经为功臣樊、郭、阴、马四氏之子弟设立学校，时称“四姓小侯学”。“四姓小侯学”声名日彰，“匈奴亦遣子入学”。教匈奴子弟学汉语，便有对外汉语教学的意味。

杨衒之《洛阳伽蓝记》卷三载，北魏时都城洛阳“夹御道，东有四夷馆”，并说：“自葱岭已西，至于大秦，百国千城，莫不欢附。商胡贩客，日奔塞下，所谓尽天地之区已。乐中国土风，因而宅者，不可胜数。是以附化之民，万有余家。”文中虽然没有具体记载这万余家“乐中国土风”的“附化之民”，怎样学习汉语或怎样令子弟学习汉语，但相信当时必然会有针对他们的汉语教育。

当然历史上也有为怕“泄漏我国百姓情况”而政府明令不准教外国人学习汉语汉字的。例如16世纪末，利玛窦从澳门到香山，就看到盖着总督大印的布告，称教外国人学习汉语汉字，属“处死不

---

* 2004年12月5日，上海财经大学举办商务汉语研讨会，我应邀在会上作了《中国的和平崛起与对外汉语教学》的学术报告，本文是在这一报告的基础上改写而成。

贷”之罪。[1]这是明代禁海锁关政策的体现。

但总体而论，自东汉以降近两千年，经盛唐，历宋元明清至于民国，对外汉语教学时盛时衰，但却持续不绝。[2]当然，对外汉语教学真正发展起来，成为一门现代意义上的学科，成为国家的一项重大事业，还是1978年以来近二十几年的事情。[3]二十多年来，来华留学生人数、对外汉语教学的教材建设和师资队伍培养、与海外汉语教学界的合作等等，都有了长足进展，以至于“对外汉语教学”这一概念已经涵盖不了它所开拓的这番事业。[4]如何发展对外汉语教学事业，学界已是高见迭呈。比如，提出应把对外汉语教学作为汉语国际传播和国家和平发展的重要措施；注意世界华人社会的语言沟通，合理解决汉字教学中的简繁体问题，形成汉语国际传播的合力等等。政界更是高招频现，比如，举办“汉语桥”工程，开办“孔子学院”，招募对外汉语教学志愿者，召开世界汉

【1】《利玛窦中国札记》，156－157页，中华书局，1983年。转引自袁伟时（2003：9－10）。

【2】对外汉语教学的历史发展，参见鲁健骥（1998）、张亚军（1990）。

【3】20世纪以来，特别是1950年以来对外汉语教学的发展状况，请参见吕必松（1990）、刘珣（2000：37－56）、赵金铭（1989）、张德鑫（2000）。

【4】随着事业的发展和研究的深入，人们对“对外汉语教学”这一名称已经不太满意了。其一，教人学习汉语，是一门学科，并不仅仅是“教学活动”，而且仅有“教学”也是不够的，需要一系列的“教育”环节，因此有人建议改为“对外汉语教育学”。其二，对外汉语教学只适合指称我国在本土开展的教外国人学汉语的活动，但是这一概念不能涵盖国外开展的汉语作为外语的教育活动。其三，开办华文教育是海外华侨华人的传统，华语教学是华文教育的重要组成部分。华人华侨的后裔大部分具有外国国籍，但是，他们与一般的外国人显然不同，汉语（华语）必然是他们的母语，因此华语教学不能称为对外汉语教学。这些不满意都是有道理的。本文还沿用“对外汉语教学”，是因为：第一，本文的视野虽然在整个世界汉语教学，包括国外的汉语作为外语的教学和华语教学，但主论对象是我国开展的或我国主导的教外国人学汉语的活动；第二，理想的状态是，名称在字面上能够很好地反映概念，但是名称必然只是概念的符号，许多情况下名称在字面上都不能很好地反映概念，仅从字面上望文生义地理解概念常常行不通。例如“主语”在语义上并不都是“主动”的或“主要”的；“文学语言”作为语言学术语，指标准语（偏重于书面的），其意义并不是文学作品里所用的语言。而且，一个普遍用开了的名称改起来也困难，若无大碍，不改也可。

语大会等等。本人不敏，但也常想为近来出现的“对外汉语教学热”贡献点智力。本文拟从语言学习需求的角度来谈谈发展对外汉语教学的问题。

一　汉语学习的需求及汉语水平等级

（一）汉语学习的需求

语言学习的需求是语言学习的原动力。有需求就要有满足，满足语言学习需求的活动就是语言学习。对于语言学习者来说，语言学习需求就是他的学习动机。对于语言教育者来说，满足学习者的学习需求，就是语言教育目标。因此，研究语言学习需求对于发展对外汉语教学事业是异常重要的。学界虽然也不断关注外国人汉语学习的需求问题，但是，这一与对外汉语教学发展规划密切相关的课题，并没有得到应有的重视，更缺乏科学管用的研究成果。

外国人的汉语学习的需求，无论是需求的强度还是需求的方面，不同时期都会有不同的变化。总体而言，当今外国人的汉语学习需求大致来自如下六方面：

A．了解新鲜事物

在西方人眼里，起码自马可·波罗时代以来，中国一直是神奇而充满魅力的国度，汉语汉字汉文化奇妙无比，为满足好奇心而接触汉语，学习汉字，在西方绝不是个例。

B．到中国旅游

当代的世界，旅游已经成为人们重要的精神消费活动，到中国旅游，是许多外国人的愿望。特别是我国承办世界性的运动会、博览会以及各种会议等越来越多，更是增加了外国人到中国旅游的机遇、亮点和吸引力。为了到中国旅游需要学点汉语。

C．就业

中国的改革开放和经济、文化事业的发展，令世界瞩目，随着中国的不断强大，外国公司纷纷进入中国市场，许多国家的有关中国的事务也多了起来，重要起来，这就需要大批懂得汉语、了解中国的人才，于是也就产生了许多与汉语汉文化有关的工作岗位。为了得到这些工作岗位，就需要学习汉语。

D．到中国学习

中国有独特于世界的学问和艺术，如中医中药，中国哲学，中国历史，中国语言文字学，中国文学，中国武术，中国戏曲等等。这些独特的学问和艺术，吸引一代又一代外国人来华留学。随着中国科学、教育和文化的快速发展，在许多非中国传统的现代学术和艺术领域，中国也逐渐呈现出来自己的一些优势。这些新生的优势学科和艺术也会吸引越来越多的外国学生来华留学。为了到中国学习，需要学习汉语。

E．研究中国

中国是世界上历史悠久的大国，研究中国不仅是中国人的任务，也是世界学人的任务；中国是当今世界上正在走向强大的国家，不仅学者要研究它，政界、经济界、外交界等等也要研究它。过去，几百年间在东洋和西洋形成了“汉学”或“中国学”，其影响延绵至今。近几十年来，对现在中国的研究也逐渐成为热点，如中国经济、中国政治制度、中国人口制度、中国民族问题等等。研究中国，成为“中国通”，需要学习汉语。

F．欣赏、传播中国语言和中国文化

许多西方学人，非常欣赏中国的语言与文化，致力于学习、研究和传播中国的语言与文化。他们是中国文化的认同者，而且其中一些人会成为具有当今时代特点的汉学家。文化认同是最大的学习需求，具有长久不衰的学习动力。当然，他们不仅学习汉语，而且常常在汉语研究和汉语教学等方面，都有独到之处，都能有所建树。

（二）汉语水平等级

这些不同的汉语学习的需求，决定了学习者对自己汉语学习水平的不同期望，从而形成不同的汉语学习目标。依照这些不同的学习期望或学习目标，可以划分出三种不同的掌握汉语的水平：1．初始汉语；2．常态汉语；3．高深汉语。

1．初始汉语

A（了解新鲜事物）和B（到中国旅游）两种需求，对语言学习的深度要求不高，只期望对汉语汉字有所接触，掌握一些简单对话，达到初始汉语水平。在以往的对外汉语教学中，这一块常被忽视，缺乏有效的教育规划和应有的学术研究。其实，学习“初始汉语”的人数可能非常之多，也许是当下和今后对外汉语教学事业的重要生长点。经过初始汉语的学习，许多人也许会产生继续学习的兴趣，如果引导得法，初始汉语学习者可能会成为常态汉语学习者的源源不断的后备军。

初始汉语教学，具有趣味性、速成性和实用性等特点，必须摆脱学院式的教学规则，编制饶有趣味的速成课本，并更要注意充分利用汉语拼音和学习者的本国文字。要设计不同学习时间长度的教学方案，可以多在学习者本土办学。要利用奥运会、世博会等机会开办初始汉语班。要注意采取各种方法，激发学习者深入学习汉语的欲望，把初始汉语学习者看做对外汉语教学发展的温床。

2．常态汉语

抱有C（就业）和D（到中国学习）两种需求的汉语学习者，构成了对外汉语教学的主层面。以往学习汉语的学生，有不少就是为了到中国学习。我国的对外汉语教学，也就是在这方面发展起来的，积累了不少经验，取得了骄人的成绩。但是也要看到，过去来中国的留学生，多是为了学习中国传统的学问和艺术，而今天，到中国学习现代学问、研修现代艺术的留学生正逐渐增多，这些留学生需要达到什么样的汉语水平，需要采取什么样的学习方式，值得深入研究。同时，以往对于以就业为目的的汉语学习谋划较少，经验较少。不同的就业岗位，需要达到的汉语水平必然会有差异，需要掌握不同的专业词汇，需要使用不同就业岗位的语言技能。这是一方对外汉语教学的新天地，必须尽快研究并大力开展以就业为导向的适应不同工作岗位的汉语教学。

3. 高深汉语

满足E（研究中国）和F（欣赏、传播中国语言和中国文化）两种需求，需要较高的汉语水平。抱有这两种需求而学习汉语的人数不会很多，但是意义重大。一个汉语言文字学家，一个汉学家，就是一个汉语言文化的传播源，值得花大气力进行培养扶植。历史上，东洋和西洋都曾经出现过不少汉学家，近几十年也有一些到中国留学的外籍人士成为汉学家，但是总体而言，我们还缺少培育汉学家的经验，缺乏培育汉学家的得力举措，甚至缺少培育汉学家的自觉意识。眼看国外老一代汉学家相继辞世或退休，这一任务就显得尤为重要而紧迫。

依照不同学习的需求划分出来的如上三级，当然是概念性的，每一级别内部又都有许多具体情况。这些级别及其内部的各种具体情况，对教学，对“汉语水平考试（HSK）”等等，都有不同要求。应当根据不同类别进行不同的教学设计，从而带来教材的多样化，教学的多样化，考试的多样化。对外汉语教学工作深入发展的一个重要方面，就是要认真分析世界上汉语学习的需求，根据需求发现新的增长点，开辟新的工作面。

二　提升汉语价值，扩大学习需求

（一）努力提升汉语价值

对外汉语教学，是要满足外籍人士对汉语学习的需求，而对外汉语教学事业的发展，更应当学会制造国际对汉语学习的需求。某一语言有无学习需求，有多高的学习需求，取决于该语言有无社会需求；而该语言有无社会需求，本质上取决于该语言在社会生活中所具有的价值。凡是今天还成活着的语言，凡是还有人去学习的语言，包括日常生活中已经不用的古老的拉丁语、梵语之类，一定是在社会生活中还有一定价值的语言。这价值，或是物质价值，或是科学文化价值，或是民族情感方面的精神价值，等等。所谓制造汉语学习的需求，其实就是千方百计地提升汉语的价值。

语言价值的高低涨降，与使用该语言的民族在族际、在国际上的地位的高低升降相关。盛唐之世，中国国力强盛，亚洲各国纷纷来华留学，学习汉语汉文化，形成我国对外汉语教学史上的第一个高峰期。与此相对照，19世纪下半叶20世纪上半叶，列强侵蚀，国势羸弱，来中国留学者寥寥无几，对外汉语教学几乎中断。刘珣（2000：37）指出："有的资料曾提到40年代燕京大学的外国留学生要求学习汉语，当时只能请一些既无语言方面的科学知识又不懂外语、但古文很好的教会中的老先生来教。"何以没有对外汉语教学的师资？因为贫弱的中国的语言对外国人来说已经没有多少价值了，有此学习需求的人太少了。

语言的价值可以随着民族与国家的强盛自然增殖，但是仅此显然不够。英语在当今世界上的强势地位，不仅与当年的大英帝国和当今的美利坚合众国的国力有关，也与英美合力向世界推销英语有关。为了国家的强盛，为了使汉语发展为强势语言，必须有意识地制造国际上对汉语的需求，科学制定汉语国际传播的规划，全面而快速地提高汉语的国际价值。这种语言规划不是一个部门的事情，而是一种国家发展战略，需要国家各部门通力合作，需要学者和民间组织全力参与。

（二）扩大汉语需求的若干方面

只要有提升汉语价值、扩大汉语学习需求的自觉意识，当前便可在许多领域中有所作为。例如：

1．经贸

中国是一个长久不衰的世界大市场，应当要求进入中国市场的商品，其广告、产品说明和产品上的文字标志等使用中文或附有中文，以保护消费者的知情权。[1]中国是一个充满活力的“世界加工厂”，出口的产品，其广告、产品说明和产品上的文字标志等应有意识地使用中文或附有中文，使汉语文件随着中国产品走向世界。从多元文化和国家平等的角度，应当要求和维护中文在世界经贸组织、经贸往来中的地位，比如在经贸谈判中适当使用中文，在制定经贸规则、签订经贸合同时，使用或附用中文文本，并逐渐争取中文文本同英语等文本具有同等的法律效力。经济贸易从来都是语言传播的最重要的动力，通过经贸来提升汉语的价值，扩大学习汉语的需求，空间十分广阔，力量十分巨大。

2．旅游

中国拥有丰富的对世界充满魅力的旅游资源，加之2008年奥运会、2010年世博会等世界性的各种盛会，到中国旅游的外国人一定越来越多，并会形成一个接一个的旅游高潮。为了方便外国客人，让热情好客的中国人学点外语，在一些旅游设施、旅游宣传和具体

【1】据估计，仅此一项，就可以增加许多与汉语相关的工作岗位，不仅有效扩大汉语学习的需求，而且也会为中国人才提供相当可观的就业机会。

导游之时使用点外文，对于发展旅游业是有好处的。但也不能忘记，要自觉利用旅游来传播汉语汉文化。例如，引发外国客人对汉语汉字的兴趣，印发汉外对照旅游用语或是双语旅游手册等等；例如，在旅游期间开办汉语短期学习班等等。对于我国将举办的一些重要的国际盛会，还可以事前在国内或国外举办汉语汉文化的培训班，编写汉语900句等等。利用旅游来传播汉语，会在全世界制造良好的汉语氛围，获得超乎意料的效果。

3．留学

上世纪80年代以来，到中国留学的学生人数快速增长。由学习中国语言和中国独特的学问、艺术，开始向其他学科拓展蔓延，并有了多种学位教育。这是中国科学教育事业发展的必然结果。为吸引外国学生到中国留学，在汉语文要求方面一开始可以放宽一些，但是另一方面，通过教育推广汉语也是需要及早谋划的大事。其一，重视留学生语言预备期的汉语教学，以解决教学语言的问题，保证教学质量。其二，课程学习期间，注意继续提高留学生的汉语言水平，时时提供汉文化的熏陶。其三，在学位论文和论文答辩等方面，一定要有关于汉语文的要求。切不可小视这种汉语文的要求。这种要求不仅是国际通例，是教育规格的体现，是教育主权的表征，同时也是传播汉语汉文化的大指挥棒，也是树立以汉语文为载体的科技文献的国际威望的重要举措。

理论上说，凡是申请中国学位的，都必须具备一定的使用中国通用语言文字（普通话、规范汉字）或是相关的中国少数民族语言文字的能力。具体表现就是，用中国语言文字撰写学位论文和进行论文答辩。鉴于中国教育刚刚走出国门，可以在提倡使用中国语言文字撰写学位论文和进行论文答辩的前提下做些变通。比如可以这样规定：

（1）凡是学习研究中国独特学问、艺术的，如中国语言文字、中国文学、中国历史、中国古代哲学、中国医学药学、中国绘画、中国古建筑、中国传统戏曲、中国体育等等，必须使用中国语言文字撰写论文和进行答辩。

（2）凡是研究现代中国问题（可以称为“现代中国学”）的，如中国经济管理、中国政治制度、中国新闻状况、中国人口问题、中国农村发展战略、中国教育政策、中国外交史等等，可以暂时允许使用外国语言文字撰写论文，但是必须用中国语言文字撰写论文提要，使用中国语言进行论文答辩，并提交中国语言文字的论文副本。

（3）研究其他学问的，如数学、物理学、化学、生物学、地质学、计算机科学、医学、农学等等，可以暂时允许使用外国语言文字撰写论文和进行答辩，但必须用中国语言文字撰写论文提要，并提交中国语言文字的论文副本。

4．外交与国际会议

国际上的外交通用语言是有规约的。当年，拉丁语、法语之在欧洲，汉语之在东部亚洲，都曾充当过外交通用语言。今天，世界上的几个大语种，特别是英语，充当着外交通用语言的角色。中国的外交当然应遵从当今外交的语言规约，但是，汉语在联合国等国际组织中也是工作语言，而且在外交场合使用本国语言是国家主权的象征，这也是国际规约。因此，要充分发挥汉语在联合国及其下属组织的作用，要争取汉语在其他国际组织中的地位，在正式外交会议和双边外交中注意使用汉语文。努力提升汉语在国际交往中的价值，制造汉语的外交需求。外交部新闻发言人用汉语发言，用汉语答问，就是非常值得赞赏的。

此外，要努力争取汉语作为各种国际会议的会议语言。特别是在中国召开的国际会议，中国人参加较多的国际会议，讨论中国语言文字、中国文学艺术、中国历史及其他中国问题的国际会议。

应当学会在国际交往和经贸往来中提出这样的要求："我需要汉语文本。""我使用汉语发言。""我需要汉语翻译。"

（三）其他相关问题

1. "固化"汉语的价值

汉语的价值，要采取适当的形式把它"固化"下来。证书是重要的固化形式。证书的获取有些可以通过修业，多数还是通过考试，因此首先是要开发针对不同人群、不同汉语学习需求的考试，除HSK主干考试之外，国家对外汉语教学领导小组办公室最近新开发的商贸、旅游、文秘及幼儿等汉语水平考试，便是这种开发思路的实践。证书不仅要多样化，更要同劳动市场挂钩，同与汉语相关的各种就业岗位挂钩。也就是说，要把汉语的价值固化到证书上。

法规也是固化汉语价值的重要形式。比如关于外国人申请中国学位的语言文字要求，如果写进学位条例等教育法规中，其影响是很大的，其意义是深远的。

在利用证书、法规等来固化汉语价值的时候，要注意发挥外国及其公司的作用，特别是要注意形成他们的内动力。比如，支持许多国家把汉语作为外语纳入国民教育体系，鼓励外国举办或与我合办汉语教育机构，注意发展HSK同国外的一些汉语考试的联合关系或互认关系，从而使HSK考试证书同国外劳动市场挂钩，同国外公司的招聘、晋升、提薪等用人制度挂钩。

2. 重视海外华语

在提升汉语价值、制造汉语需求时，还要特别重视海外华人华侨的作用。华语在各个国家地位的提高，也会使整个汉语的需求上升。海外华语是汉语走向世界的先遣队，华语教育是世界汉语教学的"小本营"。

3．普通话、简化字问题

在发展对外汉语教学时，还必须巧妙处理汉语汉文不一致的问题。汉语的不一致，是指普通话与方言的不一致；汉文的不一致，是指汉字简体、繁体不一致。理论上说，普通话和方言，简化字和繁体字，都为中华民族的交际和文化传承发挥了并仍在发挥着重要作用，都是中华文化的宝贵财富，都需要珍爱和传承。但是在对外汉语教学中，应当提倡教普通话和简化字，这是因为：

（1）普通话和简化字是《国家通用语言文字法》法定的国家通用语言文字，教外国朋友学习汉语，就应当教规范的汉语汉字。

（2）从长远看，要同中华人民共和国打交道，就必须使用普通话和简化字，方言和繁体字只适用于特殊的领域或特殊的区域，只有那些学习和研究这些特殊领域的外国人，只有那些专同某些区域进行交际的外国人，才需要学习方言和繁体字。

（3）对外汉语教学也是重要的教育经济活动，用简化字教普通话的教材，用简化字编写辅助教学读物等等，其经济利益最终汇集到中华人民共和国。

（4）更为重要的是，制造汉语需求、提升汉语价值，在汉语汉文不一致的情况下，其实主要是要制造对普通话和简化字的需求，提升普通话和简化字的价值，这是从国家利益出发的。《人民日报》（海外版）过去用繁体字对外发行，后来改为简化字，这种改版无疑是具有远见卓识的。[1]

【1】但是，也还有许多人没有意识到这一点，比如：中国国际航空公司的许多飞机班次，其电子显示屏上动态飞行地图用的就是繁体字。许多内地厂家产品（包括出口产品）的广告、说明书等用繁体字。许多人（包括公务员和教师）的名片用繁体字。若从提升普通话和简体字的价值方面考虑，还有许多可以改进的地方。

三 结语

外籍人士的汉语学习的需求，是对外汉语教学事业发展的基础，需要认真研究。当前外国人学习汉语的需求，主要来自于六个方面：A．了解新鲜事物；B．到中国旅游；C．就业；D．到中国学习；E．研究中国；F．欣赏、传播中国语言和中国文化。因此而学习汉语的人，他们期望或是需要达到的汉语水平可以分为三级：初始汉语、常态汉语和高深汉语。必须根据汉语学习需求和由这些需求而决定的汉语水平等级，进行不同的教学设计，促进教材多样化、教学多样化和考试多样化，开拓对外汉语教学领域。

不仅应积极满足外籍人士现有的汉语学习需求，更要努力创造国际上新的汉语学习需求，提升汉语的价值，这是对外汉语教学事业发展的基础性工程。当前具有广阔发展空间的是经贸、旅游、留学、外交和国际会议等领域。此外，要注意用证书和法规的形式来固化汉语价值，要重视海外华语的作用，要努力树立中国通用语言文字（普通话和简化字）的国际声望。

主要参考文献

陈章太 2005 《语言规划研究》，商务印书馆。
范祥雍 1978 《洛阳伽蓝记校注》，上海古籍出版社。
付 克 1986 《中国外语教育史》，上海外语教育出版社。
高晓芳 2005 《晚清洋务学堂的外语教育研究》，中国传媒大学博士学位论文。
国家对外汉语教学领导小组办公室 1990 《各国推广本族语情况汇编》，北京语言学院出版社。

李如龙主编 2000 《东南亚华人语言研究》，北京语言文化大学出版社。
李晓琪 1999 《加强语言学习理论研究，深化对外汉语教学学科建设》，吕必松主编《语言教育问题研究论文集》，华语教学出版社。
李宇明 2003a 《信息时代的中国语言问题》，《语言文字应用》第1期。
—— 2003b 《论母语》，《世界汉语教学》第1期。
刘 珣 2000 《对外汉语教育学引论》，北京语言文化大学出版社。
刘 珣主编 1997 《对外汉语教学概论》，北京语言文化大学出版社。
柳英绿、金基石主编 1997 《对外汉语教学的理论与实践》，延边大学出版社。
鲁健骥 1998 《对外汉语教学学科建设的一个重要课题——谈对外汉语教学历史的研究》，《语言文字应用》第4期。
吕必松 1990 《对外汉语教学发展概要》，北京语言学院出版社。
孟长勇 1999 《对外汉语教学研究应加强调查统计和数据分析》，华北分会论文集编委会编《对外汉语教学研究论文集1997》，天津人民出版社。
邱树森主编 1996 《中国回族史》（上、下），宁夏人民出版社。
许嘉璐 1999 《关于“汉语热”的一点想法》，吕必松主编《语言教育问题研究论文集》，华语教学出版社。
—— 2000 《未成集——论新时期语言文字工作》，语文出版社。
袁伟时 2003 《帝国落日——晚清大变局》，江西人民出版社。
张德鑫 1997 《从“雅言”到“华语”——寻根探源话名号》，柳英绿、金基石主编《对外汉语教学的理论与实践》，延边大学出版社。

张德鑫 2000《对外汉语教学50年——世纪之交的回眸与思考》，《第六届国际汉语教学讨论会论文选》，北京大学出版社。

张国刚 1994《德国的汉学研究》，中华书局。

张亚军 1990《对外汉语教学法》，现代出版社。

赵金铭 1989《近十年对外汉语教学研究述评》，《语言教学与研究》第1期。

—— 1997《汉语研究与对外汉语教学》，语文出版社。

赵金铭主编 2004《对外汉语教学概论》，商务印书馆。

周清海 2002《新加坡华语词汇与语法》，玲子传媒私人有限公司。

周小兵 1996《第二语言教学论》，河北教育出版社。

邹嘉彦、游汝杰 2001《汉语与华人社会》，复旦大学出版社、香港城市大学出版社。

［原载《汉语教学学刊》第1辑，北京大学出版社，2005年］

语言学术评点

《论语》之论语

切音字运动普及教育的主张

重视语言现状的调查研究

关注本土语言调查　关心现代语言生活

严谨治学　务实为本

《论语》之论语

《论语》是记述孔子言行的儒家基本经典，其中也有少量孔门弟子的言行记录。《论语》中专门论述语言的内容虽然不多，但直接或间接涉及语言之处却也不少。《论语》之对语言及语言行为的论述，即“《论语》之论语”，主要包括慎言恶佞、言行相副、言而有信、言语合礼、言必有用、言当雅顺等，还涉及当时其他方面的一些语言行为规范。本文将《论语》中关于语言的记述摘录下来，依照内容梳理分类，稍做分析。本文所用版本为《论语注疏》，魏何晏注，宋邢昺疏，今人朱汉民整理，北京大学出版社2000年第一版。

一　慎言恶佞

慎言是《论语》最重要的语言态度，有许多章句都述及“慎言”。例如：

（1）子曰：“君子食无求饱，居无求安，敏于事而慎于言，就有道而正焉，可谓好学也已。”（学而，12页）[1]

【1】本文的例子出处，前面是篇名，后面是《论语注疏》的页码。行文中只注页码者，亦为《论语注疏》的页码。

（2）子张学干禄。子曰："多闻阙疑，慎言其余，则寡尤。多见阙殆，慎行其余，则寡悔。言寡尤，行寡悔，禄在其中矣。"（为政，22页）

（3）陈子禽谓子贡曰："子为恭也，仲尼岂贤于子乎？"子贡曰："君子一言以为知，一言以为不知，言不可不慎也。"（子张，300页）

（4）南容三复白圭，孔子以其兄之子妻之。（先进，161页）

例（1），孔子提出"敏于事而慎于言"，是慎言的基本主张。例（2），孔子告诉子张的求禄之法是"言寡尤，行寡悔"，而要做到"言寡尤"，需要博学多闻，不懂得的付之阙如，即使没有疑问的也须慎言。例（3），陈子禽说孔子未必比子贡贤，子贡责其出言要慎，因为一句话就可以判定人之智与不智。[1]例（4）记述南容读白圭之诗，反复三次。《诗·大雅·抑篇》："白圭之玷，尚可磨也。斯言之玷，不可为也。"正义曰："白玉为圭，圭有损缺，犹尚可更磨鑢而平，若此政教言语之有缺失，则遂往而不可改。为王者，安危在于出令，故特宜慎之。是诗人戒其慎言。南容之心，亦欲慎言，故三复读此也。"（161页）孔子以此知道南容懂得慎言之重要，竟因此而将侄女嫁给了他。

《论语》对慎言讲求极甚，乃至讲求到"木讷""无言"的程度。例如：

（5）子曰："君子欲讷于言而敏于行。"（里仁，58页）

（6）子曰："刚、毅、木、讷近仁。"（子路，204页）

（7）子曰："予欲无言。"子贡曰："子如不言，则小

【1】正义曰："……君子出一言是，则人以为有知；出一言非，则人以为不知。知与不知，既由一言，则其言不可不慎也。"（300—301页）

子何述焉？”子曰：“天何言哉？四时行焉，百物生焉，天何言哉？”（阳货，247页）

《论语》讲求慎言，自然也就反对“巧言”和“佞辩”。先看《论语》关于“巧言”的记述：

（8）子曰：“巧言令色，鲜矣仁。”（学而，4页）（阳货，273页）

（9）子曰：“巧言、令色、足恭，左丘明耻之，丘亦耻之。”（公冶长，74页）

（10）子曰：“巧言乱德。”（卫灵公，245页）

（11）子曰：“恶紫之夺朱也，恶郑声之乱雅乐也，恶利口之覆邦家者。”（阳货，273页）

例（8）《学而》《阳货》重出，例（9）还把左丘明请出来，意在强调仁者应“直言正色”，不应“巧言令色”。例（10）甚至认为“巧言乱德”。正义的解释是：“有言者不必有德，故巧言利口则乱德义。”（245页）例（11）更认为“利口”（巧言）可覆邦国。汉代孔安国传曰：“利口之人，多言少实，苟能悦媚时君，倾覆国家。”（273页）

下面是关于佞辩的一些章句：

（12）孔子曰：“益者三友，损者三友。友直，友谅，友多闻，益矣。友便辟，友善柔，友便佞，损矣。”（季氏，257页）

（13）或曰：“雍也仁而不佞。”子曰：“焉用佞？御人以口给，屡憎于人。不知其仁，焉用佞？”（公冶长，61页）

（14）子路使子羔为费宰。子曰：“贼夫人之子。”子路曰：“有民人焉，有社稷焉，何必读书，然后为学？”子曰：“是故恶夫佞者。”（先进，171页）

例（12）中，孔子把“友便佞”[1]列为“损者三友”之一。例（13）赞扬冉雍“仁而不佞”，指出佞者伶牙俐齿，常遭人憎恶。例（14）子路佞辩，孔子生气地说：“是故恶夫佞者。”

从这些例子及相关的分析可见，《论语》所谓的“巧言”“佞辩”，或言实不符，或文过饰非，或有乱德之嫌，或有谋利之私，绝不是口才意义上的“能言善辩”。事实上，《论语》虽然主张慎言，虽然反对巧言佞辩，但并不简单地反对言语口才。例如：

（15）德行：颜渊，闵子骞，冉伯牛，仲弓。言语：宰我，子贡。政事：冉有，季路。文学：子游，子夏。（先进，160页）

（16）子曰：“有德者必有言，有言者不必有德。”（宪问，207页）

（17）子曰：“不有祝鮀之佞，而有宋朝之美，难乎免于今之世矣。”（雍也，85页）

例（15）记述孔子培养有像宰我、子贡这样的能言语辩说、出使四方的外交人才。正义曰：“若用其言语辨说，以为行人，使适四方，则有宰我、子贡二人。”（160页）例（16）中，孔子指出“有德者必有言”。例（17）还赞扬祝鮀之口才。

二　言行相副、言而有信

《论语》重行，主张言行相副，反对言过其行，甚至言而不行。例如：

（18）子曰：“君子耻其言而过其行。”（宪问，223页）

【1】便：辩。佞而辩。

（19）子曰："始吾于人也，听其言而信其行；今吾于人也，听其言而观其行。于予与改是。"（公冶长，65页）

（20）子贡问君子。子曰："先行其言而后从之。"（为政，21页）

（21）子曰："法语之言，能无从乎？改之为贵。巽与之言，能无说乎？绎之为贵。说而不绎，从而不改，吾未如之何也已矣。"（子罕，135页）

此四例都涉及言行关系。例（18）指出君子以言过其行为耻。[1] 例（19）是孔子因宰予白天贪睡不学而得的感受。孔子斥宰予"朽木不可雕也，粪土之墙不可杇也"，而且因此改"听其言而信其行"为"听其言而观其行"。例（20）孔子告诉子贡，君子说而能行，言行相副。例（21）指出，听到批评能从而改过，有教益之言能从而行之，才是可贵的；从而不改，悦而不行，是"形服而心不化"，对这种人真是无可奈何。[2]

《论语》讲信。言与信的关系十分密切，君子应言而有信。例如：

（22）子夏曰："……与朋友交，言而有信。"（学而，8页）

（23）子张问行。子曰："言忠信，行笃敬，虽蛮貊之邦，行矣。言不忠信，行不笃敬，虽州里，行乎哉？"（卫灵公，236页）

（24）曰："言必信，行必果，硁硁然小人哉！抑亦可以

【1】正义曰："此章勉人使言行相副也。君子言行相顾，若言过其行，谓有言而行不副，君子所耻也。"（223页）

【2】司马牛问仁。子曰："仁者，其言也讱。"曰："其言也讱，斯谓之仁已乎？"子曰："为之难，言之得无讱乎？"（颜渊，178页）《论语》这一章句是讲为仁不易，谈论仁也不容易。虽然讨论的是"仁"，但也许从另一个侧面反映了孔子的言行观："为之难者言亦难"。

为次矣。”（子路，202页）

例（22）（23）指出“言而有信”“言忠信”。例（24）是孔子回答子贡“何如斯可谓之士矣”的提问。从更高的层面上看，儒家认为“义不必信”“言可反复”。例如：

（25）有子曰：“信近于义，言可复也。”（学而，12页）

正义解释说，此章讲信与义之不同。“人言不欺为信，于事合宜为义。若为义事，不必守信，而信亦有非义者也。言虽非义，以其言可反复不欺，故曰近义。”（12页）正是在这种意义上看，例（24）中孔子认为，言必执信，行为果敢，虽未必合君子之道，但也可以算作士行之属。

看到《论语》这些言行相副、言而有信的论述，可以从一个方面理解君子慎言。例如：

（26）子曰：“古者言之不出，耻躬之不逮也。”（里仁，57页）

（27）子曰：“其言之不怍，则为之也难。”（宪问，220页）

此两例从正反两面讲言行须一致。古人不随便出言，担心言而不能躬行。大言不惭者，言行常难相副，其言常不可信。

三　言语合礼

“礼”是儒家思想的核心，语言行为要合乎礼。例如：

（28）颜渊问仁。……子曰：“非礼勿视，非礼勿听，非礼勿言，非礼勿动。”（颜渊，177页）

（29）孔子曰：“君子有三畏：畏天命，畏大人，畏圣人之言。小人不知天命而不畏也，狎大人，侮圣人之言。”（季

氏，259页）

（30）入太庙，每事问。（乡党，154页）

（31）子入太庙，每事问。或曰："孰谓鄹人之子知礼乎？入太庙，每事问。"子闻之，曰："是礼也。"（八佾，40页）

（32）入公门……其言似不足者。（乡党，142页）

（33）孔子于乡党，恂恂如也，似不能言者。其在宗庙朝廷，便便言，唯谨尔。朝，与下大夫言，侃侃如也；与上大夫言，訚訚如也。君在，踧踖如也，与与如也。（乡党，139页）

（34）子曰："事父母几谏，见志不从，又敬不违，劳而不怨。"（里仁，56页）

例（28）颜渊问仁，孔子告诉他"克己复礼为仁"，"非礼勿听，非礼勿言"是"克己复礼"的四目之二。例（29）提出要"畏圣人之言"，不能"侮圣人之言"。例（30）（31）都是记录孔子入太庙祭周公之事，祭奠大礼，孔子当然懂得该如何做，但仍然每事必问，以示慎重。孔安国传曰："虽知之，当复问，慎之至也。"（40页）例（32）－（34）讲孔子入国君之门、处庙堂之上、于乡党、谏父母等语言行为，皆符合"君君、臣臣、父父、子子"[1]的礼教秩序。

四　言必有用

《论语》主张不谈无益之事，无用之事。例如：

（35）子罕言利与命与仁。（子罕，124页）

【1】齐景公问政于孔子。孔子对曰："君君，臣臣，父父，子子。"（颜渊，184页）

（36）子不语怪、力、乱、神。（述而，102页）

例（35）记述孔子很少谈论“利、命、仁”。这里的“利”不是“小人喻于利”[1]之小利，而是“大利”，是“君子利益万物，使物各得其宜，足以和合于义，法天之利也”（124页）。“命”指“天之命”。由于“利、命、仁”三者常人罕能及知，言之无用，故而孔子罕言。例（36）记述孔子不谈“怪、力、乱、神”。“怪”为怪异之事，“力”为由力而不由理之事，“神”为鬼神之事，皆无益于教化；“乱”为臣弑君、子弑父之类，是君子“不忍言”之事。

正因为《论语》主张不谈无益、无用之事，所以不言则已，言必有中。人有可与言者，有不可与言者，可与言者言，不可与言者不言。例如：

（37）鲁人为长府。闵子骞曰：“仍旧贯，如之何？何必改作？”子曰：“夫人不言，言必有中。”（先进，165页）

（38）子曰：“可与言而不与言，失人。不可与言而与之言，失言。知者不失人，亦不失言。”（卫灵公，238页）

（39）子夏曰：“信而后谏，未信则以为谤己也。”（子张，294页）

例（37），孔子夸奖闵子骞“不言则已，若其发言，必有中于理”。例（38），孔子认为智者既不失人也不失言，与可与言者言，与不可言者不言。例（39），子夏认为应先取得君主的信任，然后才能谏诤之，否则有害无益。理解《论语》言必有用的论述，也可以更进一步理解慎言的主张。

【1】里仁，56页。

五　言当雅顺

雅顺是《论语》对语言行为的重要评价标准。雅者，正也。从《论语》的记述来看，孔子时代已经有雅言与方言的区分。例如：

（40）互乡难与言，童子见，门人惑。（述而，105页）

（41）子所雅言，《诗》《书》，执《礼》，皆雅言也。（述而，101页）

例（40）“互乡难与言”，郑玄注：“互乡，乡名也。其乡人言语自专，不达时宜……”（105页）互乡人讲的话别人听不懂，大约是一种特殊方言。例（41）记述孔子在读《诗》《书》等经书和礼仪活动时，都使用雅言。雅言即当时的通用语。上两例表明当时已有雅言与方言的区别，孔子是双言人，他在重要的活动中使用雅言。

雅不仅指雅正，还包括文雅。孔子有“辞达而已矣”[1]的名言，认为说话不需要艳辞丽句[2]，但这只是强调表达要“实”。易经中引孔子语也有“修辞立其诚”句[3]。但是孔子并非反对文采。请看：

（42）曰：“学诗乎？”对曰：“未也。”“不学诗，无以言。”（季氏，261页）

（43）子曰：“质胜文则野，文胜质则史。文质彬彬，然后君子。”（雍也，86页）

（44）棘子成曰：“君子质而已矣，何以文为？”子贡曰：“惜乎！夫子之说君子也，驷不及舌。文犹质也，质犹文

【1】卫灵公，248页。
【2】孔安国传曰：“凡事莫过于实，辞达则足矣，不烦艳文之辞。”（248页）
【3】子曰：“君子进德修业。忠信所以进德也。修辞立其诚，所以居业也。”（《周易正义·乾》，18页）

也。虎豹之鞟，犹犬羊之鞟。”（颜渊，181页）

（45）子曰：“为命，裨谌草创之，世叔讨论之，行人子羽修饰之，东里子产润色之。”（宪问，210页）

例（42）是孔子之子伯鱼转述他与孔子的一段对话。据说孔子办学所设课程就有《诗》，认为修身当先学《诗》[1]，《诗》可以兴、观、群、怨，可以事君父、广见闻。[2]春秋之时，外交、政论、友谈，都离不开《诗》，所以孔子告诉伯鱼“不学诗，无以言”。引《诗》述见，自然有文采。例（43），孔子论述“文”与“质”的关系，主张文质兼顾。例（44）子贡用虎豹、犬羊之鞟的比喻来反驳棘子成关于君子只“质”不“文”的反问。例（45）讲郑国起草“政命盟会”等重要文件，要四位大夫参与其事，不仅要辞义通达，而且还通过修饰润色使其华美。这都说明孔子主张说话为文，应有文采，只是要文质兼备、不能因辞害义罢了。

言语不仅要“雅”，而且要“顺”。例如：

（46）子路曰：“卫君待子而为政，子将奚先？”子曰：“必也正名乎！”子路曰：“有是哉，子之迂也！奚其正？”子曰：“野哉，由也！君子于其所不知，盖阙如也。名不正则言不顺，言不顺则事不成，事不成则礼乐不兴，礼乐不兴则刑罚不中，刑罚不中则民无所错手足，故君子名之必可言也，言之必可行也。君子于其言，无所苟而已矣。”（子路，193页）

（47）子曰：“君子义以为质，礼以行之，孙以出之，信以成之。君子哉！”（卫灵公，242—243页）

【1】子曰：“兴于诗，立于礼，成于乐。”（泰伯，115页）正义曰：“兴，起也。言人修身，当先起于诗也。”

【2】子曰：“小子何莫学夫《诗》？《诗》，可以兴，可以观，可以群，可以怨。迩之事父，远之事君，多识于鸟兽草木之名。”子谓伯鱼曰：“女为《周南》《召南》矣乎？人而不为《周南》《召南》，其犹正墙面而立也与？”（阳货，269—270页）

（48）子曰：“邦有道，危言危行。邦无道，危行言孙。”（宪问，207页）

（49）曾子言曰：“君子所贵乎道者三：动容貌，斯远暴慢矣；正颜色，斯近信矣；出辞气，斯远鄙倍矣。”（泰伯，113页）

（50）子曰：“贤者辟世，其次辟地，其次辟色，其次辟言。”（宪问，227页）

例（46）为研究先秦语言学史者所常引，是先秦涉及政治学、逻辑学、训诂学等“名实之论”的较早例子。“正名”是“言顺”的基础，“言顺”是“事成”的基础。所以“正名”乃为政之先，“言顺”乃为政之重。例（47）“孙以出之”意为“出言顺畅”，是君子德行之一。

就《论语》而言，言顺不仅可以成事，而且也具有保身安、避恶言的重要作用。例（48）反映了儒家通时达变的处世策略，当邦国清明有道时，可以直言直行，不随世媚俗；当邦国无道时，行虽直但言要顺，以避当时之害。例（49）中，曾子将“出辞气”看做君子所崇贵的三事之一，正义曰：“……出辞气，能顺而说之，则无鄙恶倍戾之言入于耳矣。”（113页）避恶言也是贤者四避之一，如例（50）。

六　其他

《论语》关于语言的记述相当丰富。除了上面列举的之外，还有如下一些：

（51）食不语，寝不言。（乡党，151页）

（52）升车，必正立执绥。车中不内顾，不疾言，不亲指。（乡党，156－157页）

（53）子问公叔文子于公明贾曰："信乎，夫子不言不笑不取乎？"公明贾对曰："以告者过也。夫子时然后言，人不厌其言。乐然后笑，人不厌其笑。义然后取，人不厌其取。"（宪问，213－214页）

例（51）（52）指出吃饭、睡觉时不言语，车内不急言等，这是不同环境中的语言行为规范。例（53）是公明贾回答孔子的话。人传公叔文子"不言不笑不取"，其实公叔文子是"时然后言""乐然后笑""义然后取"。这也是在讲说话要合乎时宜。再如：

（54）孔子曰："君子有九思：视思明，听思聪，色思温，貌思恭，言思忠，事思敬，疑思问，忿思难，见得思义。"（季氏，260页）

（55）子贡问曰："孔文子何以谓之文也？"子曰："敏而好学，不耻下问，是以谓之文也。"（公冶长，68页）

（56）子夏曰："博学而笃志，切问而近思，仁在其中矣。"（子张，292－293页）

例（54）君子"九思"中，有三思牵涉到语言行为：听思聪，言思忠，疑思问。这里需要特别注意"问"，问是达到博学、解惑等的重要途径，博学而智是儒家的重要追求。例（55）提倡"不耻下问"，例（56）认为"切问"（不泛问）解惑，"仁在其中矣"。又如：

（57）孔子曰："侍于君子有三愆：言未及之而言谓之躁，言及之而不言谓之隐，未见颜色而言谓之瞽。"（季氏，258页）

（58）子闻之，曰："成事不说，遂事不谏，既往不咎。"（八佾，45页）

（59）子曰："君子不以言举人，不以人废言。"（卫灵公，243页）

(60)子曰:“道听而塗说,德之弃也。”(阳货,272页)

(61)子路问成人……曰:“今之成人者何必然?见利思义,见危授命,久要不忘平生之言,亦可以为成人矣。”(宪问,212—213页)

(62)子夏曰:“君子有三变:望之俨然,即之也温,听其言也厉。”(子张,293页)

例(57)指出侍君的三种过失:躁(未及言而言)、隐(言及而不言)、瞽(不察言观色而言)。告诫“审慎言语之法”。例(58),宰我回答鲁哀公关于社主的提问,其解释中有不实虚妄之词,这段话本为提醒宰我以后说话要慎重,但已成之事不复解说,已遂之事不复谏止也可以看做孔子的语言主张。例(59)—(61)提出不以言举人、不以人废言、不道听途说、不忘当年说过的话许过的诺。例(62)认为君子言辞严正而无佞邪。这些都为历代儒家所尊崇,有些还为今人所遵循。

《论语》还有“以言知人”的章句。智是儒家重要的认识论范畴,也是与仁、勇并论的伦理学范畴。[1]言语是心灵之窗,通过言语可以“知人”致智。例如:

(63)子曰:“片言可以折狱者,其由也与?”子路无宿诺。(颜渊,185页)

(64)子曰:“……夫达也者,质直而好义,察言而观色,虑以下人。”(颜渊,189页)

(65)孔子曰:“不知命,无以为君子也。不知礼,无以立也。不知言,无以知人也。”(尧曰,308页)

【1】子曰:“知者不惑,仁者不忧,勇者不惧。”(子罕,137页)

（66）子曰："群居终日，言不及义，好行小慧，难矣哉！"（卫灵公，242页）

例（63）赞扬子路有明断笃信之德。古人懂得须根据原告、被告两方言语才能决断狱讼。而子路听一方之辞即可明断狱讼。子路不预先许诺，怕临时变故，诺不能兑现。例（64）讲察言语，观颜色，知人所欲。例（65）直接提出"不知言，无以知人"的命题。例（66）讲，若人与朋友聚，终日不谈及仁义之事，又好耍点小才智，这样的人难有所成。

七　结语

《论语》的时代，还不可能把语言本身作为观察研究的对象，自然也不大可能产生关于语言自身的专门学术理论。但是，语言是人类的重要行为范畴，人们在观察社会、谈论人事时，必然会论及语言。《论语》基本上就是在这种情况下述及语言的。进一步考察上面60余条从《论语》中撷取的涉及语言的记述，可以有以下体会：

1．《论语》基本上是带着语言伦理学的眼光来看待语言的。它把语言看做思想的外在表现，是仁、义、礼等的外显形式之一，体现着人的品位类属。论语提出了"言与行"这对重要的语言伦理学关系，由之提出了言行相副、言而有信、慎言恶佞等儒家的语言伦理。

2．《论语》是中国应用语言学的滥觞，涉及不少语言应用的规范和对语言行为的态度。《论语》关于言语合礼、言必有用、言当雅顺等主张，关于以言知人等论述，具有丰厚的社会意义，且能引发当今语言学者的诸多学术思考。

3．在先秦诸子的著作中，《荀子》《墨子》等也有不少涉及语言的论述，但它们没有像《论语》这样广泛涉及语言的，可以说《论语》是先秦语言学思想的主要代表，与《荀子》《墨子》等一起构建了中国早期的语言学思想库。由于《论语》及儒学在中国历史上的特殊地位，使得《论语》对语言和语言行为的论述，对后世发生了而且还正发生着重要影响。钱玄同在《中国今后之文字问题》中说："二千年来所谓学问，所谓道德，所谓政治，无非推衍孔二先生一家之学说。"（张岱年主编，1993：18）把孔夫子说成"孔二先生"的确不敬，但其论断还是正确的。研究《论语》关于语言的记述，不仅有利于了解先秦的语言学思想，而且也能帮助把握两千多年来中国人的语言意识与语言规范。

4．《论语》为记言体著作，并不见得能够全面系统地反映孔子的思想，有些方面的记述是只言片语的，可能导致后代理解上的偏差。例如后人对《论语》关于文采、巧言的思想，理解得就未必全面。我国的口才教育到了现代才受到重视，或许与对文采、巧言的偏颇理解有些关系。此外，要全面理解孔子的语言学思想，还应将其他书中记录的孔子言行一并考察。【1】例如《左传·襄公二十五年》引孔子语："言之无文，行而不远。"【2】《礼记·表记》辑孔子语："情欲信，辞欲巧。"（《礼记正义》卷五十四，1745页）结合此二例或能更全面地把握孔子对文采、巧言的态度。

【1】张岱年主编的《孔子大辞典》指出："关于孔子言行的最可靠的资料，是《论语》和《左传》中的记载。此外，《孟子》书中引用的孔子言论，《礼记·檀弓篇》记载的孔子同弟子的对话，也较可靠。"（3页）

【2】仲尼曰："《志》有之：'言以足志，文以足言。'不言，谁知其志？言之无文，行而不远。晋为伯，郑入陈，非文辞不为功。慎辞哉！"（《左传·襄公二十五年》，232页）

主要参考文献

班　弨 1998《中国语言文字学通史》，广东高等教育出版社。

戴昭铭 1998《规范语言学探索》，上海三联书店。

胡奇光 1987《中国小学史》，上海人民出版社。

濮之珍 1987《中国语言学史》，上海古籍出版社。

邵敬敏、方经民 1991《中国理论语言学史》，华东师范大学出版社。

王　力 1981《中国语言学史》，山西人民出版社。

张岱年主编 1993《孔子大辞典》，上海辞书出版社。

赵振铎 1988《训诂学史略》，中州古籍出版社。

《礼记正义》（郑玄注、孔颖达疏、龚抗云整理），北京大学出版社，2000年。

《论语注疏》（何晏注、邢昺疏、朱汉民整理），北京大学出版社，2000年。

《周易正义》（王弼注、孔颖达疏、卢光明、李申整理），北京大学出版社，2000年。

《左传》（蒋冀骋标点），岳麓书社，1988年。

［原载《语言教学与研究》2009年第4期］

切音字运动普及教育的主张

洋务运动时期兴办外语学堂和实业学堂，是中国现代教育的萌芽。1904年清廷颁布《奏定学堂章程》，1905年废科举设学部，标志着中国现代教育的初步形成。在清代后期的50来年中，通过中西对镜与对炮，目睹日俄近邻的崛起与凌我，有识之士都在究寻千年文明古国衰败之缘由，遍求医国救世之良方。普及教育便是医国救世良方之一种。

1892年到1911年，一批忧国忧民之士，深信中国普及教育的最大障碍是汉字繁难，必须模仿西文或日本假名另造中国拼音新字。卢戆章、蔡锡勇、沈学、王照、劳乃宣、朱文熊、吴稚晖等，各展才智，设计出二三十种拼音方案；更有梁启超、袁世凯、吴汝纶、严修、周馥、端方、赵尔巽、江谦、林辂存等一班官绅名流参与，或作序评介，或助力推行，或上书朝廷，或呈交说帖，使切音字及其设计者具有了较高的社会声望；复有一批新字的热心推行者，用新字编写识字课本和通俗读物，结社办学，痴心推行，蔚成风气。这就是开启中国语文现代化大幕的切音字运动。

切音字运动的原动力是普及教育，智民强国，切音字运动关于普及教育的言论与实践，对封建教育制度向新教育体系的转型起过一定作用，是中国早期现代教育的有机组成部分。但是，研究这一时期教育的许多论著，似乎较少注意切音字运动的文献。本文从教育的角度梳理切音字运动的文献，研究切音字运动关于普及教育的主张，这兴许会对清末教育的研究有所裨益，甚至奢望对当今教育也会有些启示或借鉴作用。

一　普及教育，智民强国

普及教育的现代理念产生于欧洲。1619年普鲁士魏玛公国颁布义务教育法，标志着普及教育理念法律化的开始（田正平、肖朗，2000：4）。此后，欧美诸国起而效尤，颁布法律，兴办学校，形成了所谓的“无地无学，无事非学，无人无学”[1]的教育普及盛况。日本维新，效法西洋，广兴教育，国势日隆。欧美日本的普及教育情况，经过魏源（1842年《海国图志》）、冯桂芬（1861年《校邠庐抗议》）、花之安（E. Faber，1873年《德国学校论略》）、郑观应（《易言》《盛世危言》《盛世危言后编》）、美国传教士丁韪良（W. A. P. Martin，1882年《西学考略》）、黄遵宪（1890年《日本国志》）、薛福成（1891年《出使英法义比四国日记》）、英国传教士李提摩太（T. Richard，1892年《七国新学备要》）、美国传教士林乐知（Y. J. Allen，1896年《文学兴国策》[2]）等人的介绍评论，渐为国人所知，渐为国人所重。1903年的《钦定小学堂章程》、1904年的《奏定学堂章程》都写入了义务教育，标志着西方普及教育的理念与制度经过60来年的引进而终

【1】这是李善兰1873年为德国传教士花之安《德国学校论略》所作序言中的话。见璩鑫圭、童富勇（1997：38）。

【2】《文学兴国策》是翻译森有礼编辑的*Education in Japan*。1871年，森有礼出任日本驻美国公使，他致书美国各界名士，咨询美国教育创立的经验，并将这些经验汇编成书，寄呈日本政府，对日本教育产生了深远影响。

成中国学制的内容，虽然义务教育还不是普及教育的全部，虽然这两个章程在大厦将倾的清末难以有效实行。

鸦片战争及其以后的历次东西交锋，人们已深深感到列国的强盛和中国的羸弱，并逐渐懂得了国家强盛需要普及教育。切音字运动是普及教育的积极倡导者。请听他们的言论：

（1）卢戆章1892年《〈中国第一快切音新字〉原序》："窃谓国之富强，基于格致。格致之兴，基于男妇老幼皆好学识理。……故欧美文明之国，虽穷乡僻壤之男女，10岁以上，无不读书。据客岁西报云，德全国每百人中，不读书者1人而已，瑞士2人，施哥兰7人，美8人，荷兰10人，英13人，比利时15人，爱尔兰21人，澳大利亚30人……据去年日本之文教部清单，现国中已设有10 862学塾，教授之师计有62 372人，已在学受业者有280万人左右。又光绪十年男学生有319万余名，女学生有296万名。"（2页）[1]

（2）梁启超1896年《沈氏音书序》："国恶乎强？民智斯国强矣！民恶乎智？尽天下人而读书而识字，斯民智矣！德美二国，其民百人中识字者，殆九十六七人，欧西诸国称是。日本百人中识字者，亦八十余人。中国以文明号于五洲，而百人中识字者，不及三十人。"[2]

（3）蔡锡勇《〈传音快字〉自序》（1896：3）："（泰西）自上至下，由男及女，无事不有学，无人不有学，其一丁不识者，不数觏也。"

【1】转引自文字改革出版社1958年出版的《清末文字改革文集》。下文用例凡引自该书者，只在正文用括号加注页码。

【2】见沈学（1896：1—2）。另，文字改革出版社（1958：7）亦收此序，但"中国以文明号于五洲，而百人中识字者不及三十人"句中的"三十人"，却是"20人"，同一出版社出的书数据不同，不知何正何误。

（4）王炳耀《〈拼音字谱〉自序》（1897：12－13）："今欲兴中国，而专求欧美二洲之铁路、机器、技艺、矿务、商务、银行、邮政、军械、战舰，不务去伪之道，诱善之方，智民之术，兴强无基，而羸弱反日深，前车之鉴岂远哉！夫泰西之强，先本于上下诚，男女学也。舍此不求，徒效外美，何异于截花插瓶，目前香艳。"

（5）王用舟、何凤华等1903年《上直隶总督袁世凯书》："窃思国之强不强，视民之智不智；民之智不智，视教育之广不广。……夫国于今日，固以兵力争胜负，实以民智卜存亡。……国无兵不立，兵有智乃强。人皆知德国陆军号称第一，以为万难几及。不知彼当兵之人，皆能读书识字，故有今日之盛也。今我国兵勇不识字者十有八九，怯懦愚妄，虽有智信仁勇之将，何以感发其爱国敌忾之心？"（35－37页）

（6）陈虬《新字瓯文学堂开学演说》（1903：9－10）："外洋如英美德法日本，男女八岁，一定要他到学堂里读书，有不依他律例哪，就拿他的父兄治罪，因此到处多是学堂。通国算起来，一百人中，那识字的竟有九十多人呢。中国除城镇大地方以外，能晓粗浅文理的，十个人中哪，还挑不出一个，这就差得多了。他那里识字的人多，故人人多会自己读书看报，无论做官的念书的造机器的，应该用着文字呢，即那种田的农夫，以及泥水木匠哪，亦多能自己刊报著书，所以他们造出来这许多东西，制作一天好一天，销场一年阔一年，利源就兴旺起来了。国富没有不强，此是一定的道理。"

（7）沈凤楼1905年《江宁简字半日学堂师范班开学演说文》："东观日本，西览欧洲，凡蒙童六岁以外，皆当读书识字，有不学者罪其父母，谓之强迫教育。其学堂林立，初不悉由国家筹款，故经费甚易。中国风气初开，民间贫乏者众，其无力兴办者势也。既无力兴办，学堂必不广；学堂不广，识字必不多；识字不多而觊国家之富且强也，得乎？”（53页）

（8）汪荣宝、赵炳麟、劳乃宣1910年《“简字研究会”启并章程》：“今天下一竞争之世也，以兵竞，以商竞，且以学竞。优者胜，劣者败，有历历不爽之征焉！我中国兵不如人也，商不如人也，学亦不如人也，将何所恃而自立于天壤乎？顾有独胜于人之一端，为万国所不能及，则人民之众，甲于全球是也。国者人之积也，以常理论之，人多之国，必胜于人少之国，在今不然者。中国人民，知识未开，明者一二，昧者千百。昧者虽有而如无，是以虽众而如寡，此我之众所以不敌人之寡也。诚使昧者皆能导之使明，即令其明未至而合数人亦足以抵一人。我有数百兆之民，合其智力，天下何国能敌哉？是则普及教育以开民智，为今日救亡第一要义也。”（111页）

这些言论可以说是最早的“科教兴国说”。他们立论的内在逻辑是：国家富强建立在科技发达（“基于格致”）、人民聪智（“民智”）的基础上；而欲科技发达、人民聪智，必须人人读书识字，普及教育。他们立论的事实是：东洋西洋实行“强迫教育”，学堂林立，读书识字之人十有八九；而以文明号于五洲之堂堂中国，学堂不广，文盲在百分之八十以上。两相对照，强弱之根源不言自明，于是，普及教育、开启民智，便十分自然地提到了救亡图存“第一要义”的高度。

二 “凡民”之教尤重于“秀民”之教

清末风云变幻，变法维新、改良政治之论，成一时风尚。戊戌变法之后，清廷还曾许愿实行宪政，甚至制定了立宪的时间表。切音字运动的主将王照、劳乃宣等人，曾官居要职，十分关心甚至还亲身参与了当时的政治改良。这种特殊的人生阅历，使他们还从政治的角度来看待普及教育。例如：

（9）王照1900年《〈官话合声字母〉原序（一）》："世界各国之文字，皆本国人人通晓，因其文言一致，拼音简便，虽极钝之童，解语之年，即为能读文之年，以故凡有生之日，皆专于其文字所载之事理，日求精进，即文有浅深，亦随其所研究之事理渐进于深焉耳！无论智愚贫富老幼男女，皆能执编寻绎，车夫贩竖，甫定喘息，即于路旁购报纸而读之。根基如此，故能政教画一，气类相通，日进无已，其朝野自然一体。而吾国则通晓文义之人，百中无一……举凡个人对于社会，对于国家，对于世界，与夫一已生活必不可少之知识，无由传习，政治家所云教民，皆属空谈。"（19页）

（10）王照《挽吴挚父先生联语并序》（1903：37－39）："夫各国朝廷，朝发一令，夕而遍入通国妇孺之目，且皆心知其意，凡学问之事，工商之途，传演之速，呼唤之灵，莫不如是。今吾中国自称新党者，日腾于纸，曰四万万同胞热力云云，实则言之者此千中有一之士夫，解之知之者仍此千中有一之士夫也。四万万人固无从知也。今吾中国公文中亦恒曰养民教民，实则发之者官吏，收之者官吏，解之知之者仍此官吏也，民固无从知也，纸上之政治，自说自解，自唱自和，视民之苟且妄作，辄于纸上骂以心死，责以无良，而民又不知其纸上云何也！……人民外无政治，教育外无人民。"

（11）劳乃宣1908年《进呈〈简字谱录〉折》："立宪之国，必识字者乃得为公民。中国乡民，有阖村无一人识字者，或有一二

识字之人，适为其村败类，而良民转不识字，将比里连乡无一人能及公民资格，何以为立宪之始基乎？”（79页）

（12）劳乃宣1909年《奏请于简易识字学塾内附设简字一科并变通地方自治选民资格折》：“窃维筹备立宪之责任，固在官吏，而实行立宪之根本，端在人民。立宪之义，在合天下人民之智识以共图治理。若民智不开，不能自治，虽有良法美意，谁与共之？此普及教育，地方自治，所以为筹备立宪中至要之端也。……又宪政编查馆核定，民政部奏拟城镇乡地方自治章程选民资格条内，男子年满二十五岁者，得为选民；不识文字者，不得为选民，各等语。……地方自治成立之年，为选民者必须二十五岁以上能识文字之人，而目下各省乡民识字者甚少，往往阖村无一识字之人，即阖村无一人合选民资格，自治从何办起？……地方自治为宪政之基，若因识字人少而自治不克依限实行，则宪政之行，无所凭借，亦将因而生阻。”（103—105页）

（13）劳乃宣1910年《致唐尚书函》：“窃闻教育之道，其用有二：一在造人才，一在开民智。造人才者教秀民，开民智者教凡民。天下秀民少而凡民多，秀民有教而凡民无教。是有教之民少，无教之民多也。积亿兆无教之民于天下，欲世之治也难矣！且今天下大势，方以智竞而不以力竞，以合群在下之众庶竞，而不以出群在上之俊杰竞。一二人之奇才，不能敌千万人之常识，此凡民之教，所以尤重于秀民之教。”（113页）

王照认为，普及教育可以政教划一，朝野气类相通，自然一体，日进无已。而当时由于文盲为众，所谓的政治，其实是自说自解、自唱自和的“纸上政治”，进而提出了“人民外无政治，教育外无人民”的振聋发聩的命题。劳乃宣把普及教育看做造就公民资格、实行宪政的“至要之端”，他还把教育分为“秀民之教”（精英教育）和“凡民之教”（平民教育），并深刻认识到凡民之教重于秀民之教，这大约是“平民教育”的先声。

三　教育普及，非有易识之字不可

切音字运动认为，西方和日本教育普及，是因为它们使用的是拼音文字，简单易学，且言文一致；而中国教育不能普及的主要原因，在于汉字繁难，言文不一。要普及教育，智民强国，必有像西方或日本那样的拼音文字。于是通过推行切音字来达到普及教育的目的，成为当时的舆论中心，甚至将此看做“救亡第一要义”。例如：

（14）王炳堃《〈拼音字谱〉序》（王炳耀，1897：7—8）：“夫中国之所以得成为中国者，在于文字，而中国之所以仅成为中国者，亦在于文字。文网之密，字学之繁，实为致弱之基。埃及不振久矣，中国亦近为外国凭陵，其故何哉？国朝功令，以文字取士，乡会二场取以文，殿试朝考取以字，有因一点之误，半画之讹，竟遭勒帛，以字学之难也。士[1]人穷一生之力，在于文字，何暇及于他学也？尝见乡陬老生，帖括之外，叩以时事，茫然不知，英美不知在何部洲，中外不知有何和约，人才如此，何能兴国？泰西诸国，蒸蒸日上，不知者以为在财之富，兵之强，其实在于字学之简易。其法以二十六字母相生，至于无穷。中人之才读书数年，便可诵读挥写，故通国男女鲜不学之人，学校隆则人才盛，人才盛则国运强，其势然也。”

（15）田廷俊《〈数目代字诀〉叙》（1901：1—4）：“文

【1】原文误为“十”，今从文字改革出版社（1958：13）更正为“士”。

字之繁难，中国冠天下矣！童蒙就傅三四年，不过照写依样之字画，难通训诂之意旨，试令其操觚作札，终日曳白，未知所措。统计吾华四万万众，识文字者，百人中仅得数人；通文义者，千人中未见百人，无怪乎愚而且贫。试观欧墨诸邦，无论妇孺，皆能识字明理，其故何欤？良由文字简易，书中之语，即口出之言，所以文明富强远远胜于我。方今我朝厥始维新，以造就人才为急务，势必欲人人识文字通文义也。无如禀赋不齐，而家计各异，倘仍不变通，敏者能识字，愚者仍不能识字；富者能识字，贫者仍不能识字。若欲愚者贫者识字明理，非另变一种简易新法不可。"

（16）王用舟、何凤华等1903年《上直隶总督袁世凯书》："夫我国不欲自强，不欲开民智则已，如欲开民智以自强，非使人人能读书，人人能识字，人人能阅报章，人人能解诏书示谕不可。虽然时至今日，谈何容易，非有文言合一字母简便之法不可。彼欧美诸邦，所以致强之源，固非一端，而其文言合一，字母简便，实其本也。今中国语言一事，文字一事，已一离而不可复合矣！更兼汉字四万余，无字母以统之，学之甚难，非家计富厚天资聪颖之人无从问津。此亿万众妇女与贫苦下等之人所由屏于教育之外而国步亦所由愈趋愈下也。"（35页）

（17）田稹《〈拼音代字诀〉序言》（田廷俊，1906：19－20）："中国字形字声，最为繁赜。……自青年之于皓首，伏案研钻，尚不能得其旨归。抱经世守，自命为通人者，或并世不得一二人。而欲求教育普及，使邑无不学之户，家无不学之童，诚戛戛乎其难之！欧美各国文字，以音为主，入小学者肄习数月，稍谙拼音之法，即能缀通俗之文。是以人无不学，学无不精。"

（18）劳乃宣1908年《进呈〈简字谱录〉折》："中国文字奥博，字多至于数万，通儒不能遍识，即目前日用所需，亦非数千字不足应用。学童入塾，至少必五七年，始能粗通文理，贫民子弟，安得有此日力。故欲人人识字，人人能受教育，必不得之数也。……欧美以二十六字母，日本以五十假名，括一切文字。识此数十字，明其拼音之法，即可执笔自达其口所欲言，即可读书阅报，通知义理，晓达时事。英国百人中有九十余人识字，是以民智开通，雄视宇内，日本浡兴，识者皆知其本乎学校，亦由有假名以为之阶也。是故今日欲救中国，非教育普及不可；欲教育普及，非有易识之字不可；欲为易识之字，非用拼音之法不可。”（79－80页）

（19）端方1908年《江宁简字学堂高等小学开学演说文》：“夫各国人民文野程度，以识字多寡为比例。吾国文字艰深，曩者吴京卿挚甫东游时，日本教育家尝以为言。坐是之故，以致识字少者，风气锢闭，朝有良法而不易推行，官有文告而不能晓谕，师儒有教育而不能遍及。自简字出而人人无不识之字，无不可达之语言。而文言所不能传者，简字得而传之。其有一音而字涵数义者，稍以汉字为辅，其中意义乃自无不周匝。异日吾国人人识字，教育普及之基础，庶将于是乎在？”（83页）

（20）马体乾1908年《谈文字》：“我国教育不能普及，人多归狱于办学者之不力，而走独闵夫办学诸公之无其器焉。……今六书文字，难于辨，难于记，难于解，难于用；辞难通，音难同，书难音，字难工。特较拼音文字之易习易用者，真不可同日语矣！”（87－88页）

（21）劳乃宣1910年《上学部书》：“中国今日之危，人人知之，人人思有以救之矣。救之之道，果安在乎？夫我中国兵力财力，百不如人，独人民之众，为环球诸国所莫能及。以恒理论之，国以人为本，人多之国，必当胜于人少之国，而今不然者。

中国之民，智识未开，明者一二，昧者千百，昧者虽有如无。故我之众，不如人之寡也。使昧者皆能导之使明，则我数百兆明达之民，必无敌于天下，可无疑也。故普及教育为今日救亡第一要义。然他国教育易普，而中国教育不易普及，何也？以他国之字易识，中国之字难识也。故别设易识之字，又为今日普及教育第一要义，亦即救亡第一要义也。……而今日救亡之道，舍求人民易于识字，俾教育得以普及，别无他策，则实为天下之公论。”（109－110页）

切音字言论家说汉字繁难者众，但真正提出要废汉字者鲜。切音字运动的基本主张是，用汉字教“秀民”，用切音字教“凡民”，学有余力者还可以通过切音字学习汉字。例如：

（22）卢戆章1882年《〈中国第一快切音新字〉原序》：“若以切音字与汉字并列，各依其土腔乡谈，通行于十九省各府州县城镇乡村之男女，编甲课实，不但能识切音字，亦可无师自识汉文，兼可以快字书信往来，登记数项，著书立说，以及译出圣贤经传，中外书籍，腔音字义，不数月通国家家户户，男女老少，无不识字，成为自古以来一大文明之国矣。”（2－3页）

（23）王用舟、何凤华等1903年《上直隶总督袁世凯书》：“质而言之，无高深之教育无以待贤豪，无浅显之教育无以化庸众，二者缺一不可。方今名儒硕彦，坐论于朝，不患无上等教少数人之教育，所患者，无教多数人之教育耳！何谓教少数人之教育？汉文西文是也。何谓教多数人之教育？以语言代文字以字母记语言是也。”（35－36页）

（24）卢戆章《颁行二益》（1906：2）：“汉文高深美妙，最难学习，衹富贵聪颖子弟，能得升堂入室，其余亿兆妇女，以及农夫贫寒之辈，皆屏于教育之外。此国所由贫弱，而外人所由鱼肉也。倘以切音字翻译京话，上截汉字，下截切音，由切音以识汉文，则各色人等，不但能读切音，兼能无师自识汉文。全国皆能读书明理，国家何致贫弱，人民何致鱼肉。”

（25）王照1903年《〈字母书〉序》：“字母书原为教贫贱妇稚不能读汉文者，而每卷眉列汉字若干，注以字母，使聪颖者带识汉字，积久无师自通汉文矣。”（33页）

（26）王照1903年《出字母书的缘故》：“我们识字义学所出的书，都是很有用的，百家姓、三字经、千字文、四书、五经，全是汉字旁边音着字母，借着字母，就认得汉字。日子多了，就可以多认汉字，以至连那无有字母的书，也都可以会看了，真是大有益处。以后咱们中国人，都能念书，添点学问，长点见识，这就是我们作字母书的所很指望的了。”（33页）

这些见解表明，切音字运动的倡导者，是把切音字当做汉字的助手而不是对手。汉字繁难、妨碍教育之说，是切音字运动的看法，但是全面废除汉字走拼音化的道路，却是后代人提出的主张。

四　结语

清末20年的切音字运动，虽然是首倡中国语文现代化的语文运动，但却志存高远，宗旨在于智民强国。国家富强，政治清明，需要人民大众受教育有文化。在智民强国的历程中，精英教育固不可少，但是平民教育更为重要。普及平民教育，必须有切音字这样的易识之字。推行切音字是平民教育的基础，普及平民教育是智民强国的基础，这便是切音字运动的基本理念。

切音字运动不仅提出了自己救亡兴国的理论主张，而且也是这种主张的“狂热”实践者。他们不仅上书官府乃至清廷，呈说帖于资政院，寻机走通“上层路线”，而且更重视民间推行，呕心沥血，不惜金钱乃至性命。举三例便能窥全貌：

用巨手掀起切音字运动大幕的卢戆章，为创“切音新字”，“尽弃外务，朝夕于斯，昼夜于斯，十多年于兹矣”。[1]从他创制新字至1928年病故，前前后后约40年，矢志不渝，“书多手缮，始时梨枣，又恐推行不广，一刊再刊，毕生汗血之资，倾而不顾。有从问字者，不惜焦唇敝舌以诱之”。[2]

上海梵王渡圣约翰书院医科学生沈学，19岁用英文著《盛世元音》，五年方成。他几乎每星期日都到一林春茶楼传授新字，最后竟一贫如洗，沦为乞丐，饥病而死。（参见黎锦熙，1933：12；倪海曙，1948：40－41）

王照本是戊戌变法阵营中的一员，四品京部候补。变法失败，逃亡日本，仿假名制成《官话字母》方案。1900年秘密回国，冒险在天津、保定、北京一带推行。1904年自首入狱，次年获释后继续推行不辍，直至暮年。王照的官话字母影响巨大，推行10年，遍及13个省，编印书籍6万余部，成立推行团体达数10个之多。（参见黎锦熙，1933：15－18；倪海曙，1948：42－47；周光庆、刘玮，1996：202、206、207）

历史已经进入21世纪，教育的社会条件发生了天翻地覆的变化，到2004年，基本普及九年义务教育、基本扫除青壮年文盲的“两基”人口覆盖率已经达到93.6%，青壮年文盲率4%左右，成人识字率位于发展中人口大国的前列。[3]特别是在“十一五”时期，国家提出要全面普及九年义务教育，“普九”人口覆盖率要

【1】卢戆章《〈中国第一快切音新字〉原序》，见卢戆章（1892：1）。
【2】见卢天德《中华首创音字之元祖卢戆章先生》，转引自许长安（2000：79）。
【3】见《落实科学发展观　加快教育事业发展——“十五”期间教育事业发展和改革的主要成就》，《中国教育报》2005年10月12日第1版。

接近100%。[1]在今天这样的历史方位上，重温90余年前切音字运动普及教育的主张，仍能感受到它的理论光芒，仍能从中获取教益。特别是前贤论述及实践这些主张时所表现出来的国家意识与炽热情怀，更是使人心潮澎湃，追贤欲齐，掷身于当今普及教育的事业中。

主要参考文献

蔡锡勇 1896 《传音快字》，文字改革出版社，1956年。

陈 虬 1903 《新字瓯文七音铎》，文字改革出版社，1958年。

黎锦熙 1933 《国语运动》，商务印书馆。

卢戆章 1892 《一目了然初阶》，文字改革出版社，1956年。

——— 1906 《北京切音教科书》，文字改革出版社，1957年。

倪海曙 1948 《中国拼音文字运动史（简编）》，时代书报出版社。

璩鑫圭、童富勇 1997 《中国近代教育史资料汇编·教育思想》，上海教育出版社。

沈 学 1896 《盛世元音》，文字改革出版社，1956年。

田廷俊 1901 《数目代字诀》，文字改革出版社，1957年。

——— 1906 《拼音代字诀》，文字改革出版社，1957年。

田正平、肖朗主编 2000 《世纪之理想——中国近代义务教育研究》，浙江教育出版社。

王炳耀 1897 《拼音字谱》，文字改革出版社，1956年。

王 照 1903 《官话合声字母》（重刊本），文字改革出版社，1957年。

文字改革出版社 1958 《清末文字改革文集》，文字改革出版社。

【1】见教育部部长周济在2006年2月28日举行的新闻发布会上的讲话。

熊贤君 1998《千秋基业——中国近代义务教育研究》，华中师范大学出版社。
许长安 2000《语文现代化先驱卢戆章》，厦门大学出版社。
赵尔巽等 1928《清史稿》，中华书局，1977年。
周光庆、刘　玮 1996《汉语与中国新文化启蒙》，东大图书公司（台北）。

［原载中国人民大学对外语言文化学院编《汉语研究与应用（第四辑）》，中国社会科学出版社，2006年］

重视语言现状的调查研究

《汉藏语学报》创刊，的确是语言学界值得庆贺之事。汉藏语系是世界一大语系，我国是汉藏语系的故乡，但尚无以其为专门研究对象的刊物。我国汉语研究者和民语研究者，一直重视交流合作，《汉藏语学报》提供了把这两支队伍凝聚起来的新园地。两支队伍凝聚在一起，学术眼光聚焦在一起，对中国语言学界和中国语言学，定会发生"物理式"的或是"化学式"的诸多影响。学界对《汉藏语学报》抱有许多期待，我这里只谈一点，就是重视对语言现状的调查研究。

中国多语多方言，是世界语言宝库之一。20世纪上半叶，在内忧外患、战乱频仍之时，前辈们就开始了语言调查；五六十年代，在国家百废待兴、百业待举之际，进行了汉语方言和民族语言的大面积田野调查，今人对中国语言状况之了解，多来于此。20世纪80年代以来，《方言》《民族语文》等杂志常载语言调查报告，并有中国语言地图集、方言音档、《现代汉语方言大词典》《普通话基础方言基本词汇集》及多种方言和民族语言的系列丛书出版，语言调查始终未断。尽管如此，对中国语言之现状仍然缺乏清晰认识，田野调查资料仍然十分缺乏。

中国语言众多，方言复杂，要调查清楚本就不能一蹴而就。上世纪语言普查成绩很大，但时间紧任务重，技术与学术条件远不如今，核查其结果理应是科学常理。且时光过去已近50年，当时调查过的语言，今已变化不小，颇有重新调查之必要。调查语言，自然需要调查语言结构，但也要调查语言使用之状况，或称之为“语言生活”。过去的调查较关注语言结构，较忽视语言生活。语言生活是语言存活之实态，如使用人口的多少，交际职能的大小、教育传承的情势、人们的语言态度、聋盲等语言残障群体的语言状况等。近十几年来，中国社会正发生巨大变化，教育、传媒、通讯、交通空前发达，人口流动规模大速度快，语言接触频繁，语言观念多元，语言矛盾凸现。这不仅带来语言生活的巨变，带来语言本身的嬗变，而且也提出了诸多语言调查新课题。例如：亿万农民进城务工的语言障碍；各类移民的语言交流与认同；各种外语在中国的教育和使用状况；跨境语言的状态与相互沟通；特别是随着普通话的海内外传播，出现了大量普通话变体，如各方言区的“地方普通话”、一些民族地区“带民族语言色彩的普通话”、港澳地区“港澳腔的普通话”、台湾的“国语”、海外的华语、外国人说的“洋腔洋调普通话”等等。

语言学总体上是经验科学，第一手语言资料实为科学发展之基础，且具有永恒的学术保存与研究价值。当代中国语言规划的目标是语言生活和谐，其基础条件也需科学把握语言国情。因此，若有条件，应启动新世纪中国语言的普查工作。《汉藏语学报》应提倡务实学风，鼓励田野调查，关注本土语言，为建构和谐语言生活作贡献。

[原载《汉藏语学报》创刊号（2007年）]

关注本土语言调查　关心现代语言生活*

——读《基诺族语言使用现状及其演变》

基诺族人口仅有20 899人（2000年），是我国56个民族中人口较少的民族。像基诺族这样一个少小民族，又无基诺文字，在强势语言的团裹之中，能否健全地保持下来？半个多世纪以来，基诺语的使用经历了哪些重大变化？其特点和规律是什么？是什么因素导致基诺族由全民单语向全民双语类型演变？带着这些问题，笔者认真研读了戴庆厦先生主编的《基诺族语言使用现状及其演变》，颇获教益。把心得发表出来，以与读者共享，以求大家赐教。

一　方法科学，材料丰赡

几十年来，对我国民族语言的研究持续不断。历史上我国大规模的少数民族语言调查就有两次：一次是20世纪50年代开展的少数民族语言大调查，一次是20世纪90年代末开展的中国语言文字使用情况调查。50年代的民族语言调查，主要目的是了解民族语言的基本情况，确立民族标准音，为少数民族创制和改进文字方案。90年

* 本文与戴红亮合作。

代末的调查是一次宏观的语言文字使用情况调查，对于整体上了解我国的语言使用情况有重要的参考价值。宏观上调查十分必要，但要全面深入地了解语言使用情况，还必需大量的微观调查。囿于所见，历史上民族语文领域真正微观的、有数据的调查并不很多，对语言使用的认识多为概估性质。这种状况对制定和调整完善民族语文政策，做好民族语文工作，相当不利。

《基诺族语言使用现状及其演变》在实地调查的基础上，对基诺语的使用情况进行了穷尽式描写，可视为我国少数民族语言微观调查的一个典型样本。该书调查材料的获取，大有值得称道之处：

1．周密的调查安排。整个调查分为四阶段：第一阶段，调查组成员先熟悉与课题有关的资料，制定调查计划和调查大纲，设计调查问卷和调查表，做好调查的准备；第二阶段入户调查，获取第一手材料；第三阶段集体分析材料，讨论写作大纲，进行写作分工；第四阶段是写作阶段，在写作过程中，注意及时进行补充调查。这种四阶段模式，是以往田野调查经验的总结，有利于发挥调查集体的作用，能够在现场完成调查与报告撰写。

2．在调查方法上，注重考虑多种因素。他们颇费匠心地选择了10个调查点。这些点或在国道沿线，或在乡（村）道沿线，或在茶马古道沿线，或在橄榄坝中。他们对这些调查点逐户进行调查，同时又到中小学、机关、集市、医院等单位考察，还深入访问村寨长老、基层干部和一些村民、教师、学生等代表性人物。调查对象2 000有余，访谈对象160多人，还对40多人进行了语言能力测试。涉及的各种调查对象占我国基诺族总人口的十分之一强。调查布点和调查对象的选择，充分考虑了村寨类型、职位职业等多种因素，考虑到了中心区域和边缘区域语言使用情况的差异。这种调查方法对于少小民族的语言调查，确实具有范例性。

3．将语言能力划分为四个等级：（1）熟练；（2）一般；

（3）略懂；（4）不会。这种分级有利于语言水平的认定操作，能够进行统计分析且保证统计分析的一致性。同时，将年龄分为四个阶段：6－12岁；13－18岁；19－59岁；60岁以上。这种年龄段的划分显然是在熟知基诺人语言现状的情况下进行的，例如19－59岁的年龄跨度为40岁，将他们划为一组，是因为这一年龄段人的语言能力已经成熟稳定，不易改变，同大于异。语言能力等级和年龄段的划分，其细节也许还有改进之处，但是这些做法突破了传统语言调查中发音合作人的选定，融入了社会语言学研究语言变化的因素，融入了现代语言测试的量的观念，在方法论上富有启发性。

材料丰赡是该书的一个重要特色。对于少小民族而言，记录语言实态尤为重要。作者认为："事实是永恒的，语料具有最珍贵的价值。"这部著作贯彻了自己提出的具有语言哲学意味的主张。该书材料主要有三类：

1．翔实的背景材料。介绍背景材料既能帮助读者更好了解书中内容，也是民族学、人类学方法论上的一个追求。正如作者在书中所言："我们在调查、研究中，重视不同学科的整合。这种整合，坚持以语言学为主，综合民族学、人类学、文化学的知识和方法对个案进行综合分析，试图通过不同学科的知识和方法的有机结合，对调查对象进行科学的、合理的解释。"书中详细介绍了基诺族的人口、分布、历史沿革以及基诺乡的基本情况等。了解这些背景资料有助于对基诺语现状的成因的把握。半个多世纪以来，基诺语还能够在基诺族中稳定地使用，发挥其交际作用，其首要因素就是基诺族高度聚居。

2．丰富的语言实料。作者从多个角度忠实而详尽地记录了基诺语材料。无论是在基诺语使用现状部分，还是基诺族全民双语制的建立部分，无论是基诺语受汉语影响的部分，还是青少年语言状况的新问题部分，作者都获取并发布了丰富翔实的语料。例如作者在说明基诺语是基诺族日常生活中最重要的交际工具时，列举了对6个基诺族村寨穷尽式考察的情况，数据包括6个村寨基诺族整体情况的语言百分比、不同年龄段的百分比以及不同场合基诺语使用情况、边缘区域基诺语使用情况等。图表是展示这些材料的重要方式，全书正文部分就有46个表、7张图，这从一个侧面表现了该书材料的丰赡。

3．多样的附录材料。附录共有五个方面的材料，分别是村寨个案调查材料、访谈录、基诺语五百词测试表、调查日志、调查表及调查问卷选登。这五方面材料不仅是正文的有机补充，而且为学者调查其他语言提供了模本。例如访谈录部分，作者详细记载了10个访谈。访谈是调查语言的重要手段，它能从另一角度了解到语言使用的实际，但访谈在以往的语言调查中并没有给以足够的重视。此外，从访谈录中，可以感觉到基诺族对母语的深厚感情，这种母语态度能够帮助读者理解基诺语保存完好的心理原因。

二　关注现代语言生活

50多年来，我国的语言生活发生了很大变化，基诺族的语言使用情况也变化很大。例如：实现了从全民单语到全民双语的类型转变；第二语言从原来的傣语、哈尼语等转成了汉语。在这个过程中，基诺语的使用情况究竟发生了哪些变化？基诺青少年的语言变成了什么样子？基诺语受汉语影响的程度如何？这些都是新时期研究基诺语应当回答的问题。关注基诺语当今的使用现状，是该书明显的特色。例如：

在第二章《基诺语使用的现状及其成因》中，为了解基诺语使用的现状，作者对不同村寨、不同年龄段、不同场合和不同时期的基诺语进行了全方位、多角度、立体式的考察，深入细致地比较了不同村寨、不同年龄段、不同场合和不同时期基诺语使用的状况。

由此得出了明晰的令人信服的结论：1．基诺语仍然是基诺族日常生活中最重要的交际工具。2．基诺语仍然具有较强的语言活力，但不同村寨、不同代际、不同场合的使用有一定差异。3．基诺语在少数地区、少数人群中出现了衰退迹象。

在第三章《基诺族全民双语制的建立及其成因》中，作者重点分析了新时期基诺族使用汉语的现状，尤其是基诺族使用汉语的不同类型、“基诺语—汉语”全民双语型的基本特点，展现了一幅基诺族双语分工、互补和谐的生动画卷。这一个案对于如何构建我国多民族语言互补和谐的健康语言生活，有重要启发。

在第四章《基诺语受汉语影响引起的变化》中，作者特别关注进入新时期以来基诺语在词汇、语音等方面受汉语影响的情况。汉语的影响，一方面丰富了基诺语的表现力，对基诺语的发展和稳定保存提供了帮助；另一方面，也吞噬了基诺语的一些固有词语，并引发了基诺语语音系统的某些变化。怎样认识受汉语影响基诺语所发生的这些变化，不仅是研究基诺语的重要课题，也是研究语言之间相互影响、处理好我国民族语言之间关系的带有重大理论意义的课题。

第五章《青少年语言状况的新问题》，更是体现了作者关注现代语言生活的强烈意识。青少年使用基诺语的情况以及他们的母语态度，是基诺语能否保持下去的关键。调查发现，一些青少年使用基诺语的能力有下降态势，甚至有人已经不懂母语。作者认为，年青一代基诺语表达能力的下降具有两面性：一是与时俱进。青少年与外界接触较多，视野广阔，汉语的使用就会增多，这在一定程度上会改变母语使用的特点，带来母语使用能力的变化。比如，借用汉语词汇来丰富自己的概念系统，同时也放弃一些母语中已经不用的词语。这是语言功能的发展，有积极意义。二是主要以汉语作为提高文化水平的语言，在一定程度上影响了母语能力的提高，导致母语表达能力的下降。这也有消极性，应引起注意。

该书十分关注在现代化进程中，基诺语在周边强势语言和亚强势语言包裹下的命运。正如作者在后记中所言："20年后的今天，基诺语族的语言又有什么变化？在经济大潮的冲击下，在与强势语言的接触中，还能不能稳定地保持母语的使用？如果能，又是什么因素起作用？这些有意义的问题一直在我脑中打转，促使我有了再上一次基诺山做基诺语调查的决心。"作者的担忧，表现出语言学家关注语言生活、关心语言命运的高度责任感。

三　理论植根于事实

该书每一章基本上都分为两节，前一节是基诺语使用的某种现状，第二节侧重分析形成这种状况的条件和因素。这样的结构安排用作者的话来说，不仅要提供比较丰富的语料，而且要能有一些"理性认识"。

在第二章《基诺语使用的现状及其成因》中，作者概括了五条主要因素：1．基诺族分布高度聚居是基诺语稳定使用的客观条件；2．国家语言政策是基诺语得以稳定使用的保障；3．稳定的民族意识和母语观念有利于基诺语的稳定使用；4．基诺族的经济模式是基诺语稳定使用的有利的客观条件；5．家庭与社区的语言教育是基诺语稳定使用的重要保障。这些具有真知灼见的分析，仅仅靠理论模型是不能获得的。

在第三章《基诺族全民双语制的建立及其成因》中，作者分析了基诺族在较短的时间内实现全民双语制的原因：1．社会发展是双语制建立的动力；2．学校教育是双语制建立的关键；3．语言态度是双语制建立的促进因素；4．母语特点是双语制建立的有利条件。这些条件并不是单独起作用的，而是综合在一块，共同推动了基诺族全民双语制社会的形成。这些原因决非演绎所能得到的。

在第五章《青少年语言状况的新问题》中，作者分析青少年基诺语本族词词汇量下降的原因，从社会、家庭和个人等多方面寻找；而在分析少数少年儿童不懂母语时，则着重看语言环境和族际婚姻的影响。这种深中肯綮、分别对待的分析，是穷尽式的个案调查的产物。

该书的第六章最为充分地体现了作者注重从本土语言调查和现实语言生活中获取学术营养的自觉追求。以下四条分析，既是该书的一个总结，也是“理性认识”的一个升华。

（一）对我国小语言的生命力不能笼统地低估，也不能夸大语言濒危的范围。濒危语言问题已成为世界范围内一个热门话题，但如何比较科学地预测世界不同地区语言的生命力和走向濒危的趋势，则是一个在理论上、实践上尚未解决的问题。在全球经济一体化和信息全球化的今天，使用人数较少的语言在强势语言的包围、影响下，出现语言功能衰退甚至濒危，这是必须引起重视的，但不同地区、不同国度的情况不尽相同。基诺语在与汉语的竞争中，通过与汉语的使用功能实现互补，充分发挥自己的作用，较好地保存了下来。我国还有一些小语言也存在类似的情形。

（二）制约语言使用的条件或因素有多种，而且因不同民族、不同语言而异。语言学家必须全面调查、分析具体语言的实际情况，从中认准制约语言使用的主要因素和次要因素，并有针对性地提出预测和对策。决定基诺族全民保存母语的主要条件之一，是基诺族分布上的高度聚居。它为基诺语的传承提供了天然条件。此外，新中国的民族平等、语言平等政策是基诺族稳定使用母语的保障。基诺族稳固的民族意识和母语观念，也有助于基诺语的留存。如果不做具体、深入的调查，就难以对语言使用现状做出正确的估量。

（三）母语与汉语实现有机互补，是保证母语生存的重要条件。基诺族是一个全民既使用母语又兼用汉语的民族，母语和汉语都是他们生活中须臾不可缺少的交际工具。这种互补，不仅是不同场合、不同领域、不同功能的分工，而且在语言结构上也通过吸收所需要的成分来丰富自己。

（四）语言使用问题是语言研究中的一个重要问题，必须引起语言学家的重视。而过去所做的工作难以适应现阶段语文工作的需要。就总体情况而言，过去对语言结构的本体研究比较多，而对语言使用的情况研究比较少，二者很不平衡。所以，今后必须大力加强少数民族语言使用的研究，把民族语言使用的研究当成一件重要的事来抓。语言学家对此的策略是，首先必须弄清语言使用的状况，然后根据已掌握的客观事实做出科学的解释，并提出合理的解决办法。语言使用的调查研究，描写是第一性的，就是说可靠的描写是解释的基础。相反，忽视微观的、花气力的描写，只凭一知半解的感觉而做大胆解释，是不能贴近语言实际的，也是不能奏效的。

读完了《基诺族语言使用现状及其演变》，我们仿佛也亲历了一次基诺语的微观调查，并深深感到语言学家要重视本土语言的研究，关注现代语言生活，加强田野调查，提倡传统的语言调查方法与社会语言学调查方法相结合，了解国情，升华理论。

读《基诺族语言使用现状及其演变》，引发我们的最重要的一个思考是，语言学像所有的经验科学一样，理论植根于事实，只有在大量的第一手材料的基础上，才能得出具有学术价值与活力的理论。理论与事实不是割裂的两码事，离开事实不可能有真正的理论。如果调查只是为了证实或是证伪某种理论，那也是太狭隘了。

［原载《中央民族大学学报》2008年第2期］

严谨治学　务实为本*

纪念学者最好的方式，是阅读其存文，学习其治学。近日抱着对林焘先生的深深怀念之情，新读或重读了先生的一些论文，受益良多，感慨良多。林焘先生治学，给人印象最深的是一“实”字：学基扎实，重视事实，文风朴实，关心现实。

一　学基扎实

林焘先生学识渊博，学术研究覆盖音韵学、语音学、方言学、语音教育等诸多领域，这些领域的研究，都建基于先生深厚扎实的语音学和传统音韵学的根底。林先生早年师从李方桂先生治语音学，受到严格的语言调查训练，学过泰语，做过广州话记音；修听李先生的藏语课，研读高本汉的《中国音韵学研究》和德国拉盖尔的《广韵》重纽研究（丁邦新，2006）。学士论文做的是《合肥方言调查》。之后，又师从陆志韦先生学音韵、文字、训诂之学（焦立为，2001）。从名师，读经典，学习和调查现实语言，形成了先生深厚扎实、终生受用的学术根基。读《语音探索集稿》《林焘语言学论文集》，谁都能感受到先生学术根基的深厚扎实！

---

* 本文与汲传波合作。

深厚扎实的学术根基，加上广阔的学术视野，就能触类旁通。林先生研究现代汉语常常联系古代汉语，研究语音常常观照语法、词汇和语义（林钧敬主编，1998）。例如《现代汉语补语轻音现象反映的语法和语义问题》（1957）考察过下列语言事实：

动词	非轻音补语	轻音补语
他死了	看死了	乐·死了
开门了	想开了	走·开了
到北京	想到了	提·到你
火着了	买着了	打·着了

林先生敏锐指出："动词和非轻音补语在意义上的不同决定于语法作用的不同，非轻音补语和轻音补语在意义上的不同决定于声音的不同。这种现象足以说明语音和语法以及语义之间密切的关系。"（林焘，2001：21—22）

林先生的学生回忆说："由于我没做过实地语音调查，林先生坚持要我补上这一课。林先生家老阿姨的儿子就成了我的语音实地调查的对象。后来在论文中分析语音的时候，我深感到补这一课的重要性。"（高明明，2006）林先生对学生的要求，足见先生对学术基础的重视。

二　重视事实

林焘先生十分重视对语言事实的研究。他的论文，大都有丰富的田野调查材料或实验室数据的基础，在对语言事实深入描写的基础上，提出论点，升华理论。比如《北京话儿化韵个人读音差异问题》（1982a）、《北京话去声连读变调新探》（1985）、《北京东郊阴阳平调值的转化》（1991a）等，都是先生组织并亲自参加的北京话田野调查的成果。《探讨北京话轻音性质的初步实验》（1983），既有实地语言调查资料，又有实验室仪器分析数据，论文用事实否定了长期存在的音强与北京话轻音相关的看法，至今仍是轻声问题研究中最为重要的文献之一。《北京官话溯源》（1987a）以翔实的调查资料为基础探讨北京话的来源。《北京官话区的划分》（1987b：166）在对事实分析的基础上富有远见地指出："如果一个方言点和北京城区话的声韵系统没有重要的差异，同时调类相同，调值相似，就应该承认这个方言点和北京城区话同属于北京官话区。以这个标准来衡量，北京官话不只包括北京市附近河北省的一些方言，还应该包括大部分东北方言。"语言事实是创新的基础，是学术生命力之所在。林先生建立在语言事实基础上的关于北京话的许多结论，至今仍闪烁着学术光芒。

重视语言事实，就要尊重语言事实；尊重语言事实就要实事求是。在《普通话里的v》（1982b）一文中，林先生认为v是声母w和韵母u的变读，承认了普通话中存在v这一事实。林先生指出，在用《汉语拼音方案》拼写时，自然必须写成w和u，但不能因为《汉语拼音方案》用的是w和u，就反对v变读。在《普通话的语音标准和语音教学》（2001：239）一文中，林先生认为："普通话无疑应该有比较强的规范性，但规范并不等于把语言限死不许变化，变化就有可能产生分歧，也可以说，分歧是变化过程中不可避免的现象。允许模糊区域和内部分歧在普通话里存在，将能对普通话的语音发展起到促进作用。在语音教学中，一方面要掌握较严格的语音标准，另一方面也必须对存在分歧的语音现象采取较宽松的态度。"

关于《汉字简化方案》，海内外至今有各种议论。林先生的评价非常实事求是："文字作为一种文化载体，它的作用是十分重要的。过去的工作过左、过快，导致外界有一定的抗拒心理，这确实是我们工作上的疏漏。不过，汉字的简化确实是一个大的趋势。相信，以后我们对这个方案再进行规范的修改之后，港台地区对简体字也会越来越肯定。联合国对简体汉字的重视也说明了我们的大方向是对的，简体汉字的影响力无疑是巨大的。”（荆玉静、李峥，2006）

实事求是是一种科学态度，林先生对自己的学术过错也不文过饰非。比如当年在编一部词典时，没时间仔细论证字的多音问题，抱着“有问题以后再说”的想法，制定了尽可能一字一音的原则。对于“一会儿”的定音，林先生一直很内疚。他是定音人之一，把“一会儿”的“会”定为去声。当时也没想到，词典上的音就变成了现在的标准音，大家都照着念。后来，林先生不止一次在会上说过此事，还写过文章，但是“会”的读音已难纠正。（刘一之，2006）林先生一直对此耿耿于怀，正显现出大家的风范。

三　文风朴实

林焘先生文风朴实，不论是普及性文章，还是学术性很强的论文，林先生总能深入浅出，把问题讲清楚。石锋（1991）在评述林先生的论文集《语音探索集稿》时说：“有的学者爱把简单的道理弄得复杂难解。林焘先生却是把复杂的问题讲得浅显易懂，使人不知不觉之中渐入佳境。”

林先生在《普通话的语音标准和语音教学》（2001：234－235）中是用这样的语言谈“普通话和北京话的关系”的：

每个人的经历和语言背景不同，对一些语言现象是否算是已经约定俗成，已经规范，会有不同的看法。例如：“好冷，好漂亮”是大家公认的普通话说法，可是“好高兴，我好进来吗”里“好”的用法是否也可以算是普通话？目前新闻媒体常出现“按揭”“收入不菲”之类的词语，商店餐馆常贴出的

"本店有售""生猛海鲜"之类的招贴，这些词语是否应该仍旧算是方言词语？"打的、面的"现在已经是北京市民最常用的词语，"的"字还由此增加了一个过去没有的阴平读法dī，这种用法和读法算不算是已经进入了普通话？类似的问题还可以举出很多，不同方言区的人或是不同社会阶层的人，回答肯定不会相同。

普通话的语音并不等同于北京话，但区别究竟在哪里？乍看起来似乎很容易解释：把北京话中的方言土语成分取消就是普通话，例如"东西儿""逮dēi小偷"是北京方言土语，"东西""逮dǎi小偷"就是普通话；再进一步，还可以根据《普通话异读词审音表》来确定，例如"骨gú头""学xiáo太极拳"是北京方言土语，"骨gǔ头""学xué太极拳"就是普通话。但是，在语音教学中遇到实际问题，这样的解释并不一定那么管用。

文风即人品。这样的文风，就如同先生的翩翩儒雅，虽饱学多识，博大精深，却又质朴无华，淡泊名利（高明明，2006）。当下文风问题已成流弊痼疾，读读先生上面的文字，不一定能医治时弊，但总能给人以启迪，沐人以春风。

四　关心现实

学者具有学术与社会的双重责任，这也是传统的"国学"精神。林焘先生为学术事业的发展躬耕不辍，而且也十分关注社会语言生活，关心社会学术活动，典型地体现了那一代语言学家的学术精神和社会使命感。

1958年，北京大学汉语教研室编写了《现代汉语》教材，这是全国高校中文系设立现代汉语课程后的首部教材。林先生负责撰写绪论和语音部分，那时恰逢《汉语拼音方案》问世，语音部分就围绕《汉语拼音方案》与普通话的关系这个中心来写。这一编写思路对后来现代汉语教材语音部分的编写，产生了很大影响，对国家推广普通话和汉语规范化工作也发挥了作用。[1]

林先生关心语言的规范化，1955年就同王力、魏建功、周祖谟等先生在北京大学中文系为语言学专业开设“现代汉语规范问题”课程，（苏培成，1993）此后在这一领域写下了不少论著，如《关于汉语规范化问题》（1955）、《福州人怎样学习普通话》（与高名凯合作，1956）、《现代汉语词汇规范问题》（1959）、《新技术革命促进文字改革》（1984）、《也谈消灭用字不规范的现象》（1986）、《认真总结经验　巩固简化成果》（1991b）、《从雅言到普通话——中华民族共同语溯源》（1998a）、《从官话、国语到普通话》（1998b）等。

林先生关心汉语作为第二语言的教学[2]事业，为北京大学乃至中国的对外汉语教学事业作出了奠基性和开拓性的贡献[3]，为对外汉语教学事业培养了大批人才。他担任北京大学对外汉语研究中心主任长达11年之久，还担任过世界汉语教学学会顾问、《世界汉语教学》代理主编等职。林先生早在1984年就说，“研究对外汉语教学是门学问，是具有理论性的一门学问”（崔永华，2005：64－65），这两句话，表现出了作为语言科学家的远见卓识。林先生在《语音研究和对外汉语教学》（1996）中，根据实验语音学的研究成果颇有见地地指出，“洋腔洋调形成的关键并不在声母和韵母，

【1】见《林焘先生生平及学术成就简介》，北大中文论坛（www.pkucn.com）《语音学》分论坛：悼念林焘先生专题。
【2】“汉语作为第二语言的教学”，亦即传统所说的“对外汉语教学”。
【3】见北京大学对外汉语教育学院主页http://hanyu.pku.edu.cn/info/article.asp?articleid=393。

而在声调和比声调更高的语音层次。”因此，“在学习汉语语音基本结构阶段，声调教学比声母和韵母教学更为重要一些”。他还提出，“从声调教学的角度看，重要的是区分调类，对调值的要求并不很高，似乎就不一定要拘泥于五度制，学习汉语普通话的四个调类，改为高、中、低三度，也完全可以把四个调类分别清楚。”（林焘，1996：19）林先生对外汉语教学的论文并不多，但是他的意见却受到学界的普遍重视。（吴勇毅，1998；张旺熹，2000）

林先生是中国语音学会的创始人。1990年，他在北京大学成功组织了第一届中国语音学学术会议，之后又成立中国语音学会，被推举为会长。对于中国语音学的发展，林先生强调要文理结合，认为语音学的发展需要理科来推动，不能固步自封。年轻人只要肯于朝理科方向靠拢，语音学一定能够辉煌的，有大发展的。（焦立为，2001）2006年，第七届中国语音学学术会议又在北京大学举行，林先生因劳累而病重入院。这位德高望重的学者为会议倾注了最后的精力，与世长辞了……

成名之大家，必有独到之处。林焘先生虽无等身之著，但厚积薄发，篇篇珠玑。先生可歌可颂之德多矣，但皆因“实”所生。林焘先生走了，但他的学术成就未走，他的治学精神不走。

主要参考文献

崔永华 2005 《二十年来对外汉语研究热点回顾》，《语言文字应用》第1期。

丁邦新 2006 《追忆与林焘先生的过从》，北大中文论坛（www.pkucn.com）《语音学》分论坛：悼念林焘先生专题。

高名凯、林 焘 1956 《福州人怎样学习普通话》，文化教育出版社。

高明明 2006 《悼念林先生》，北大中文论坛（www.pkucn.com）《语音学》分论坛：悼念林焘先生专题。

焦立为 2001 《现代语音学的方向——访林焘教授》，《语言教学与研究》第2期。

荆玉静、李　峥 2006 《见证中国文字历史重大变革：专访著名语言学家林焘教授》，北京大学新闻网3月31日，http://pkunews.pku.edu.cn/newsshow.aspx?id=106829。

林钧敬主编 1998 《北大名教授访谈记》，机械工业出版社，转引自http://cn.zmfp.com/education/news_4/44298.html。

林　焘 1955 《关于汉语规范化问题》，《中国语文》第8期。

——— 1957 《现代汉语补语轻音现象反映的语法和语义问题》，《北京大学学报》第3期。转引自林焘（2001）。

——— 1959 《现代汉语词汇规范问题》，《语言学论丛》第三辑，上海教育出版社。

——— 1962a 《陆德明的〈经典释文〉》，《中国语文》3月号。

——— 1962b 《现代汉语轻音和句法结构的关系》，《中国语文》7月号。

——— 1982a 《北京话儿化韵个人读音差异问题》，《语文研究》第2辑。

——— 1982b 《普通话里的v》，《汉语学习》第6期。

——— 1983 《探讨北京话轻音性质的初步实验》，《语言学论丛》第十辑，商务印书馆。

——— 1984 《新技术革命促进文字改革》，《语文建设》第5期。

——— 1985 《北京话去声连读变调新探》，《中国语文》第2期。

——— 1986 《也谈消灭用字不规范的现象》，《语文建设》第5期。

——— 1987a 《北京官话溯源》，《中国语文》第3期。

——— 1987b 《北京官话区的划分》，《方言》第3期。

林　焘 1990《语音探索集稿》，北京语言学院出版社。
——— 1991a《北京东郊阴阳平调值的转化》，《中国语文》第1期。
——— 1991b《认真总结经验 巩固简化成果》，《语文建设》第2期。
——— 1996《语音研究和对外汉语教学》，《世界汉语教学》第3期。
——— 1998a《从雅言到普通话——中华民族共同语溯源》，《人民日报》10月22日第11版。
——— 1998b《从官话、国语到普通话》，《语文建设》第10期。
——— 2000《普通话的语音标准和语音教学》，《第六届国际汉语教学讨论会论文选》，北京大学出版社。
——— 2001《林焘语言学论文集》，商务印书馆。
刘一之 2006《怀念林焘先生》，北大中文论坛（www.pkucn.com）《语音学》分论坛：悼念林焘先生专题。
陆志韦、林　焘 1950《经典释文异文之分析》，《燕京学报》第38期。
石　锋 1991《北京话韵律特征的多角度研究——读〈语音探索集稿〉》，《语言教学与研究》，第2期。
苏培成 1993《讲授“汉语规范化”课的点滴体会》，《语文建设》第7期。
吴勇毅 1998《关于研究成果的借鉴和吸收》，《世界汉语教学》第2期。
张旺熹 2000《第六届国际汉语教学讨论会论文述评》，《世界汉语教学》第1期。

［原载《燕园远去的笛声——林焘先生纪念文集》，
商务印书馆，2007年］

序文八篇

知识领土

为学三态

学术话语权

事实之树常青

珍视地名文化

材料是学术之根　事实是理论之源

公民语言能力是国家语言资源

务实的语言规划

知识领土

——序高晓芳《晚清洋务学堂的外语教育研究》

中国外语教育的历史起码可以上溯至汉代，但现代意义上的外语教育，始自晚清洋务学堂。中国教育的历史可以上溯更远，但现代意义上的教育，亦始自晚清洋务学堂。史家对洋务运动有褒有贬，但中国现代化的蹒跚起步不能说与洋务运动没有关系。上述三端，便可知研究晚清洋务学堂外语教育的意义。

高晓芳是大学的外语教师，研究晚清洋务学堂的外语教育历史，“外语教育”是其长，但“历史”二字是其短。人们常说“扬长避短”，晓芳在研究中则是“扬长补短”。知“避短”者是“智叟”，要“补短”就得学移山的“愚公”，得有勇气，得使傻劲。搜集哪些史料？到哪里搜集这些史料？还得练练古文去读懂这些史料。为“补短”而付出的艰辛，只有自己知。

学界对晚清洋务学堂外语教育研究不多，我自己知之更少。导师的特权就是可以做“第一读者”，我利用特权从晓芳的研究中获得了许多新知：“亦思替非文字”的真实身份，四夷馆外语教育的性质，京师同文馆八年课程表实施的时间，各个学堂所用外语教材的基本状况，上海广方言馆的经费划拨，湖北自强学堂于光绪已亥年举行的五门外语大考的试卷，以及湖北自强学堂与湖北方言学堂之间的承继关系等等。

这些新知，有些也许就是学界的新知。但我不想用“填补空白”来述说，这不仅因为“填补空白”已成为廉价的俗语，而是我更关注晓芳的研究所留下的学术“空白”。在我的意识里，因学者的研究而留下学术“空白”，比填补空白更有意义，正如画画儿、写字的“飞白”更具艺术魅力一样。

2006年1月24日下午，教育部语言文字应用研究所召开青年学者座谈会，我以所长的身份在会上作了《呵护精神家园》的即兴演讲。人不同于动物在于人有精神，鼓励大家去建立自己的精神家园，不断扩展、精心呵护自己的精神家园。个人的精神家园汇总起来也就是民族的精神家园，就是国家的知识领土。

是的，一个国家不仅有地理意义上的领土，还有与之同等重要的“知识领土”。所谓“知识领土”，就是一个国家拥有知识的多少，尤其是拥有自主产权的知识的多少，具有优势地位的知识领域的多少。

中国陆地960万平方公里，并有领海38.8万平方公里，专属海域300万平方公里。这近1 300万平方公里的大陆与海洋，就是我中华领土。中国号称“地大物博”，其实同许多国家相比，陆地资源并不富饶；淡漠的海洋意识影响了对海洋的经略，海权严重受侵：一些岛屿被侵占，一些海域被切割，海洋资源遭掠夺，航线安全难确保。戍边卫国，经略陆海，国人使命已经十分沉重。然而巡逻中华的知识领土，立即会产生更大的危机感：

中华传统知识的传承与研究，包括被称作“国学”“民俗”的东西，有许多已经赶不上邻邦，甚至连中药制品的世界份额也多被外国占有。传统知识领土在片片丢失！

世界各族人民都有自己的文化，有许多还异常灿烂，这些文化合成了全人类的知识疆域。我们对世界文化的了解非常有限，比如全世界五六千种语言，我国能大体了解的语种有多少？能够使用或是研究过的有多少？对人类知识领土的拥有，怕远不如我地理领土与世界面积之比值！

信息时代，新知识的产生如同爆炸般迅疾。我国适时提出了“创新型国家”的理念，但真要在新知识领域创造自主产权，获取新的知识领土，不可能“一蹴而就”！

地理领土是有限的，扩张侵略不得人心。而知识领土是无限的，国国可以共享，人类拥有的我们都应拥有，因为我们不再闭关锁国，因为我们要走入世界。

戍边卫国人人有责，当然军人负有更多的责任。为国家的知识领土开疆拓地亦人人有责，不过，作为知识的守望者与创造者的知识分子，当然负有更为重大的责任！

2006年教师节

序于北京惧闲聊斋

[**原载高晓芳《晚清洋务学堂的外语教育研究》，商务印书馆，2006年**]

为学三态*

——序李晋霞《现代汉语动词直接做定语研究》

为学三态：若蚕，若蛹，若蛾。

蚕，食桑柞“贪得无厌”，昼以继夜；吃足了，睡，蜕皮，长长长粗，再吃；再睡再蜕皮再长再吃……但蚕非小虫，而是“天”“虫”，怀有“天”大志向。实现这天大志向，当然不能只靠吃吃睡睡，需吐丝结茧，变态成蛹。最后还得破茧而出，展翅为蛾；蛾者，“虫”中之“我”。为学若蚕，摄取学术营养“贪得无厌”。但只若蚕，书虫也；需进而为蛹，裹丝静修，参道悟学。但只若蛹，书呆也；需再羽化为蛾，成学中之“我”，有独自学长。

1996年，晋霞考取华中师大硕士研究生，至今竟然整十年了。当她决定报考及应考之后，常来信问学，读其长信，仿佛看到一位有志青年，在蚕食语言之桑柞。读硕期间，晋霞心无旁骛，学业飞进。临近毕业，我劝她考博，但须另投名师，意令博取众长，然颇有逐徒之嫌，不知误会否？悟觉否？

2002年，我应邀参加晋霞博士论文答辩，有义务仔细阅读论

---

* 下面是序成之后给李晋霞的电子邮件：“晋霞，你好！索序多日，难成。不因懒惰，公务所累也。观他人序，或述人，或品文，或人文兼述，抑或与所序之人之文无大干系。看来，序无定法，可以信笔流之。此序便乃我信笔之作。你看看，合用否？李宇明　2006－07－05”

文，印象最深者三：

其一，论题生发于语言事实，研究根植于语言泥土。不刻意演绎理论，更不是理论到理论。脚踏实地的研究，才具有真正的学术魅力。

其二，论文自如运用"典型性、生命度、具体度、个体度、自足度、及物性、有界性、显著度、语法化、词汇化"等概念，显然有功能认知语法的深厚学养。但也明显感受到作者中国传统语法的背景。多元融合，博取众长。

其三，观察事实，精道入微。比如用"语义核心"解释"双音节动词+双音节名词"词汇化为"双音节动词+单音节名词"的规律，且这种词汇化能促成类后缀的产生。又如分析"双音节动词+双音节名词"结构类型的偏向性，借《汉语动词用法词典》穷尽考察，用数据证明制约偏向性的等级序列：施事>方式>工具>处所>原因>时间>目的>结果>致使>受事>对象。此类例子散布全文，可谓察微见著。理论不是舶来品，创新之理论，来自对语言事实的深入观察，来自对例外现象的规律性解释，来自对规律的层层概括级级升华。

晋霞获博士学位后，供职教育部语言文字应用研究所，当时我谬膺所职，成为同事。期间她又南下华师母校，随我的导师邢福义先生做博士后研究。我与晋霞真可谓亦师亦友。在学术上晋霞若蚕若蛹，已有明证；我想知道，她能否成"蛾"？

2006年7月1日

序于北京惧闲聊斋

[原载《修辞学习》2007年第4期]

学术话语权

——序陈前瑞《汉语体貌研究的类型学视野》

1992年，陈前瑞考入华中师大，攻读语言学硕士学位，使我“正式”成为硕士生导师。此前，我曾协助闭克朝先生指导硕士生郑厚尧，闭先生过世，导师任务全落我肩，但硕导名分必然还未“正式”。1998年，我与前瑞合著的《语言理解与发生——汉族儿童问句系统理解与发生的比较研究》（华中师范大学出版社）出版，基础是他的硕士论文。1999年，陈前瑞、何婷婷、刘云攻读华中师大语言学与应用语言学博士学位，使我又“晋升”博导。这不也是一种“教学相长”吗？为人作序是缘，我与前瑞之缘首先就是这教学相长。

近闻前瑞的博士论文《汉语体貌研究的类型学视野》，入选商务印书馆语言学出版基金，很是高兴。商务印书馆1897年创立，“中国现代出版从这里开始”是她的广告词。商务印书馆设立语言学出版基金，据我所知，入选程序颇具学术信誉。能入选这一基金项目，便可说在相关领域有了一定的学术话语权。前瑞能获得这种话语权，关键有二：1. 类型学的研究视野；2. 对汉语事实的细腻观察。

时间范畴包括时和体（也称“体貌”）两个语义范畴，是时间投射到语言上产生的结果。不同语言，投射方式和投射结果定有差异，但也必有类型学之共性。从类型学角度观照汉语的体貌特征及其表达手段，会产生一些与既往研究不同的想法；作为导师，我常常愉快地同前瑞分享这些想法，常常看到这些想法如何魔力般驱使前瑞对相关事实一个个作专题考察。前瑞考察语言事实有“六注意”：注意梳理国内外相关研究成果，注意使用语料库做定量分析，注意用动态眼光观察历时演变，注意共同语与方言的比较，注意抓住细节“小题大做”，注意提出假说来解释发现的现象。类型学的研究视野加上对事实的细腻观察，造就了《汉语体貌研究的类型学视野》许多学术亮点。比如：

“着”在近代汉语和现代方言中既表持续和进行，又可表示完成。“着”表完成在汉语里看似特殊，但符合类型学之一般规律；“着”表持续和进行，在汉语里看似一般，却具有类型学之特殊性。为此，作者提出了“着”语法化的双路径这一假说。

以现时相关性为突破口，得出许多新见解。如第六章对“来着”六种现时相关性的考察，第七章对现时相关性促动句尾“了”将来时用法发展的论述，第八章关于双“了”句报道新情况用法的发展与衰落过程的描写等等，都很有启发性。

在研究“阶段体”时，将动词重叠、“起来”“下去”“下来”、补语性的“完”“好”“过”“着”等，与典型体标记“了”“着”“过”做了共时区分，还较好揭示了体标记语法化的过程，如“过”从完结体发展出完成体，“着”从结果体发展出进行体，等等。

在研究内部视点体（如“在”“正在”“正”“着”等）时，应用“聚焦度”的概念，分析了汉语进行体与未完整体标记的语义差异。例如，“在”可用于多场合事件，呈现范围为扩展式，情状在参照点可以发生，也可以不实际发生，属低聚焦。而“正”“正在”倾向用于单场合事件，情状倾向于实际发生，因此，“正”

"正在"呈现范围主要是窄式的，属高聚焦。

前瑞的著作能有这些亮点，前瑞能获得这种学术话语权，更是他20余年一心向学的酬报。前瑞没上过全日制本科。1982年入九江师范学校（中专），读普通师范班。1985年毕业，到江西瑞昌一所中学任教。1990年入九江教育学院，读英语专业（专科），1992年毕业。1987年到1992年，他挤用5年的业余时间，参加江西省自学考试，拿到了汉语言文学专业专科和本科文凭。之后读硕士，1995年毕业后任教于北京语言大学。之后在职读博士。现又在北京大学师从蒋绍愚先生做博士后，培植汉语史的学养。听说现今许多大学招聘教师，要查"本科出身"，名牌高校的硕士、博士，都不如名牌高校的本科生有身价。如此衡量人才是否合理，我说不清，但我能说清的是，依此考量前瑞，他大约连本科教师的资格都难具备，何谈学术话语权？

学术话语权，对于学者很重要，对于一个学科也重要。学科在学术界、在社会上有无话语权，可察如下三点：1．能否为相关学科提供学术营养，如理论、方法或材料；2．能否为社会增加财富，包括精神财富和物质财富；3．能否帮助社会解决前进中遇到的问题。中国语言学在中国学术界的话语权有多大，在社会上的话语权有多大，共识在心，毋需启齿。争取语言学应有之话语权，同仁时哲常有高见良谋，我从中悟到的最切最急之策，乃是语言学界必须关注交叉学科建设，关注当代语言生活，帮国家解决好她所面临的国内外一系列与语言相关的问题。这当然需要时间，需要一心向学者持之以恒的奋斗。

有出息的学科还会争取国际话语权。学科的国际话语权，起码得看如下表现：1．创造了多少学术话题；2．创造的这些话题有多少国际响应者；3．能否自由选择学术语言。依此度量中国语言学，度量中国的其他科学，甚至国家的许多方面，国际话语权若何？共识在心，亦毋需启齿。国际话语权与国家强弱密切相关，但也绝不因国家强盛而自然拥有，它的获取需要国人自觉的长期不懈的追求。

“话语权”是个新词语，2005年出版的《现代汉语词典》第5版尚未收录，但是话语权问题却广为国人所关注，因为只有拥有话语权，才意味着国家的真正强盛。前瑞在研究学问之时，希望也考虑考虑学科的话语权问题，甚至国家的话语权问题，此乃“匹夫之责”也。

2007年元月31日
于北京惧闲聊斋

［原载陈前瑞《汉语体貌研究的类型学视野》，商务印书馆，2008年］

事实之树常青

——序娄开阳《现代汉语新闻语篇结构的研究》

大约是2003年，我为北京广播学院（现称中国传媒大学）语言学与应用语言学专业博士生讲授《中国的语言规划》，有名正在攻读硕士学位的年轻人请求听课，他就是娄开阳。记得那次他来得较早，把搜集的我的论著目录给我看，虽不全，但已够多，这显示了他收集学术信息的能力，以及为学之勤。之后，他被学校推荐直接攻博，于是我们有了师生之谊。

作为开阳博士论文的指导教师和第一读者，在论文付梓之际，自然有许多话想说。但我实在不愿走时下套路，用九分篇幅褒奖，再象征性地说点不足。读者不是消极的精神食客，而是真正的权威评论人。这里，就谈谈重视语言事实的问题。重视语言事实，承自吾师邢福义先生，亦是自己学路之心得，更是我想传与开阳和他师兄弟的。

开阳研究新闻的篇章结构，采取的技术路线大致是：第一，遴选语料建库。新闻体裁有多种，消息较为简单。凡事应先从简单处入手，于是就圈定消息做研究对象，选篇万余，建立了约700万字的语料库。第二，试标注。择百余篇消息，先行结构成分标注，如

"人物、时间、地点、事实"等。通过试标注试图了解：1. 这些成分由何种语言单位充当；2. 成分的隐现情况；3. 成分的出现顺序。在此基础上总结消息的基本结构类型，探索结构规律。第三，语料库加工统计。在试标注的基础上，对库中文本全部进行标注加工，并做统计分析，用数据帮助获取结构规律。

这一技术路线经多次反复才最后定下，因其学术难度和工作量实乃局外人所无法估计。若说此篇论文扎实耐读，还有些新发现，那主要得益于对语言事实深入的观察分析，得益于语料库统计方法；若说论文还有什么缺憾，那也主要是对语言事实观察分析还不足，语料库统计方法的运用还有待改进。

深入观察、合理分析语言事实，并"自圆"解释，既是语言研究者之基本功，也是语言学理论之生长点。说它是基本功，是因为收集语料须沉下身子，观察现象须心静眼尖，分析现象须头脑灵活。此系列过程都需经验、方法与理论的支撑。

对观察到的东西给出"自圆"之解，已含理论创新之成素。理论者何？通过对现象的观察分析而得到的制约现象的规律，亦包括对现象观察进而获取规律的原则。理论显然不是置四海而皆准的教条，而是前人研究经验的升华；理论显然不是研究的起点，而是研究的结果。理论的丰富与发展，显然不能仅在理论本域内演绎，或是选些事例再证实。好理论当然可以解释许多现象，但科学更重要的任务是丰富理论、创新理论。如此说来，现象的观察与分析更具有知识本原上的意义。对语言研究者而言，或许把"理论"理解为一种"意识"、一种追求更有价值。这种意识，就是从语言事实中发现规律的自觉性；这种追求，就是不断提升规律层面的强烈愿望。

德国文豪歌德说："理论是灰色的，而生命之树常青。"结合语言研究，此话可说成“理论是灰色的，事实之树常青”。理论是不是灰色的，会各有所见；事实之树常青，笔者诚信不疑。当然，歌德这话借歌剧《浮士德》中魔鬼梅菲斯特之口说出，既出自魔鬼之口，歌德之言及我之演绎，就只可“姑妄听之”了。

2008年4月20日（农历谷雨）

于北京惧闲聊斋

［**原载娄开阳《现代汉语新闻语篇结构的研究》，世界图书出版公司，2008年**］

珍视地名文化

——序覃凤余《壮语地名的语言与文化》

地名是地理实体的名称，自然地理实体名称，行政区域名称，居民地和街巷名称，与街巷相连的楼院编号名称，具有地名意义的建筑物以及台、站、港、场等名称，都可归入地名范畴。地名的基本作用是标示方位，在古今社会生活中都发挥着无可替代的作用。信息化时代的到来，卫星定位系统的广泛应用，地名还必须实现标准化和信息化。

地名不仅仅是标示方位，而且也是文化的瑰宝。它包含着历代命名的理据，代表着人类历史活动的场地，保存着人类的历史记忆。一些重要的地名，历时长久的地名，还应视作人类的非物质文化遗产。某些时候，某些领域，地名还是主权的象征，体现着国家尊严。

我国社会日新月异，新地名雨后春笋般涌现，旧地名也在更换，或在取消。新名须循命名理据，须合语言习惯，忌讳乱。新名需及时发布，及时进入地理信息系统，便于用。地名文化资源流失严重，早有哲人敲响警钟，对可视作非物质文化遗产的地名，该立法保护了。

实现地名规范化信息化以服务现代社会，发掘地名的文化内涵，保护具有非物质文化遗产的地名，维护地名所体现的主权尊严，需要国家制定合乎时代精神的地名法规，需要公民具有现代地名意识，更需要学者加强对地名的调查研究，或可考虑建立“地名学”。

近闻国家正计划制定《地名条例》，这激发我用工余时间思考些地名问题。正值此时，收到广西大学覃凤余女士《壮语地名的语言与文化》的书稿，并嘱我作序。世间就有这样的巧事。

我国有56个民族，壮族是人口最多的少数民族，历史源远流长，文化灿烂辉煌。壮语地名便是壮族辉煌文化的一种体现，也是壮族为中华文化所作的伟大贡献之一种。壮语地名研究早为先贤注意，这些研究虽不成体系，但已充分显示壮语地名研究的文化意义及学术价值。覃凤余出身于壮家，工作在壮地，受过良好的现代语言学训练，研究壮语地名可谓天时、地利、人和兼得。她将广西20多个壮族聚居县（市）的现代壮语地名制成壮语地名库，用现代化的研究手段对这些地名全面梳理，建构地名的词汇学系统，追究命名之来由，探索文化之隐蕴，且特别重视壮汉语言文化的相互影响渗透，在语言、文化等多个层面上都有创获。我兴致勃勃地伴着墨香读完书稿，相信读者也会开卷受益。

2005年12月，我到广西调研少数民族语言状况，承蒙广西大学书记余瑾教授盛情邀请，得有机缘到广西大学考察语言文字信息化工作。广西大学地处西南边陲，但文字学家林仲湘先生及其团队的工作，却令我十分赞佩。其间，一位操标准普通话的年轻女教师，用计算机演示她的壮语地名库，如数家珍般讲述她的科研工作。我忽然记起，她不就是十多年前我认识的覃凤余吗？那是邢福义先生主持的现代汉语教材编写会，她作为研究生列席会议。学术成长多快呀！世间就有这样的巧事。

临别我嘱凤余，壮语地名研究的大著问世，别忘赐我学习。没想到还不足一年，即见书稿，非用功向学之人，安能至此！

记得多年前，某友从西藏归来，激动不已，说交了一民族朋友，生活质量提升了一阶。我有凤余等许多民族朋友与学友，还有幸能在研究壮语地名的著作出版之前借作序来谈读后感，依某友标准，生活质量该提升几阶？！

2006年国庆节
序于北京惧闲聊斋

［原载覃凤余《壮语地名的语言与文化》，广西教育出版社，2007年］

材料是学术之根　事实是理论之源

——序司红霞《现代汉语插入语研究》

司红霞对插入语的研究，我是熟悉的。从选题分析、相关研究成果梳理、语料搜集，到论文撰写和答辩，我都在尽导师之职。但是，翻阅她《现代汉语插入语研究》的清样，仍然充满兴致。

她平时用心积累，又利用了语料库，收集到如此丰富的插入语材料。她对270余个插入语进行了详细描写，发现大多呈动词性，中心词多由“说、看、想”之类充当。她探讨了能够虚化为插入语的若干形式条件，用语法化过程来解释插入语的语义虚化及凝固性，并将插入语的本质功能概括为表达语言的主观性，从而将插入语的研究带进了现代语言理论的话语环境。

我的兴致，当然来自司红霞论文传输给我的关于插入语的研究成果，当然还包括我所了解的她从事研究的艰辛。但这只是一个“消极的文化消费者”的兴致。一篇好文，一部佳作，不应只传授知识，还应给人以启迪，发人以深思，亦即培养“积极的文化消费者”。我对《现代汉语插入语研究》的阅读兴致，更在于著作对我引起的关于汉语语法学发展的思考。

自1898年《马氏文通》出版算起，中国语法学已经走过了110年的历程。百余年来，语法理论数变，语法体系数建。在这数变的语法理论指导下，发掘出大量的汉语语法事实，抽绎出一些重要的汉语语法规律，并将其归置在这数种语法体系中。但时至今日，不能不遗憾地说，对汉语事实的了解仍相当有限，语料收集不全面，语料观察不充分。司红霞所呈现出的插入语新语料，便是这一判断的脚注。理论的引进、观念的嬗进、演绎性思维，对语法学进展的重要性，怎么强调都不过分；但是最终促进语法学发展的，特别是产生可以影响他人、可以进入普通语言学层面的语法理论，还是靠对语法事实的全面搜集和充分观察。材料是学术之根，事实是理论之源。

红霞能够发现如此之多的插入语新材料，得益于她新的语法观念。这新的语法观念就是超句法。传统的句法分析，插入语在小句中的结构作用很弱，甚至在句法分析的准备程序中，它就是要先被修剪掉的杂碎，因此引不起传统语法学家的兴趣，事实搜罗用力不够，研究自然也不可能系统深入。而插入现象在超句法领域中则具有重要价值，从形式上看，对句子成分、小句或是句子具有关联作用，从意义和语用方面考察，则多是指向核心句的。传统语法学把句子看做线性结构，而就插入语的指向来看，句子应是双层的、甚至是多层的立体表达系统。需要强调的是，超句法在汉语中十分重要，汉语的复句基本上属于超句法现象。“走走停停，停停走走”这样的复叠结构，以及许多篇章结构现象，也都属于超句法范畴。对形态不怎么丰富的汉语来说，只研究词法和句法，显然不足。

发现新语料还需借助新手段，语料库便是这重要的新手段。它极大地扩展了研究者的观察视野，较之于通过阅读搜集例句，通过语感创造例句，具有显而易见的优越性。而且，语料库能提供多种统计数据，为认识语言现象提供量化参考。语料库对语言学的帮助，还未被学界充分认识，未被学界充分利用。如何建设语料库，如何利用语料库，如何将语言学成果很好地沉淀到语料库中，是学界应积极思考的了。

为学务守恒定之心，脚踏实地，坐得住冷板凳，不事招摇，有花自有芬芳。正如春之玉兰，有《南乡子》曰：

倦诵花间词，
未曾望绿芽帮衬。
风送晚香君细品。
羞招摇，
懒惹蜂蝶乱芳心。

2009年3月29日
于北京惧闲聊斋

［原载司红霞《现代汉语插入语研究》，东北师范大学出版社，2009年］

公民语言能力是国家语言资源

——序《母语·文章·教育》

南开大学和高等教育出版社，对“大学语文”潜心研究，积极实践，卓有成效。他们成立专门机构，重视课程资源建设，利用网络改革教学方法，面向全体学生开设课程，开展母语宣传和写作竞赛活动，举办高校教师培训研讨，建立教学协作体等等。近悉南开大学“大学语文”课被评为“国家精品课程”，语文教育研究中心获“国家级教学团队”称号，敬慕之情自心涌生。学道酬勤，一分耕耘一分收获，一分美行一分誉名。《母语·文章·教育》，围绕高校母语教育专题探讨，是他们实践的升华，科研的新果，让人开卷有所得，合卷有所思。下面是我的一些所得所思：

在语言规划领域，当年只把语言看做问题，而今还把语言看做资源。语言资源作为一种新的语言观，正成为学界探究的新课题，并促人反思往日语言文字工作领域之成规，以新态度对待中国的各种语言、方言及外语，用新措施保存、保护、开发利用各种语言资源。

宏观而论，语言资源可分三类：第一类是自然语言及其文字，包括汉语汉字及汉语方言，各少数民族语言文字及其方言，外国语言文字等。第二类是自然语言的衍生品，如辞书、各种检字法、利用语言文字进行的信息检索法、语言文字教科书、语言文字的各种规范标准、语料库、语言知识库、计算机字库、各种键盘输入法、处理语言文字（包括语言翻译）的各种软件技术等等。这一类语言资源，有些是传统的，有些是面向信息化的，与高新科技和经济发展密切相关。第三类是语言能力，包括母语能力和外族语能力。语言能力优秀者便是各种语言人才。

语言能力何以可入语言资源之列？其一，语言是人类用于交际和思维的最为重要的符号体系，语言能力决定着信息表达与获取的能力，且较大程度影响思维水平。其二，语言文字是文化的重要组成部分，亦是文化的重要载体，语言能力决定文化水平，关乎语言认同。其三，有了一定的语言能力，母语才能延续和发展，外语才能引进和使用，各种衍生的语言资源才能掌控和继续创造。因此，公民的语言能力应看做国家重要的语言资源，看做国家软实力的重要组成部分。

语言能力既然是重要的语言资源，就需要周密进行语言教育、语言应用和语言人才等方面的宏观规划，需要教育机构精心培育公民的语言能力，以便将资源转化为可持续发展的国家力量。

大学语文是培养母语能力的延伸课程，其主要任务窃以为有三：其一，培养学生理性的母语意识。热爱母语是最重要的良性情感，母语学习的过程就是逐渐加深母语情感的过程。早期的母语情感是感性的，将这种感性的母语情感转化为理性的母语意识，母语的感情才最牢固，最浓烈。其二，全面提升学生的母语能力，包括娴熟得体的口语交际能力、优雅的书面语表达能力、精略随意的书面语阅读能力，这其中也包括关于母语的科学知识。不尊重母语的国家是没有前途的，未熟练掌握母语的人是无创新力的。其三，丰富学生的母语文化。母语文化是个人成长的母乳，文化经典是母语皇冠上的明珠。母语文化了解得越多，理解得越深刻，母语的能力就越强，母语感情也就越厚重越恒久。

大学语文在学生的母语情感、母语能力中掺入了更多的理性成分，使学生能够更好地感受母语、运用母语，能够更好地理解母语文化、传承母语文化、光大母语文化，因此大学语文是使国家语言资源大幅度增值的事业。当然大学语文还较年轻，教师教什么、怎么教，学生学什么、怎么学，还需在实践中长期探讨。正因如此，这部论文集更显得珍贵。

我受聘于南开大学指导博士生，本集作者可引为同事，并为同事们在大学语文课程中创造的成绩深感自豪。戊子匆去，己丑将至，在此即将移时增岁之际，殷盼大学语文有更多的成果问世，公民的语言能力有大幅度提升，国家的语言资源能得到更好的开发利用。

2008年12月12日

于北京惧闲聊斋

［原载《大学语文》，高等教育出版社，2009年］

务实的语言规划

——序吴元华《务实的决策》

新加坡学者吴元华博士的大著《务实的决策——新加坡政府华语文政策研究》，即将在当代世界出版社付梓。此书由吴先生的《务实的政策：人民行动党与政府的华文政策研究（1954－1965）》（1999年）、《华语文在新加坡的现状与前景》（2004年）两部著作榫合而成，上部是他的博士论文，下部是他一系列的后续研究。两书合一，描绘了新加坡语言政策和华文生活的全貌，并由之可窥新加坡华文的发展前景。

我与元华先生尚未晤面，但已神交数载。大约是2003年，我曾向新加坡著名学者周清海教授讨教新加坡的语言规划，周教授向我推荐元华先生的《务实的政策：人民行动党与政府的华文政策研究（1954－1965）》。吴博士治学严谨、广罗史料、持见公允的学术风格，当时就给我留下至深印象。2007年11月，我的同事王铁琨先生应邀到新加坡参加南洋理工大学举办的华语论坛，清海教授托他带来元华先生两部著作，并发来电子邮件，用他那永远是翩翩儒雅的口吻，告知元华先生的这两部著作即将在中国出版，希望我为之作序。接着元华先生也来电邮，表达索序美意。就我的学术水平和对新加坡的华文研究看，实无资格为元华大著作序。然盛情难却，盛事应襄，便应承下来。为了在序中说点靠谱的话，我还专门请教过华语研究专家郭熙教授和吴英成教授。

语言规划的主体是政府，核心是确定语言的地位。为保证语言地位而采取的包括法律、政策在内的一系列举措，也是语言规划的重要内容。新加坡的语言规划，务实且有特点，在世界语言规划实践上具有独特地位，值得全面了解，深做研究。

新加坡是一个只有682平方公里的城市国家，公民及永久居民350万，另有非永久居民75万，计420余万。华人是主体民族，占总人口的76%强，马来人14%，印度人8.4%，还有一些欧亚混血人种及其他民族。新加坡以马来语为国语，因为她是“马来海洋里的华人岛”（李光耀先生语），地理环境就是政治环境，新加坡国语的选择显然深受地理政治的影响。英语在新加坡呈现强势，是行政用语、国际贸易用语和教学的首要媒介语。当年殖民政府的语言，其地位没有削弱甚或增强，是新加坡政治、经济和社会的需要。制定这一语言规划的想法，是要保持与当年宗主国和英联邦的关系，利用世界上最强势的语言来获取各种利益，与世界发达经济体接轨，并且还能平衡国内各族语言。由此也说明，国外民族的语言也是国家重要的资源，不能轻视甚至敌视。在新加坡，华语、马来语和印度语也是官方语言，是本民族学生必学的第二语言，在这一层面上也体现了语言平等。

观察世界多数国家，其主体民族的语言往往就是国语和官方工作语言，同时也是教育、传媒等的主要语言，而新加坡的语言规划却没有遵循通例。新加坡的语言规划是依据其基本国情做出的，蕞尔岛国有如此重要的国际地位，与其语言规划不无关系。我国有56个民族100多种语言，有台湾地区和香港、澳门两个特别行政区语言的特殊性，语言生活要比新加坡复杂得多，敏感得多，语言规划也就更加需要智慧。分析国内外语言规划的经验与教训，包括了解新加坡语言规划的情况，对于科学制定中国的语言规划，十分必要。

谈新加坡的语言规划不能不重点谈谈华语。新加坡华语教育与使用，近年愈来愈受到官方及民间的重视，这不仅是因为华人在新加坡的人口地位，更是因为华语的祖语国——中国的快速发展。当然，在新加坡，华语的地位在相当长一段时间内都不可能超越英语，华语的保持仍是新加坡语言规划必须正视的大问题。

中国的兴盛，不仅使华语在新加坡更获重视，而且在全世界的地位也更重要起来。汉语走向世界不只是中国之事，也是全世界华人的共同之事，新加坡理应（事实上也在）发挥重要作用。中、新合作，加快汉语在国际上传播的步伐，已经成为两国语言规划中需要协同的课题。一位新加坡很有见识的学者认为，促进华语的国际传播，涉及中、新两国的核心利益。言而有征，其见解应当引起足够的重视。

现在，不少学者都呼唤"大华语"意识。"大华语"者，以普通话为核心的全球华人的共同语。各地华语尽管各有特色，但均表现出向普通话靠拢的趋势，且为普通话的发展作出了重要贡献，为华人社区的沟通带来了便利。正确认识、妥当处理各地华语与普通话的关系，从大华语视角考虑中国的语言规划（包括中国的语言传播规划），意义十分重大。

笔者在思考中国语言规划时，常从吴博士的著作中得到启发。书中的一些观点，曾为到新加坡进修的中国官员做过讲授，深得好评，称吴先生的课程，不仅利于了解新加坡的教育政策与语言政策，而且也有助于了解新加坡的公共管理政策和治国思维。由此相信，吴元华先生的这部著作定会受到中国读者的欢迎。

感谢元旦假日，我能静心伏案。值除旧迎新之日，艳阳高照，冬风微寒，脑际油然浮出隋代薛道衡的诗句：“故年随夜尽，初春逐晓生。”虽非初春，似乎已有些春的气息了！

2008年元旦
于北京惧闲聊斋

［原载吴元华《务实的决策——新加坡政府华语文政策研究》，当代世界出版社，2008年］

后　记

2005年《中国语言规划论》出版，倏已四年。四年间，除了与同仁修订再版《语言学概论》（高等教育出版社，2008年），除了伴着26位博士生攻读学位，精力几乎全倾注在语言文字的工作中。边工作边思考，陆续有些文章发表。从中遴选出28篇论文和8则序文，集为《中国语言规划续论》，与四年前的《中国语言规划论》合璧呼应。

本集文章分五部分编排：第一部分6篇，讨论语言规划的一些理论问题。第二部分10篇，论及当前语言文字工作的若干方面。第三部分3篇，反映2005年至2007年中国语言生活的状况。语言生活广博复杂，日新月异，这三篇文章是述要性质的，汇拢些认识到的主要现象。第四部分4篇，专就语言传播的话题发表些意见。第五部分有5篇论文8篇序文，或评学人，或评学文，或评学术运动，都牵涉到语言规划和学术态度；文章有评有点，故曰“语言学术评点”。

集子用《强国的语言与语言强国》代序，表明笔者的学术志向，也表明集子内容具有实践品格。所谓实践品格，是说这些文章都来自实践驱动：或是对工作实践的理性总结，或是实践之前的理性谋划。正因如此，这本集子可视作近年中国语言文字工作的一些记录，从中可看到这些记录背后的思想动态和学术支撑，预见中国语言规划某些领域的发展趋势。也正因如此，本集内容难以构成严谨的学术体系，文章间或有些许重复，预论的某些内容在具体实践中可能有所变更，且风格体例也难统一。编选成集时，笔者做了一些技术加工，但为了存真，并不能将上述问题全部解决，敬乞谅解。

2009年2月18日，农历是雨水节气。商务印书馆主办的一年一度的京津地区中青年语言学者沙龙，伴着瑞雪举行。我以《瑞雪兆丰年》为题，谈了近来对语言资源和语言产业等问题的思考，录之于此，以为束卷之韦：

> 今天这场雪是立冬以来的第一场雪。瑞雪兆丰年，这也是京津地区中青年语言学者沙龙的好兆头。去年沙龙的话题是“本土意识、国际眼光”，今年的话题是“语言资源与语言产业”。今年的话题是去年话题的继续，是在本土意识驱动下、在国际眼光观照下对语言社会职能的思考，是学者怀着强烈的社会责任对当下语言生活的思考。这一话题，关系到语言性质、语言职能的学术探讨，也关系到语言学对社会的可能贡献力，具有重要的实践意义和时代气息。
>
> 语言学家可以有自己独特的语言科学兴趣，但是就整个学界而言，必须关注社会语言生活，时时研究社会发展对语言学提供的新机遇、提出的新要求，时时研究语言学能够为国家的发展、人民的幸福做些什么。
>
> 信息化是当前对语言学影响最为显著的因素，其影响之一就是把语言规则（语言文字标准）变成了工业标准，语言及其知识通过信息化可以转化为生产力。如此一来，语言学就同产业、同职业联系了起来。特别是随着信息技术的发展、网络的广泛运用、信息产品的快速普及，语言文字与工业化的联系更为紧密。我国高新技术产业有许多是语言文字的信息产业，语

言学与信息化结合产生的力量非常之巨大，甚至可以改变时代的命运，改变人们的生活方式。比如说现代印刷业告别铅与火，就是语言文字同信息技术结合形成的伟大成果。

改革开放，中国走向世界，要求中国人必须站在国际的高度思考问题。2008年，中国已经成长为世界第三大经济体，思考问题的这种高度要求就更迫切。世界经济一体化和文化多元化，是当前人类面临的两大重要课题。世界一体化，世界统一市场的逐步形成，必然会有“语言统一”的要求，就像国家统一市场形成时有国家语言统一运动一样。外语学习、语言翻译无疑会具有更为广阔的市场前景，外语能力不仅是个人的人生财富，而且也是国家重要的语言资源。

语言学习是“势利眼”，国际上的强势语言是外语学习的主要对象，其结果造成强势语言更强、弱势语言更弱。《中国现代化报告2009》（北京大学出版社，2009年）引用国际上的一个说法：“专家预计，在21世纪，现存语言的90%将可能消失。”这数字不一定确当，但是世界大多数语言都存在生存危机，的确是事实。语言不仅是交际工具，它还是文化。语言的消亡也就是文化的消亡。维护人类文化的多元化，抢救濒危语言，就某种意义而言是“语言统一”的“反向运动”，是对世界经济一体化所产生的负面影响的“文化补正”。1999年，联合国教科文组织提议设置“国际母语日”，目的就是维护母语尊严，宣示语言平等，保护弱小语言。我国有120来种语言，语言资源相当丰厚，语言资源保护与开发的任务也相当艰巨。

从信息化、世界经济一体化、文化多元化的角度看，语言是资源。语言资源包括自然语言、语言知识和语言能力等。语言既然是资源，就需要保护和开发利用，需要使语言资源产生巨大的文化价值和经济价值，于是就会形成语言产业和语言职业。语言资源的概念人们早就提出了，但是没有全面阐释，没有提到较高的学术层面和社会层面去认识，没有对相关的学科发生重大影响。社会早就存在语言职业和语言产业，但是社会学家和经济学家并没有用语言职业、语言产业的眼光去看待它，在中国还没有形成“语言经济学”的概念。

今天之所以能够把“语言资源与语言产业”作为学术沙龙的话题，是“信息化、世界经济一体化、文化多元化”等凸显了语言的这些性质和作用。学者不一定要去从事语言产业，但是可以去研究，正如经济学家不一定去做实业一样。在过去二三十年中，语言学家在一些相关领域出现过“失语”，比如中小学语文教学改革、语言信息化等。失语的病因是多方面的，有很多是社会环境导致的，但也有学界自己的原因。语言学有责任解决国家发展中遇到的语言问题，特别是不能在重大问题面前失语。

当然，语言资源如果是真概念，语言资源的开发如果能带来社会效益，就一定会出现语言产业，形成语言职业。语言学如果能够为社会提供更多的工作岗位，如果在为社会提供精神财富的同时也能为社会提供巨额物质财富，善莫大焉！

李　宇　明

2009年六一国际儿童节

记于北京惧闲聊斋